LANGENSCHEIDTS
SPRACHFÜHRER
POLNISCH

LANGENSCHEIDT
BERLIN · MÜNCHEN · WIEN · ZÜRICH

Bearbeiter: Stanislaw Walewski
nach einem Entwurf von Dr. Horst Becker
unter Mitwirkung der Langenscheidt-Redaktion

Auflage:	12.	11.	10.	9.	8.	Letzte Zahlen
Jahr:	1986	85	84	83	82	maßgeblich

Satz und Druck: Druckhaus Langenscheidt, Berlin-Schöneberg
Printed in Germany · ISBN 3-468-22260-2

INFORMATION

HINWEISE FÜR DEN BENUTZER

ANGENOMMEN, SIE WOLLEN VERREISEN —

und haben keine oder nur geringe Kenntnisse der Sprache, die an Ihrem Reiseziel gesprochen wird. Schon auf dem Bahnhof oder auf dem Flugplatz werden Sie unverständliche Aufschriften sehen. Der Gepäckträger wird bedauernd die Achsel zucken, und auch dem Taxifahrer werden Sie kaum Ihre Wünsche klarmachen können. Ähnlich wird es weitergehen – in Hotels und Restaurants, beim Einkaufsbummel und beim Tanzen, bei der Polizei oder beim Arzt. Besonders schwer wird es schließlich der Kraftfahrer haben, der sich bei einer Panne oder gar einem Unfall nicht in der Landessprache ausdrücken kann. Sie werden Zeit und Geld und manchmal vielleicht die Nerven verlieren.

Mit diesem neuartigen Sprachführer sollen Ihnen diese Schwierigkeiten soweit wie möglich abgenommen werden. Er ist in der Praxis entstanden und für die Praxis gedacht. Wir haben versucht, ihn möglichst übersichtlich zu gliedern, alle Situationen eines Reisenden zu erfassen, die Benutzung ganz einfach zu gestalten und den naturgemäß etwas trockenen Inhalt durch kleine Zeichnungen aufzulockern.

Wir empfehlen Ihnen, vor der Verwendung dieses Sprachführers die folgende „Gebrauchsanweisung“ genau durchzulesen.

1. Wir haben den gesamten Stoff in 18 Kapitel gegliedert. Sie beginnen – wie das Inhaltsverzeichnis auf den Seiten 5/7 zeigt – mit allgemeinen Redewendungen und Wörtern. Dann folgen Kapitel über das Reisen mit den verschiedenen Verkehrsmitteln, über Unterkunft und Verpflegung, über andere Fragen, die Ihnen in einem fremden Land begegnen werden, über den Umgang mit Behörden, über Gesundheit und Körperpflege. Den Abschluß bilden die Kapitel über Einkäufe und Vergnügungen.

2. Außer dem Inhaltsverzeichnis soll Ihnen auch das alphabetische Register auf den Seiten 190–192 das Auffinden der gesuchten Sätze und Wörter erleichtern.

3. Eine Erklärung der Aussprache und der von uns verwendeten Lautschrift finden Sie auf den Seiten 8–11. Versuchen Sie, sich schnell an die „Internationale Lautschrift" zu gewöhnen – Sie werden bemerken, daß die meisten Buchstaben dieselben wie im lateinischen Alphabet sind und daß Sie sich nur einige wenige abgewandelte Buchstaben und einige Zeichen einprägen müssen, die spezifisch polnische Laute wiedergeben. Die Lautschrift wird Ihnen dabei helfen, das Polnische richtig auszusprechen und Ihren Gesprächspartner zu verstehen.

4. Diejenigen, die sich zumindest einige Grundkenntnisse der Grammatik aneignen wollen, verweisen wir auf die kurzgefaßte Zusammenstellung auf den Seiten 182–189.

5. Gelegentlich haben wir zwei Sätze zusammengefaßt und dabei die auszutauschenden Wörter, Satz- oder Wortteile durch *Kursivdruck* gekennzeichnet. Ein Beispiel: Für „Wieviel kostet das Zimmer pro *Tag (Woche)*?" geben wir Ihnen als Übersetzung „Ile kosztuje pokój *na dobę (na tydzień)*?". Das bedeutet: „Wieviel kostet das Zimmer pro Tag?" heißt „Ile kosztuje pokój na dobę?" und „Wieviel kostet das Zimmer pro Woche?" – „Ile kosztuje pokój na tydzień?". Beachten Sie: je nachdem, ob man einen Herrn oder eine Frau anredet, wird im Polnischen für „Sie" *pan* oder *pani* gebraucht, und je nachdem, ob ein Mann oder eine Frau die Sprecher sind, haben die Verben oft verschiedene Endungen. Diese Varianten sind ebenfalls durch Kursivdruck kenntlich gemacht.

Und jetzt möchten wir Ihnen auf polnisch wünschen: *Przyjemnej podróży!* – Gute Reise!

INHALTSVERZEICHNIS

Gebrauchsanweisung 3
Aussprache 8
Sprachführer 12

Allgemeines 12
Anreden 12
Begrüßung 13
Briefe 13
Bekanntschaft 14
Besuch 14
Bitten, Wunsch 16
Danken 17
Bejahung und Verneinung 18
Entschuldigung 18
Bedauern 19
Beileid, Glückwunsch ... 19
Beschwerden 19
Abschied 20
Anfragen 21
Verständigung 22
Wetter 23
Zahlen 26
Uhrzeit 28
Tageszeit 29
Wochentage 30
Monate 30
Jahreszeiten 30
Feiertage 30
Datum 31
Andere Zeitangaben 31
Alter 32
Maße und Gewichte 33
Bekanntmachungen und Warnungen 34
Abkürzungen 35

Mit Auto, Motorrad und Fahrrad 36
Fragen nach dem Weg ... 36
Fahrzeuge 37
Fahren 37
Tankstelle 38
Öl 38
Wasser 39
Bremsen 39
Reifen 39
Autowäsche 40
Garage, Autoverleih 41
Panne 42
Unfall 42
Unfallschaden 43
Reparaturwerkstatt 44
Ersatzteile und Reparaturen 45
Hinweise für Autofahrer . 52

Mit der Eisenbahn 53
Bahnhof 53
Zugauskunft 53
Fahrplan 54
Fahrkarten 55
Gepäck 56
Gepäckträger 57
Auf dem Bahnsteig 58
Im Zug 59
Wörter 61

Mit dem Flugzeug 62
Auskunft und Flugkarte .. 62
Auf dem Flugplatz 63
Im Flugzeug 64

Mit dem Schiff 65
Auskunft und Passage ... 65
An Bord 66
Wörter................. 67

An der Grenze 69
Paßkontrolle............ 69
Zollkontrolle 70
Fahrzeugkontrolle 71

Unterkunft 72
Auskunft 72
Zimmersuche 72
Vorbestellung 73
Besichtigung 73
Preis.................. 74
Anmeldung 75
Gepäck 75
Rezeption, Portier 76
Hausdiener 77
Zimmermädchen 77
Wäsche- und Kleiderpflege 78
Beanstandungen......... 79
Abreise 79
Camping 80
Wörter................ 81

Essen 85
Restaurant und Hotel ... 85
Café und Konditorei 86
Frühstück 88
Mittag- und Abendessen . 89
Tischgespräch........... 90
Tischgerät 91
Zubereitung 92
Zutaten 93
Speisekarte 94
Vorspeisen 94
Suppen 95
Mehlspeisen und Gemüsegerichte 96
Fische und andere Seetiere 96
Geflügel und Wild 97
Fleischgerichte 98
Gemüse 99
Eierspeisen 101
Käse 101
Süßspeisen 102
Obst 102
Beanstandungen......... 103

Trinken 104
Bestellung 104
Wein 105
Bier 105
Spirituosen 105
Andere alkoholische Getränke 106
Alkoholfreie Getränke ... 106

In der Stadt 107
Fragen nach dem Weg ... 107
Verkehrsmittel 108
Sehenswürdigkeiten 110
Museen und Paläste 111
Kirchen 112
Wörter................. 114

Post, Telegraf und Telefon 117
Auskunft 117
Postwertzeichen 117
Einschreiben, Zahlungen . 119
Postlagernd............ 119
Nachsenden 120
Päckchen, Pakete........ 120
Telegramme 121
Telefon 121
Münzautomat 123

Bank und Geldwechsel ... 124
Auskunft, Geldwechsel ... 124
Geldverkehr 125

Auf der Polizei 128
Anmeldung 128
Anzeige 129
Berufe 130

Gesundheit 131
Apotheke 131
Medikamente 132
Arzt 134
Untersuchung, Behandlung 135
Körperteile u. -funktionen 137
Krankheiten 139
Zahnarzt 142

Körperpflege 144
Toilettenartikel 144
Damenfriseur 146
Herrenfriseur 148

Einkäufe 150
Allgemeines 150
Farben 151
Kaufabschluß 152
Umtausch, Reklamation .. 152
Ohne Erfolg 152
Geschäfte 153
Blumen 154
Buchhandlung 154
Fotohandlung 154
Juwelier 156
Optiker 156
Papierhandlung 157
Pelze 157
Reiseandenken 158
Uhrmacher 158
Tabakladen 159
Kleidungsstücke 159
Teile und Zubehör 161
Stoffe 162
Anprobieren 163
Ändern, reparieren 164
Nähen 164
Schuhe 165
Andere Lederwaren 166

Konzert, Theater und Kino 167
Allgemeines 167
Kartenverkauf 168
Oper und Theater 169
Konzert 170
Kino 171

Sport, Vergnügungen, Zeitvertreib 172
Sport 172
Baden und Ausflüge 176
Tanzen 178
Zeitvertreib 179

Grammatik 181
Alphabetisches Register .. 190

DIE AUSSPRACHE DES POLNISCHEN

Das polnische Alphabet

Buchstabe	Name	Umschrift	Ausspracheerklärung
A, a	a	a	wie in **dann**
ą	ɔ̃	ɔ̃, ɔ	*s. Seite* 9
B, b	bɛ	b	wie in **Bach**
C, c	tsɛ	ts	wie *z* in **Zeit**
Ć, ć	tɕɛ	tɕ	*s. Seite* 10
D, d	dɛ	d	wie in **Dom**
E, e	ɛ	ɛ, e	*s. Seite* 9
ę	ɛ̃	ɛ̃, ɛ	*s. Seite* 9
F, f	ɛf	f	wie in **fest**
G, g	gɛ	g	wie in **gut**
H, h	xa	x	wie in **ach**
I, i	i	i	wie in **wir**
J, j	jɔt	j	wie in **Joch**
K, k	ka	k	wie in **Koch**
L, l	ɛl	l	wie in **Land**
Ł, ł	ɛw	w	*s. Seite* 10
M, m	ɛm	m	wie in **Mut**
N, n	ɛn	n	wie in **Not**
ń	ɛɲ, ɲɛ	ɲ	*s. Seite* 11
O, o	ɔ	ɔ	wie in **offen**
Ó, ó	ɔ krɛskɔvanɛ	u	wie in **Union**
P, p	pɛ	p	wie in **Post**
R, r	ɛr	r	*s. Seite* 10
S, s	ɛs	s	wie in **was**
Ś, ś	ɛɕ	ɕ	*s. Seite* 10
T, t	tɛ	t	wie in **Tag**
U, u	u	u	wie in **Union**
W, w	vu, vɛ	v	wie *w* in **Wetter**
Y, y	i grɛk, ɨ	ɨ	*s. Seite* 9
Z, z	zɛt	z	wie *s* in **sausen**
Ź, ź	zɛt s krɛskɔ̃	ʑ	*s. Seite* 10
Ż, ż	zɛt s krɔpkɔ̃	ʒ	*s. Seite* 10

Buchstaben-verbindungen	Name	Umschrift	Aussprache-erklärung
Ch, ch	xa	x	wie in **Bach**
Cz, cz	tʃɛ	tʃ	wie **tsch**
Dz, dz	dɛzɛt	dz	*s. Seite* 10
Dź, dź	dɛzɛt s krɛskɔ̃	dʑ	*s. Seite* 10
Dż, dż	dɛzɛt s krɔpkɔ̃	dʒ	*s. Seite* 10
Rz, rz	ɛrzɛt	ʒ, ʃ	*vgl.* ż *und* sz
Sz, sz	ɛszɛt	ʃ	wie in **Schule**

Erklärung der Lautzeichen

Die *Klangbilder* des Polnischen weichen ganz erheblich vom Deutschen ab. Deshalb geben wir im vorliegenden Sprachführer eine genaue Erklärung der Aussprache und durchgehende Umschrift der Texte und Vokabeln. Zur Darstellung der polnischen Laute benutzen wir die Zeichen der Lautschrift der Association Phonétique Internationale (API), die wir im folgenden – soweit wie möglich an Hand von Beispielen aus dem Deutschen – erklären.

Vokale

Die Vokale werden *kurz* und *offen* ausgesprochen, mit Ausnahme von *i* und *u*, die zwar kurz aber geschlossen sind und *e*, das geschlossen ist, wenn es zwischen zwei erweichten Konsonanten oder vor j steht.

a wie *a* in dann: rada ['rada] *Rat*

ɔ wie *o* in Sonne: oko ['ɔkɔ] *Auge*

u wie *u* in Union: ul [ul] *Bienenstock*

ɨ etwa wie das dt. *i* in bin, Tisch oder *e* in Gabe (aber nach i auslautend; man spricht i mit zurückgezogener Zunge): syn [sɨn] *Sohn*

i wie *i* in wir: ile ['ilɛ] *wieviel*

ɛ wie *e* in Decke, Rest: deska ['dɛska] *Brett*

e geschlossen, etwa wie *e* in mehr, aber kurz: dzień [dʑeɲ] *Tag*

ɔ̃ wie das frz. nasale *o* in **Ponton**: wąsy ['vɔ̃sɨ] *Schnurrbart*

ɛ̃ wie das frz. nasale *e* in **Teint**: mięso ['mʲɛ̃sɔ] *Fleisch*

ĩ nasaliertes *i*: państwo ['paĩstfɔ] *Staat, Herrschaften*

ã wie das frz. nasale *a*: oranżada [ɔrã'ʒada] *Orangeade*

Konsonanten

b, d, f, j, k, l, m, n, p und t bezeichnen Laute, die mit den entsprechenden deutschen Lauten identisch sind; **k**, **p** und **t** werden jedoch ohne den nachfolgenden flüchtigen h-Laut (ohne Behauchung) ausgesprochen.

g wie *g* in **g**ut: ogórek [ɔ'gurɛk] *Gurke*

ŋ in Verbindung mit *g* und *k* wie in O**n**kel, E**n**gel: mąka ['mɔŋka] *Mehl*, tęgi ['tɛŋg̡i] *beleibt*

r ist immer als Zungenspitzen-r zu sprechen. Auch am Wortende deutlich hörbar: motor ['mɔtɔr] *Motor*

s bezeichnet den stets stimmlosen *s*-Laut wie in bei**ß**en: sen [sɛn] *Schlaf*; *st* ist immer wie s + t zu sprechen!

ɕ bezeichnet einen Laut, der dem *ch* in i**ch** mit einem schwach nachklingendem *sch* nahekommt: śniadanie [ɕɲa'daɲɛ] *Frühstück*, siedem ['ɕɛdɛm] *sieben*

tɕ eine Verschmelzung von *t* + [ɕ], etwa wie in *tja*: ćwiartka ['tɕɣartka] *Viertel(liter)*, ciało ['tɕawɔ] *Körper*

ts entspricht dem dt. *z* in **Z**orn: cebula [tsɛ'bula] *Zwiebel*

dz ist die stimmhafte Entsprechung zu [ts] und klingt wie eine enge Verbindung von *d* + stimmhaftes *s*: rodzaj ['rɔdzaj] *Art*

w bezeichnet einen Laut, der dem englischen *w* in what entspricht (nichtsilbenbildendes u): Bałtyk ['bawtɨk] *Ostsee*

x wie *ch* in a**ch**: groch [grɔx] *Erbsen*, hotel ['xɔtɛl] *Hotel*

ʃ wie *sch* in **Sch**ule: szary ['ʃarɨ] *grau*, przyjazd ['pʃɨjast] *Ankunft*

tʃ wie *tsch* in deu**tsch**: czekać ['tʃɛkatɕ] *warten*

z stets wie *s* in **s**ausen: zapach ['zapax] *Duft*, *Geruch*

ʑ ist die stimmhafte Entsprechung zu [ɕ]

ʒ entspricht dem *j* in **J**alousie oder dem zweiten *g* in Gara**g**e: róża ['ruʒa] *Rose*, rzeka ['ʒɛka] *Fluß*

dʒ ist die stimmhafte Entsprechung zu [tʃ] und klingt wie engl. *j* in **J**ack [d + ʒ]: drzewo ['dʒɛvɔ] *Holz*, *Baum*

dʑ ist die stimmhafte Entsprechung zu [tɕ] (etwa wie dsj)

Zusätzliche Zeichen

' kurzer Strich *vor der zu betonenden Silbe* bezeichnet den Hauptton im Wort oder in einer zusammenhängend gesprochenen Wortgruppe.

: hinter einem Konsonanten oder Vokal bedeutet, daß der Laut gelängt ausgesprochen wird.

‿ bedeutet, daß die Wörter zusammengezogen ausgesprochen werden.

˘ über dem Vokal bedeutet, daß der Vokal sehr kurz ausgesprochen wird.

Palatalisierung

Fast alle polnischen Konsonanten können palatalisiert (erweicht) werden. Die weichen Konsonanten kann man vereinfacht als Verschmelzungsprodukt von Konsonant + sehr flüchtiges *j* (oder *i*) erklären, wobei jedoch kein j-ähnliches Reibegeräusch entstehen darf. Die Palatalisierung wird durch Hebung des Zungenrückens gegen den harten Gaumen erreicht. Palatalisierte Konsonanten werden in der poln. Schrift durch [ˊ] über dem Konsonanten gekennzeichnet oder durch nachfolgendes *i* erweicht, das in vielen Fällen keinen Lautwert besitzt. In der Umschrift werden die palatalen Konsonanten durch ein Häkchen gekennzeichnet, das ein sehr flüchtiges j versinnbildlichen soll: ƀ (etwa bj), ꞡ (gj), ɱ (mj) usw. Ähnliche Laute erhält man, wenn man Wörter wie rabiat, Region, Mumie usw. mit einem sehr flüchtigen *i* ausspricht.

Nasalierung

In der Umgangssprache unterliegen die Nasalvokale *ą* und *ę* einer Angleichung an den darauffolgenden Konsonanten und verlieren in vielen Fällen fast völlig ihr nasales Element.
Die Lautverbindungen *an, en, in, on* usw. werden dagegen häufig nasal ausgesprochen.

Betonung

Im Polnischen wird, von einigen Ausnahmen abgesehen, stets die vorletzte Silbe betont. Die unbetonten Silben werden aber genauso deutlich ausgesprochen wie die betonten.

Diphthonge

Es ist zu beachten:
au und **eu** klingen wie kurzes deutsches *a* bzw. *e* mit kurzem nachfolgendem *u*, das keine neue Silbe bildet (in der Umschrift ŭ).
aj klingt wie das deutsche *ei* bzw. *ai* in fein, Mai.
oj klingt wie das deutsche *eu* in Scheune.

ALLGEMEINES

Anreden

Das Polnische besitzt einen besonderen Anredefall (Vokativ), der sich vom Nominativ der Einzahl unterscheidet, s. Seite 181-184.

Frau	pani (*Vok.* pani)	ˈpaɲi
Fräulein	panna (*Vok.* panno)	ˈpanːa (ˈpanːɔ)
Herr	pan (*Vok.* panie)	pan (ˈpaɲɛ)

Die höfliche Anrede **Sie** *fehlt, man verwendet an Stelle von* **Sie** **pan** *und* **pani** *(auch im Gespräch mit einer unverheirateten Frau, die mit* **panna** *angesprochen wird).**)

Pan, pani, panna *werden auch mit Titeln verwendet, vor Verwandtschaftsbezeichnungen fallen sie fort.*

Herr *Doktor (Professor)*, können Sie mir sagen ...
Panie *doktorze (profesorze)*, czy może mi pan powiedzieć ...
ˈpaɲɛ dɔˈktɔʒɛ (prɔfɛˈsɔʒɛ) tʃɨ ˈmɔʒɛ‿mʲi pan pɔˈɣedʑetɕ

Ihre Frau Gemahlin	**Ihr Herr Gemahl**	**Ihr Herr Sohn**
Małżonka pana	Małżonek pani	Syn *pana (pani)*
mawˈʒɔnka ˈpana	mawˈʒɔnɛk ˈpaɲi	sɨn ˈpana (ˈpaɲi)

Den deutschen **„mein Herr“, „gnädige Frau“** *usw. entsprechen:*

mein Herr	**gnädige Frau, gnädiges Fräulein**
szanowny pan(ie)	szanowna pani
ʃaˈnɔvnɨ pan (ˈpaɲɛ)	ʃaˈnɔvna ˈpaɲi

meine Damen und Herren!
szanowni państwo!
ʃaˈnɔvɲi ˈpaĩstfɔ

Die offizielle Anrede (mit und ohne Namen), die auf Ämtern usw. praktiziert wird, lautet:

Bürger	**Bürgerin**
obywatel (*Vok.* obywatelu)	obywatelka (*Vok.* obywatelko)
ɔbɨˈvatɛl (ɔbɨvaˈtɛlu)	ɔbɨvaˈtɛlka (ɔbɨvaˈtɛlkɔ)

Unter Parteigenossen ist die Anrede **„Genosse“** *bzw.* **„Genossin“** *üblich:*

---

*) Der Einfachheit halber werden im folgenden **pan** und **pani** in der Bedeutung von **Sie** wo es möglich ist zusammengezogen: pan(i); Umschrift: [ˈpan(i)] statt [pan] und [ˈpaɲi].

Genosse
towarzysz (*Vok.* towarzyszu)
tɔ'vaʒɨʃ (tɔva'ʒɨʃu)

Genossin
towarzyszka (*Vok.* towarzyszko)
tɔva'ʒɨʃka (tɔva'ʒɨʃkɔ)

Begrüßung

Guten *Morgen (Tag)*!
Dzień dobry!
dʑeŋ'dɔbrɨ

Guten Abend!
Dobry wieczór!
'dɔbrɨ 'ɣɛtʃur

Wie geht es Ihnen?
Jak się *panu (pani)* powodzi?
'jak‿ɕɛ 'panu ('paɲi) pɔ'vɔdʑi

Wie geht's?
Jak się masz?
jak'ɕɛmaʃ

Danke (recht) gut!
Dziękuję, (dość) dobrze!
dʑeŋ'kujɛ (dɔɕtɕ) 'dɔbʒɛ

Wie steht's mit der Gesundheit?
Jak zdrowie?
jag 'zdrɔɣɛ

Wie geht es Ihrer Familie?
Jak się ma rodzina (pana, pani)?
jak‿ɕɛ‿ma rɔ'dʑina ('pana, 'paɲi)

Herzlich willkommen!
Witamy serdecznie!
ɣi'tamɨ sɛr'dɛtʃɲɛ

Es freut mich sehr, Sie zu sehen!
Miło mi *pana (panią)* widzieć!
'mɲiwɔ‿mɲi 'pana ('paŋɔ̃) 'ɣidʑetɕ

Ich begrüße Sie!
Witam *pana (panią)*!
'ɣitam 'pana ('paŋɔ̃)

Unter Freunden begrüßt man sich auch mit **Cześć!** *oder* **Czołem!** [tʃɛɕtɕ/'tʃɔwɛm], *was etwa dem dt.* **Servus!** *entspricht.*

Briefe

Sehr geehrte gnädige Frau!	Wielce szanowna Pani!	'ɣɛltsɛ ʃa'nɔvna 'paɲi
Sehr geehrter Herr!	Szanowny Panie!	ʃa'nɔvnɨ 'paɲɛ
Liebe Frau	Droga Pani ...	'drɔga 'paɲi
Liebes Fräulein	Droga Panno ...	'drɔga 'panːɔ
Lieber Freund!	Drogi przyjacielu!	'drɔgi pʃɨja'tɕɛlu
Liebste!	Najdroższa!	naj'drɔʃʃa
Lieber Peter!	Kochany Piotrze!	kɔ'xanɨ 'pɔtːʃɛ
Liebe Johanna!	Kochana Janino!	kɔ'xana ja'ɲinɔ

Sehr geehrte Herren!	Szanowni Panowie!	ʃa'nɔvɲi pa'nɔɣɛ
Hochachtungsvoll ..	Z głębokim szacunkiem	z‿gwɛm'bɔķim ʃa'tsunķɛm
Mit herzlichen Grüßen	łączę serdeczne pozdrowienia	'wɔntʃɛ sɛr'dɛtʃnɛ pɔzdrɔ'ɣɛɲa

Bekanntschaft

Darf ich Sie mit Herrn ... bekannt machen?
Pan(i) pozwoli, że przedstawię *mu (jej)* pana ...
'pan(i) pɔ'zvɔʎi ʒɛ pʃɛt'staɣɛ mu (jɛj) 'pana

Gestatten Sie, daß ich mich vorstelle?
Pan(i) pozwoli, że się przedstawię?
'pan(i) pɔ'zvɔʎi ʒɛ‿ɕɛ pʃɛt'staɣɛ

Wer ist das?
Kto to jest?
'ktɔ‿tɔ jɛst

Würden Sie uns bitte bekannt machen?*)
Czy *byłby pan (byłaby pani)* tak uprzej*my (-ma)* przedstawić nas?
tʃɨ 'bɨwbɨ pan ('bɨwabɨ 'paɲi) tak u'pʃɛjmɨ (-ma) pʃɛt'staɣitɕ‿nas

Es freut mich, Ihre Bekanntschaft zu machen!
Miło mi bardzo poznać *pana (panią)*!
'mʲiwɔ‿mʲi 'bardzɔ 'pɔznatɕ 'pana ('paɲɔ̃)

Wir kennen uns schon vom Sehen.
Znamy się już z widzenia.
'znamɨ‿ɕɛ juʒ z‿ɣi'dzɛɲa

Mein Name ist ...
Jestem ...
'jɛstɛm

Verzeihung, wie war der Name?
Przepraszam, jak godność (pana, pani)?
pʃɛ'praʃam jag‿'gɔdnɔɕtɕ ('pana / 'paɲi)

Besuch

Ist Herr ... zu Hause?
Czy pan ... jest w domu?
tʃɨ pan... jɛst v‿'dɔmu

Kann ich Frau ... sprechen?
Czy mogę mówić z panią ...?
tʃɨ 'mɔgɛ 'muɣitɕ s‿'paɲɔ̃

*) Die auf *-a* endenden Formen (uprzej**ma**) werden verwendet, wenn man sich an eine Frau wendet.

Wohnt hier *Herr (Frau)* ...?
Czy tu mieszka *pan (pani)* ...?
tʃɨ tu 'mjɛʃka pan ('paɲi)

Ich suche ...
Szukam ... *(G)*
'ʃukam

Wann kann ich *Sie (ihn, sie)* zu Hause antreffen?
Kiedy mogę zastać *pana (panią, go, ją)* w domu?
'kʲɛdɨ 'mɔgɛ 'zastatɕ 'pana ('paɲɔ̃[gɔ/jɔ̃]) v‿'dɔmu

Ich werde *(morgen, in ein paar Tagen)* nochmals vorsprechen.
Wstąpię *później (jutro, za kilka dni)* jeszcze raz.
'fstɔmpʲɛ 'puʑɲej ('jutrɔ / za‿'kʲilka dɲi) 'jɛʃtʃɛ ras

Vor dem Krieg *habe ich (haben wir)* hier gewohnt.
Przed wojną *mieszkałem/-am (mieszkaliśmy)* tu.
pʃɛd 'vɔjnɔ̃ mjɛʃ'kawɛm/-am (mjɛʃ'kaʎiɕmɨ) tu

Ich möchte mir nur *das Haus (die Wohnung)* ansehen.
Chciał*em (-am)* tylko oglądnąć *mieszkanie (dom).*
'xtɕawɛm (-am) 'tɨlkɔ ɔ'glɔndnɔɲtɕ mjɛʃ'kaɲe (dɔm)

Besuchen Sie uns doch morgen abend.
Proszę odwiedzić nas jutro wieczorem.
'prɔʃɛ ɔd'vʲedʑitɕ nas 'jutrɔ vʲɛ'tʃɔrɛm

Herein!
Proszę!
'prɔʃɛ

Es freut mich, Sie zu sehen.
Miło mi widzieć *pana (panią).*
'mjiwɔ‿mji 'vʲidʑetɕ 'pana ('paɲɔ̃)

Bitte nehmen Sie Platz!
Proszę, niech pan(i) siada!
'prɔʃɛ 'ɲɛx‿pan(i) 'ɕada

Störe ich?
Czy przeszkadzam?
tʃɨ pʃɛ'ʃkadzam

Im Gegenteil!
Przeciwnie!
pʃɛ'tɕivɲɛ

Aber woher!
Ależ skąd!
'alɛʃ‿skɔnt

Darf ich Ihnen etwas anbieten?
Czy mogę *pana (panią)* czymś poczęstować?
tʃɨ 'mɔgɛ 'pana ('paɲɔ̃) tʃɨmɕ pɔtʃɛ̃'stɔvatɕ

Machen Sie sich bitte meinetwegen keine Umstände!
Proszę nie sprawiać sobie kłopotów z mego powodu!
'prɔʃɛ ɲɛ‿'spravʲatɕ 'sɔbʲɛ kwɔ'pɔtuv z‿'mɛgɔ pɔ'vɔdu

Bitte, Wunsch

Bringen Sie mir bitte ...
Proszę mi przynieść ...
'prɔʃɛ‿mi 'pʃɨɲeɕtɕ

Geben Sie mir bitte...
Proszę mi dać ...
'prɔʃɛ‿mi datɕ

Zeigen Sie mir bitte ...
Proszę mi *pokazać (wskazać)* ...
'prɔʃɛ‿mi pɔ'kazatɕ ('fskazatɕ)

Sagen Sie mir bitte ...
Proszę mi powiedzieć ...
'prɔʃɛ‿mi pɔ'vʲedʑetɕ

Bitte, wo *ist (sind)* ...?
Przepraszam, gdzie *jest (są)* ...?
pʃɛ'praʃam 'gdʑɛ‿jɛst (sɔ̃)

Reichen Sie mir bitte ...
Proszę mi podać ...
'prɔʃɛ‿mi 'pɔdatɕ

Könnten Sie mir einen Gefallen tun?
Czy *mógłby pan (mogłaby pani)* wyświadczyć mi przysługę?
tʃɨ‿'mugbɨ pan ('mɔgwabɨ 'paɲi) vɨ'ɕvʲattʃɨtɕ‿mi pʃɨ'swugɛ

Ich habe eine Bitte an Sie.
Mam prośbę do *pana (pani, państwa)*.
mam 'prɔʑbɛ dɔ‿'pana ('paɲi / 'paĩstfa)

Darf man?
Czy wolno?
tʃɨ‿'vɔlnɔ

Seien Sie so freundlich (und schließen Sie das Fenster).
Niech pan(i) będzie tak uprzej*my (-ma)* (i zamknie okno).
'ɲɛx‿pan(i) 'bɛɲdʑɛ tak u'pʃɛjmɨ (-ma) (i‿'zamkɲɛ 'ɔknɔ)

***Erlauben (Gestatten)* Sie?**
Pan(i) pozwoli?
'pan(i) pɔ'zvɔʎi

Kann ich ... haben?
Czy mogę otrzymać ...?
tʃɨ‿'mɔgɛ ɔ't:ʃɨmatɕ

Ich *hätte (würde)* gern ... Chciał(a)bym ...*) 'xtɕaw(a)bɨm

Bitte *hat im Deutschen zwei verschiedene Bedeutungen. Einmal drückt es wirklich eine höfliche Bitte aus (z. B.* **geben Sie mir bitte**), *zum anderen gebraucht man es als Antwort auf einen Dank (z. B.* **Danke! – Bitte!** *im Sinne von* „**keine Ursache**“ *oder* „**gern geschehen**“). *Dieselben zwei Bedeutungen hat auch das polnische* proszę.

*) Die Form mit dem eingeklammerten *-a-* (chciałabym) bzw. die Formen auf *-am* (z. B. „**sprawiłam**“ – S. 15, 17) verwendet man, wenn der Sprechende eine Frau ist.

Danken

Danke!
Dziękuję!
dzeŋ'kujɛ

Herzlichen Dank!
Serdeczne dzięki!
sɛr'dɛtʃnɛ 'dzeŋki

Ich danke (Ihnen) sehr.
Dziękuję (panu, pani) bardzo.
dzeŋ'kujɛ ('panu / 'paŋi) 'bardzɔ

Sie sind sehr liebenswürdig!
Pan(i) jest bardzo uprzej*my (-ma)*!
'pan(i) jɛst 'bardzɔ u'pʃɛjmɨ (-ma)

Ich bin Ihnen sehr zu Dank verpflichtet.
Jestem *panu (pani)* bardzo zobowiąza*ny (-na)*.
'jɛstɛm 'panu ('paŋi) 'bardzɔ zɔbɔɣɔ̃'zanɨ (-na)

Ich wäre Ihnen sehr dankbar, wenn Sie ...
Był(a)bym *panu (pani)* bardzo wdzięcz*ny (-na)*, gdyby pan(i) ...
'bɨw(a)bɨm 'panu (paŋi) 'bardzɔ 'vdzɛntʃnɨ (-na) 'gdɨbɨ 'pan(i)

Ich bin Ihnen sehr dankbar für ...
Jestem *panu (pani)* bardzo wdzięcz*ny (-na)* za ...
'jɛstɛm 'panu ('paŋi) 'bardzɔ 'vdzɛntʃnɨ (-na) za

Sie haben mir einen großen *Dienst erwiesen (Gefallen getan)!*
Pan(i) wyświadczył(a) mi wielką przysługę!
'pan(i) vɨ'ɕɣattʃɨw (-'tʃɨwa)‿mi 'ɣɛlkɔ̃ pʃɨ'swugɛ

Herzlichen Dank für Ihre Hilfe!
Serdecznie dziękuję za pomoc!
sɛr'dɛtʃŋɛ dzeŋ'kujɛ za‿'pɔmɔts

Bitte sehr! Gern geschehen!
Proszę bardzo!
'prɔʃɛ 'bardzɔ

Keine Ursache!
Nie ma za co!
'ŋɛ‿ma 'za‿tsɔ

Das ist doch nicht der Rede wert.
Nie warto o tym mówić.
ŋɛ‿'vartɔ 'ɔ‿tɨm 'muɣitɕ

Es ist mir ein Vergnügen!
Z przyjemnością!
s‿pʃɨjɛm'nɔɕtɕɔ̃

Es ist schon gut.
W porządku.
f‿pɔ 'ʒɔntku

Es tut mir leid, daß ich Ihnen so viel Mühe gemacht habe.
Przepraszam, że spraw*iłem (-łam) panu (pani)* tyle kłopotu.
pʃɛ'praʃam ʒɛ spra'ɣiwɛm (-wam) 'panu ('paŋi) 'tɨlɛ kwɔ'pɔtu

Bejahung und Verneinung

Ja. Tak. tak	**Gewiß.** Zapewne. za'pɛvnɛ	**Selbstverständlich.** Ma się rozumieć. 'ma‿ɕɛ rɔ'zuɱetɕ	**Sehr gern.** Bardzo chętnie. 'bardzɔ 'xɛntɲɛ
Natürlich. Naturalnie. natu'ralɲɛ	**Richtig.** Słusznie. 'swuʃɲɛ	**Zweifellos.** Niewątpliwie. ɲɛvɔnt'pļiγɛ	**Mit Vergnügen!** Z przyjemnością! s‿pʃɨjɛm'nɔɕtɕɔ̃
Nein. Nie. ɲɛ	**Niemals.** Nigdy. 'ɲigdɨ	**Auf keinen Fall.** W żadnym wypadku. 'v‿ʒadnɨm vɨ'patku	**Ausgeschlossen!** Wykluczone! vɨklu'tʃɔnɛ
Ich weiß es nicht. Nie wiem. 'ɲe‿γɛm	**Mag sein.** Być może. bɨtɕ‿'mɔʒɛ	**Vielleicht.** Może. 'mɔʒɛ	**Wahrscheinlich.** Prawdopodobnie. pravdɔpɔ'dɔbɲɛ

Entschuldigung

Entschuldigung!
Przepraszam!
pʃɛ'praʃam

***Entschuldigen (Verzeihen)* Sie bitte!**
Proszę (mi) wybaczyć!
'prɔʃɛ (ɱi) vɨ'batʃɨtɕ

Ich bitte um Verzeihung, wenn ...
Proszę wybaczyć, jeśli ...
'prɔʃɛ vɨ'batʃɨtɕ 'jɛɕļi

Es tut mir sehr leid.
Żałuję bardzo.
ʒa'wujɛ 'bardzɔ

Ich bedaure sehr, daß ...
Bardzo żałuję, że ...
'bardzɔ ʒa'wujɛ ʒɛ

Es ist mir sehr unangenehm.
Bardzo mi przykro.
'bardzɔ‿ɱi 'pʃɨkrɔ

Ich hoffe, Sie nehmen es mir nicht übel?
Spodziewam się że pan(i) nie weźmie mi tego za złe?
spɔ'dʑɛvam‿ɕɛ ʒɛ 'pan(i) ɲɛ‿'vɛʑɱe‿ɱi 'tɛgɔ 'za‿zwɛ

Ich versichere Ihnen, daß es nicht meine Schuld war.
Zapewniam *pana (panią)*, że to nie była moja wina.
za'pɛvɲam 'pana ('paɲɔ̃) ʒɛ tɔ ɲɛ‿'bɨwa 'mɔja 'γina

Ich wollte Sie nicht verletzen.
Nie chciał*em (-łam) pana (pani)* urazić.
ɲɛ‿'xtɕawɛm (-wam) 'pana ('paɲi) u'raʑitɕ

Entschuldigen Sie meine Zudringlichkeit.
Proszę wybaczyć moją natarczywość.
'prɔʃɛ vɨ'batʃɨtɕ 'mɔjɔ̃ natar'tʃɨvɔɕtɕ

Bedauern

Schade!
Szkoda!
'ʃkɔda

Wie schade!
Jaka szkoda!
'jaka 'ʃkɔda

Es ist sehr schade!
To wielka szkoda!
tɔ‿'ɣɛlka 'ʃkɔda

Ich bedaure sehr.
Bardzo żałuję.
'bardzɔ ʒa'wujɛ

Es ist sehr ärgerlich.
To bardzo przykre.
tɔ‿'bardzɔ 'pʃɨkrɛ

Es ist leider unmöglich.
To, niestety, niemożliwe.
tɔ ɲɛ'stɛtɨ ɲɛmɔʒ'ʎivɛ

Es ist ein Unglück.
To (jest) nieszczęście.
tɔ (jɛst) ɲɛ'ʃtʃɛ̃ɕtɕɛ

Glückwunsch und Beileid

Herzlichen Glückwunsch zum *Geburtstag (Namenstag)!*
Serdeczne powinszowania w dniu *urodzin (imienin)*!
sɛr'dɛtʃnɛ pɔɣĩʃɔ'vaɲa v‿dɲu u'rɔdʑin (i'mʲeɲin)

Fröhliche Feiertage!
Wesołych Świąt!
vɛ'sɔwɨx ɕɣɔnt

Gute Besserung!
Życzę (szybkiej) poprawy!
'ʒɨtʃɛ ('ʃɨpkʲej) pɔ'pravɨ

Erlauben Sie mir, Ihnen meine herzliche Anteilnahme auszudrücken.
Proszę przyjąć wyrazy (mego) gorącego współczucia.
'prɔʃɛ 'pʃɨjɔɲtɕ vɨ'razɨ ('mɛgɔ) gɔrɔn'tsɛgɔ fspuw'tʃutɕa

Beschwerden

(Vergleichen Sie auch S. 79 und 103)

Sind Sie zufrieden?
Czy jest pan(i) zadowolo*ny (-na)*?
tʃɨ jɛst 'pan(i) zadɔvɔ'lɔnɨ (-na)

Ich muß ... bemängeln.
Muszę zausterkować ...
'muʃɛ zaustɛr'kɔvatɕ

Ich kann mich nicht beklagen.
Nie mam powodów do narzekania.
'ɲɛ‿mam pɔ'vɔduf dɔ‿naʒɛ'kaɲa

Ich möchte mich beschweren.
Pragnę wnieść zażalenie.
'pragnɛ vɲeɕtɕ zaʒa'lɛɲɛ

Geben Sie mir bitte das Beschwerdebuch.
Proszę o książkę zażaleń.
'prɔʃɛ ɔ‿'kɕɔ̃ʃkɛ za'ʒalɛɲ

Abschied

Auf Wiedersehen!
Do widzenia!
dɔ‿ɣi'dzɛɲa

Bis morgen!
Do jutra!
dɔ‿'jutra

Gute Nacht!
Dobranoc!
dɔ'branɔts

Servus!
Serwus!
'sɛrvus

Leben Sie wohl!
Żegnam *pana (pania)*!
'ʒɛgnam 'pana ('paɲɔ̃)

Alles Gute!
Wszystkiego najlepszego!
fʃɨst'ķɛgɔ najlɛp'ʃɛgɔ

Ich möchte mich verabschieden.
Chcę się pożegnać.
xtsɛ‿ɕɛ pɔ'ʒɛgnatɕ

Ich muß jetzt leider gehen.
Muszę niestety już iść.
'muʃɛ ɲɛ'stɛtɨ juʃ iɕtɕ

Ich danke Ihnen für den Besuch!
Dziękuję bardzo za odwiedziny!
dʑɛŋ'kujɛ 'bardzɔ za‿ɔdɣe'dʑinɨ

Wann sehen wir uns wieder?
Kiedy się znów zobaczymy?
'ķɛdɨ‿ɕɛ znuf zɔba'tʃɨmɨ

Können wir uns morgen wiedersehen?
Czy możemy spotkać się jutro?
tʃɨ mɔ'ʒɛmɨ 'spɔtkatɕ‿ɕɛ 'jutrɔ

Kommen Sie bald wieder!
Proszę *mnie* (*nas*) wkrótce odwiedzić!
'prɔʃɛ‿mɲɛ (nas) 'fkruttsɛ ɔd'ɣedʑitɕ

Eine Empfehlung an Ihre Gattin!
Najlepsze pozdrowienia dla małżonki!
naj'lɛpʃɛ pɔzdrɔ'ɣeɲa dla maw'ʒɔnķi

Grüßen Sie ...!
Proszę pozdrowić...!
prɔʃɛ pɔ'zdrɔɣitɕ

Viel Vergnügen!
Przyjemnej zabawy!
pʃɨ'jɛmnɛj za'bavɨ

Viel Glück!
Powodzenia!
pɔvɔ'dzɛɲa

Angenehme Reise!
Przyjemnej podróży!
pʃɨ'jɛmnɛj pɔ'druʒɨ

Vielen Dank für die Gesellschaft.
Dziękuję bardzo za towarzystwo!
dʑɛŋ'kujɛ 'bardzɔ za‿tɔva'ʒɨstfɔ

Es hat mir sehr gut gefallen.
Bardzo mi się podobało.
'bardzɔ‿mʝi‿ɕɛ pɔdɔ'bawɔ

Anfragen

(Vergleichen Sie auch S. 36, 53, 62, 65, 72, 107, 117 und 150)

Wo finde ich ein Auskunftsbüro?

Gdzie się znajduje biuro informacyjne?
'gdʑe‿ɕɛ znaj'dujɛ 'bʲurɔ infɔrma'tsɨjnɛ

Wo ist ...?

Gdzie jest ...?
'gdʑe‿jɛst

Wo sind ...?

Gdzie są ...?
'gdʑɛ‿sɔ̃

Wo bekomme ich ...?

Gdzie otrzymam ...?
gdʑɛ ɔ't:ʃɨmam

Bekommt man hier ...?

Czy mogę tu dostać ...?
tʃɨ‿'mɔgɛ‿tu 'dɔstatɕ

Können Sie mir ... empfehlen?

Czy może pan(i) polecić mi ...?
tʃɨ‿'mɔʒɛ 'pan(i) pɔ'lɛtɕitɕ‿mʲi

Darf man hier ...?

Czy wolno tu ...?
tʃɨ‿'vɔlnɔ‿tu

Was halten Sie von *dieser (diesem)* ...?

Co pan(i) sądzi o *tej (tym)* ...?
'tsɔ‿pan(i) 'sɔndʑi 'ɔ‿tɛj (tɨm)

Was ist das?

Co to jest?
'tsɔ‿tɔ‿jɛst

Was bedeutet das?

Co to znaczy?
'tsɔ‿tɔ 'znatʃɨ

Wozu dient das?

Do czego to służy?
dɔ‿'tʃɛgɔ‿tɔ 'swuʃɨ

Was ist das für ein Gebäude?

Co to za *budowla (budynek)*?
'tsɔ‿tɔ‿za bu'dɔvla (bu'dɨnɛk)

Wie heißt dieser Bahnhof?

Jak się nazywa ten dworzec?
'jak‿ɕɛ na'zɨva tɛn 'dvɔʒɛts

Wohin gehen Sie?

Dokąd pan(i) idzie?
'dɔkɔnt 'pan(i) 'idʑɛ

Woher kommen Sie?

Skąd pan(i) wraca?
skɔnt‿'pan(i) 'vratsa

Was ist los?

Co się stało?
'tsɔ‿ɕɛ 'stawɔ

Ist etwas passiert?

Stało się coś?
'stawɔ‿ɕɛ tsɔɕ

Wer ist da?

Kto tam?
'ktɔ‿tam

Sie wünschen bitte?

Proszę?
'prɔʃɛ

Verständigung

Spricht hier jemand Deutsch?
Czy ktoś z państwa mówi po niemiecku?
tʃɨ ktɔɕ s‿'paĩstfa 'muyi pɔ‿ɲe'mɲestku

Sprechen Sie Deutsch?
Czy zna pan(i) niemiecki?
tʃɨ zna‿'pan(i) ɲe'mɲetsḵi

Englisch?
angielski?
aŋ'gɛlsḵi

Französisch?
francuski?
fran'tsusḵi

Ich spreche etwas Russisch.
Znam trochę rosyjski.
znam 'trɔxɛ rɔ'sɨjsḵi

Verstehen Sie mich?
Czy pan(i) mnie rozumie?
tʃɨ 'pan(i) mɲɛ rɔ'zumɲɛ

Ich verstehe alles.
Rozumiem wszystko.
rɔ'zumɲɛm 'fʃɨstkɔ

Ich habe nichts verstanden.
Nic nie zrozumia*łem (-łam)*.
ɲits ɲɛ‿zrɔzu'mɲawɛm (-wam)

Sprechen Sie bitte etwas langsamer.
Proszę mówić nieco wolniej.
'prɔʃɛ 'muyitɕ 'ɲɛtsɔ 'vɔlɲej

Ich verstehe nicht.
Nie rozumiem.
ɲɛ‿rɔ'zumɲɛm

Was heißt ... auf polnisch?
Jak się nazywa po polsku ...?
'jak‿ɕɛ na'zɨva pɔ‿'pɔlsku

Was bedeutet das?
Co to znaczy?
'tsɔ‿tɔ 'znatʃɨ

Wie spricht man dieses Wort aus?
Jak się wymawia to słowo?
'jak‿ɕɛ vɨ'maya tɔ‿'swɔvɔ

Spreche ich richtig?
Czy mówię prawidłowo?
tʃɨ‿'muyɛ prayid'wɔvɔ

Schreiben Sie das bitte auf!
Proszę to napisać!
'prɔʃɛ‿tɔ na'pisatɕ

Wiederholen Sie das bitte!
Proszę to powtórzyć!
'prɔʃɛ‿tɔ pɔ'ftuʒɨtɕ

Verbessern Sie mich bitte, wenn ich Fehler mache.
Proszę poprawiać moje błędy.
'prɔʃɛ pɔ'prayatɕ 'mɔjɛ 'bwɛndɨ

Sie haben mich anscheinend nicht verstanden.
Pan(i) prawdopodobnie nie zrozumiał(a) mnie.
'pan(i) pravdɔpɔ'dɔbɲe ɲɛ‿zrɔ'zumɲaw (-'mɲawa) mɲɛ

Wetter

Wie ist das Wetter?
Jaką mamy pogodę?
'jakɔ̃ 'mamɨ pɔ'gɔdɛ

Das Wetter wird schön.
Pogoda się poprawia.
pɔ'gɔda‿ɕɛ pɔ'praɣa

Das Barometer *fällt (steigt)*.
Barometr *spada (idzie w górę)*.
ba'rɔmɛtr 'spada ('idʑɛ v‿'gurɛ)

Wird sich das Wetter halten?
Czy ta pogoda się utrzyma?
tʃɨ ta pɔ'gɔda‿ɕɛ u't:ʃɨma

Das Wetter wird sich ändern.
Nastąpi zmiana pogody.
na'stɔmp̡i 'zm̡ana pɔ'gɔdɨ

Das Wetter wird wieder schön.
Będzie znów ładna pogoda.
'bɛŋdʑɛ znuf 'wadna pɔ'gɔda

Es ist warm.
Jest ciepło.
jɛst 'tɕɛpwɔ

Es ist sehr heiß.
Jest bardzo gorąco.
jɛst 'bardzɔ gɔ'rɔntsɔ

Die Sonne brennt.
Słońce przypieka.
'swɔɲtsɛ pʃɨ'p̡ɛka

Wir haben heute ziemlich schlechtes Wetter.
Mamy dziś dość brzydką pogodę.
'mamɨ‿dʑiɕ dɔɕtɕ 'bʒɨtkɔ̃ pɔ'gɔdɛ

Es sieht nach Regen aus.
Zanosi się na deszcz.
za'nɔɕi‿ɕɛ na dɛʃtʃ

Es tröpfelt schon.
Już zaczyna kropić.
juʒ za'tʃɨna 'krɔp̡itɕ

Es regnet.
Pada deszcz.
'pada dɛʃtʃ

Es gießt in Strömen.
Leje jak z cebra.
'lɛjɛ jak s‿'tsɛbra

Der Regen fängt an nachzulassen.
Deszcz przestaje.
dɛʃtʃ pʃɛ'stajɛ

Es regnet nicht mehr.
Już nie pada.
juʃ ɲɛ‿'pada

Das Wetter klärt sich auf.
Wypogadza się.
vɨpɔ'gadza‿ɕɛ

Der Himmel ist klar.
Niebo jest czyste.
'ɲɛbɔ jɛst 'tʃɨstɛ

Der Wind hat sich gelegt.
Wiatr ustał.
ɣatr 'ustaw

Der Wind hat sich gedreht.
Wiatr się obrócił.
ɣatr ɕɛ‿ɔ'brutɕiw

Was haben wir für Wind?
Jaki mamy wiatr?
'jak̡i 'mamɨ ɣatr

Es ist windig.
Wietrzno jest.
'ɣɛtːʃnɔ jɛst

Es ist sehr windig.
Wieje silny wiatr.
'ɣejɛ 'ɕilnɨ ɣatr

Es ist windstill.
Jest bezwietrznie.
jɛst bɛz'ɣɛtːʃɳɛ

Es sieht nach Sturm aus.
Zanosi się na burzę.
za'nɔɕi‿ɕɛ na‿'buʒɛ

Ein Gewitter zieht auf.
Zbliża się burza.
'zbl̡iʒa‿ɕɛ 'buʒa

Es blitzt.
Błyska się.
'bwɨska‿ɕɛ

Es donnert.
Grzmi.
gʒm̡i

Ein Blitz hat eingeschlagen.
Uderzył piorun.
u'dɛʒɨw 'p̡ɔrun

Der Sturm hat sich gelegt.
Wichura uspokoiła się.
ɣi'xura uspɔkɔ'iwa‿ɕɛ

Das Gewitter verzieht sich.
Burza się oddala.
'buʒa‿ɕɛ ɔd'dala

Es ist kalt.
Zimno jest.
'ʑimnɔ jɛst

Mir ist kalt.
Zimno mi jest.
'ʑimnɔ‿m̡i jɛst

Es wird schneien.
Spadnie śnieg.
'spadɳe ɕɳɛk

Es schneit.
Pada śnieg.
'pada ɕɳɛk

Es friert.
Bierze mróz.
'b̡ɛʒɛ mrus

Es taut.
Jest odwilż.
jɛst 'ɔdɣilʃ

Es hagelt.
Pada grad.
'pada grat

Es ist glatt.
Ślizko jest.
'ɕl̡iskɔ jɛst

Es ist neblig.
Mglisto.
'mgl̡istɔ

Es hat aufgehört zu schneien.
Śnieg przestał padać.
ɕɳɛk 'pʃɛstaw 'padatɕ

Wird der Verkehr durch den Schnee behindert?
Czy śnieg utrudnia komunikację samochodową?
tʃɨ ɕɳɛk u'trudɳa kɔmuɳi'katsjɛ samɔxɔ'dɔvɔ̃

Der Mond scheint.
Księżyc świeci.
'kɕɛ̃ʒɨts 'ɕɣetɕi

Es ist Vollmond.
Jest pełnia.
jɛst 'pɛwɳa

Wir haben Neumond.
Mamy nów.
'mamɨ nuf

Das Thermometer steht auf 5 Grad *über (unter)* Null.
Termometr wskazuje pięć stopni *powyżej (poniżej)* zera.
tɛr'mɔmɛtr fska'zujɛ p̡ɛɳtɕ 'stɔpɳi pɔ'vɨʒɛj (pɔ'ɳiʒɛj) 'zɛra

Abendröte	zorza wieczorna	'zɔʒa ɣɛ'tʃɔrna
Barometer	barometr	ba'rɔmɛtr
bewölkt	chmurny, -no	'xmurnɨ, -nɔ
Blitz	błyskawica	bwɨska'ɣitsa
Dämmerung	zmrok	zmrɔk
Donnerschlag	piorun	'p̡ɔrun
Eisglätte	gołoledź *f*	gɔ'wɔlɛdʑ
Frost	mróz	mrus
feucht	wilgotny, -nie	ɣil'gɔtnɨ, -ȵɛ
Gewitter	burza	'buʒa
Hagel	grad	grat
Hoch	wyż barometryczny	vɨʒ barɔmɛ'trɨtʃnɨ
Luft	powietrze	pɔ'ɣɛtːʃɛ
Mond	księżyc	'kɕɛ̃ʒɨts
– erstes Viertel	pierwsza kwadra	'p̡ɛrfʃa 'kvadra
– letztes Viertel ...	ostatnia kwadra	ɔ'statȵa 'kvadra
Mondwechsel	odmiana księżyca	ɔd'ɱana kɕɛ̃'ʒɨtsa
Morgengrauen	świt	ɕɣit
Nebel	mgła	mgwa
Regen	deszcz	dɛʃtʃ
– Platzregen	ulewa	u'lɛva
Schnee	śnieg	ɕȵɛk
Schneegestöber	zadymka	za'dɨmka
Schneesturm	zawieja śnieżna	za'ɣeja 'ɕȵɛʒna
Schwüle	duszność *f*	'duʃnɔɕtɕ
Sonne	słońce	'swɔȵtsɛ
Sonnenaufgang	wschód słońca	fsxut 'swɔȵtsa
Sonnenuntergang ..	zachód słońca	'zaxut 'swɔȵtsa
Stern	gwiazda	'gɣazda
Sturm	burza, wichura	'buʒa / ɣi'xura
Tauwetter	odwilż *f*	'ɔdɣilʃ
Tief	niż barometryczny	ȵiʒ barɔmɛ'trɨtʃnɨ
Wettervoraussage ..	prognoza pogody	prɔ'gnɔza pɔ'gɔdɨ
Wind	wiatr	ɣatr
– Nordwind	wiatr północny	ɣatr puw'nɔtsnɨ
– Ostwind	wiatr wschodni	ɣatr 'fsxɔdȵi
– Südwind	wiatr południowy	ɣatr pɔwud'ȵɔvɨ
– Westwind	wiatr zachodni	ɣatr za'xɔdȵi
Wolke	chmura	'xmura
Wolkenbruch	oberwanie chmury	ɔbɛr'vaȵɛ 'xmurɨ

Zahlen

Grundzahlen

1 jeden, jedna, jedno	ˈjɛdɛn / ˈjɛdna / ˈjɛdnɔ	**6** sześć ...	sɛɕtɕ
2 dwa, dwie	dva / dɣɛ	**7** siedem ..	ˈɕɛdɛm
3 trzy	t:ʃɨ	**8** osiem ..	ˈɔɕɛm
4 cztery	ˈtʃtɛrɨ	**9** dziewięć	ˈdʑeɣeŋtɕ
5 pięć	p̡eŋtɕ	**10** dziesięć	ˈdʑeɕeŋtɕ

11	jedenaście	jɛdɛˈnaɕtɕɛ
12	dwanaście	dvaˈnaɕtɕɛ
13	trzynaście.........	t:ʃɨˈnaɕtɕɛ
14	czternaście	tʃtɛrˈnaɕtɕɛ
15	piętnaście	p̡ɛ(n)tˈnaɕtɕɛ
16	szesnaście.........	ʃɛsˈnaɕtɕɛ
17	siedemnaście	ɕɛdɛmˈnaɕtɕɛ
18	osiemnaście	ɔɕɛmˈnaɕtɕɛ
19	dziewiętnaście	dʑeɣɛ(n)tˈnaɕtɕɛ
20	dwadzieścia	dvaˈdʑeɕtɕa
21	dwadzieścia jeden .	dvaˈdʑeɕtɕa‿ˈjɛdɛn
22	dwadzieścia dwa ..	dvaˈdʑeɕtɕa‿dva
23	dwadzieścia trzy ..	dvaˈdʑeɕtɕa‿t:ʃɨ
24	dwadzieścia czery ..	dvaˈdʑeɕtɕa‿ˈtʃtɛrɨ
25	dwadzieścia pięć ..	dvaˈdʑeɕtɕa‿p̡eŋtɕ
30	trzydzieści	t:ʃɨˈdʑeɕtɕi
40	czterdzieści	tʃtɛrˈdʑeɕtɕi
50	pięćdziesiąt	p̡eŋˈdʑeɕɔnt
60	sześćdziesiąt	ʃɛʑˈdʑeɕɔnt
70	siedemdziesiąt.....	ɕɛdɛmˈdʑeɕɔnt
80	osiemdziesiąt	ɔɕɛmˈdʑeɕɔnt
90	dziewięćdziesiąt ...	dʑeɣeŋˈdʑeɕɔnt
100	sto...............	stɔ
101	sto jeden *usw.*	stɔ‿ˈjɛdɛn
200	dwieście	ˈdɣeɕtɕɛ
300	trzysta	ˈt:ʃɨsta
400	czeterysta.........	ˈtʃtɛrɨsta
500	pięćset *usw.*	ˈp̡eŋtɕsɛt
1 000	tysiąc	ˈtɨɕɔnts
2 000	dwa tysiące	dva tɨˈɕɔntsɛ
5 000	pięć tysięcy *usw.* ...	p̡eŋtɕ tɨˈɕɛntsɨ
1 000 000	milion............	ˈmil̡ĭɔn

Ordnungszahlen

1.	pierwszy	'ɲɛrfʃɨ	6.	szósty	'ʃustɨ
2.	drugi	'drugʲi	7.	siódmy	'ɕudmɨ
3.	trzeci	'tːʃɛtɕi	8.	ósmy	'usmɨ
4.	czwarty	'tʃvartɨ	9.	dziewiąty	dʑe'ɣɔntɨ
5.	piąty	'ɲɔntɨ	10.	dziesiąty	dʑe'ɕɔntɨ

11.	jedenasty	jɛdɛ'nastɨ
12.	dwunasty	dvu'nastɨ
13.	trzynasty	tːʃɨ'nastɨ
14.	czternasty	tʃtɛr'nastɨ
15.	piętnasty	ɲɛ(n)t'nastɨ
16.	szesnasty	ʃɛs'nastɨ
17.	siedemnasty	ɕɛdɛm'nastɨ
18.	osiemnasty	ɔɕɛm'nastɨ
19.	dziewiętnasty	dʑeɣɛ(n)t'nastɨ
20.	dwudziesty	dvu'dʑɛstɨ
21.	dwudziesty pierwszy	dvu'dʑɛstɨ 'ɲɛrfʃɨ
22.	dwudziesty drugi	dvu'dʑɛstɨ 'drugʲi
23.	dwudziesty trzeci	dvu'dʑɛstɨ 'tːʃɛtɕi
30.	trzydiesty	tːʃɨ'dʑɛstɨ
40.	czterdiesty	tʃtɛr'dʑɛstɨ
50.	pięćdziesiąty	ɲeŋdʑe'ɕɔntɨ
60.	sześćdziesiąty	ʃɛʑdʑe'ɕɔntɨ
70.	siedemdziesiąty	ɕɛdɛmdʑe'ɕɔntɨ
80.	osiemdziesiąty	ɔɕɛmdʑe'ɕɔntɨ
90.	dziewięćdziesiąty	dʑeɣeŋdʑe'ɕɔntɨ
100.	setny	'sɛtnɨ
101.	sto pierwszy	stɔ'ɲɛrfʃɨ
200.	dwuchsetny	dvux'sɛtnɨ
300.	trzechsetny	tːʃɛx'sɛtnɨ
400.	czterechsetny	tʃtɛrɛx'sɛtnɨ
500.	pięćsetny *usw.*	ɲeŋtɕ'sɛtnɨ
1000.	tysięczny	tɨ'ɕɛntʃnɨ
2000.	dwutysięczny	dvutɨ'ɕɛntʃnɨ
5000.	pięciotysięczny	ɲeŋtɕɔtɨ'ɕɛntʃnɨ

Ordnungszahlwörter werden wie Adjektive dekliniert.

Uhrzeit

> *Für die Bezeichnung der Stunden wird die weibl. Form der Zahlwörter gebraucht*

Wieviel Uhr ist es?
Która godzina?
'ktura gɔ'dzina

Es ist ein Uhr.
Jest pierwsza (godzina).
jɛst 'ɲɛrfʃa (gɔ'dzina)

Es ist ungefähr 2 Uhr.
Jest około drugiej.
jɛst ɔ'kɔwɔ 'drugej

Es geht auf ... Uhr.
Zbliża się godzina ...
'zbliʒa‿ɕɛ gɔ'dzina

Es ist 5 Minuten nach 4.
Pięć po czwartej (Czwarta pięć).
ɲentɕ pɔ‿'tʃvartɛj ('tʃvarta ɲentɕ)

Es ist *halb 7 (6 Uhr 30)*
Jest *pół do siódmej (szósta trzydzieści).*
jɛst puw‿dɔ‿'ɕudmɛj ('ʃusta tːʃɨ'dʑeɕtɕi)

Ein Viertel nach 5.
Kwadrans po piątej.
'kvadrãs pɔ‿'ɲɔntɛj

Es ist dreiviertel 8.
Za kwadrans ósma.
za‿'kvadrãs 'usma

Es ist 10 (Minuten) vor acht.
Za dziesięć (minut) ósma.
za‿'dʑeɕentɕ ('minut) 'usma

Nach meiner Uhr ist es genau halb 10.
Na moim zegarku jest dokładnie w pół do dziesiątej.
na 'mɔjim zɛ'garku jɛst dɔ'kwadɲɛ f‿puw‿dɔ‿dʑe'ɕɔntɛj

Um wieviel Uhr?
O której godzinie?
ɔ'kturɛj gɔ'dziɲɛ

Um 10.
O dziesiątej.
ɔ‿dʑe'ɕɔntɛj

Pünktlich um acht.
Punktualnie o ósmej.
puŋktu'alɲɛ ɔ‿'usmɛj

Wann?
Kiedy?
'kʲɛdɨ

Gegen Mittag.
Około południa.
ɔ'kɔwɔ pɔ'wudɲa

Von 4 bis 5.
Od czwartej do piątej.
ɔt‿'tʃvartɛj dɔ‿'ɲɔntɛj

Zwischen 5 und 6.
Między piątą a szóstą.
'mʲɛndzɨ 'ɲɔntɔ̃ a‿'ʃustɔ̃

Um 20 Uhr 43.
O dwudziestej czterdzieści trzy.
ɔ‿dvu'dʑɛstɛj tʃtɛr'dʑeɕtɕi‿tːʃɨ

Um 5 Uhr *nachmittags (früh).*
O piątej *po południu (rano).*
ɔ‿'ɲɔntɛj pɔpɔ'wudɲu ('ranɔ)

Um 7 Uhr abends.
O siódmej wieczorem.
ɔ‿'ɕudmɛj vʲɛ'tʃɔrɛm

Kurz nach 9 Uhr.
Zaraz po dziewiątej.
'zaras pɔ‿dʑe'vʲɔntɛj

In *einer (einer halben)* Stunde.
Za *godzinę (pół godziny).*
za‿gɔ'dzinɛ (puw gɔ'dzinɨ)

Seit wann?
Od kiedy?
ɔt'ķɛdɨ

Wie lange?
Jak długo?
jag 'dwugɔ

Es ist (zu) spät.
Jest (za) późno.
jɛst (za) 'puʑnɔ

Es ist (noch, zu) früh.
Jest (jeszcze, za) wcześnie.
jɛst ('jɛʃtʃɛ / za) 'ftʃɛɕɲɛ

Nicht vor 7 Uhr.
Nie wcześniej niż o siódmej.
ɲɛ 'ftʃɛɕɲej ɲiʃ ɔ‿'ɕudmɛj

Geht diese Uhr richtig?
Czy ten zegarek wskazuje dokładny czas?
tʃɨ‿tɛn zɛ'garɛk fska'zujɛ dɔ'kwadnɨ tʃas

Sie geht nach.
On się późni.
'ɔn‿ɕɛ 'puʑɲi

Sie geht vor.
On się śpieszy.
'ɔn‿ɕɛ 'ɕpɛʃɨ

Haben Sie genaue Uhrzeit?
Czy ma pan(i) dokładny czas?
tʃɨ 'ma‿pan(i) dɔ'kwadnɨ tʃas

Tageszeit

Am Tage.
W dzień.
v‿dʑɛɲ

Morgens.
Rano.
'ranɔ

Mittags.
W południe.
f‿pɔ'wudɲɛ

Nachmittags.
Po południu.
pɔ‿pɔ'wudɲu

Abends.
Wieczorem.
vɛ'tʃɔrɛm

Nachts.
W nocy.
'v‿nɔtsɨ

Um Mitternacht.
O północy.
ɔ‿puw'nɔtsɨ

Täglich.
(Co)dziennie.
(tsɔ)'dʑɛɲːɛ

Heute morgen.
Dziś rano.
dʑiɕ‿'ranɔ

Heute abend.
Dziś wieczorem.
dʑiɕ‿vɛ'tʃɔrɛm

Heute nacht.
Dziś w nocy.
dʑiɕ‿'vnɔtsɨ

Gestern.
Wczoraj.
'ftʃɔraj

Vorgestern.
Przedwczoraj.
pʃɛt'ftʃɔraj

Gestern abend.
Wczoraj wieczorem.
'ftʃɔraj vɛ'tʃɔrɛm

Vorgestern nachmittag.
Przedwczoraj po południu.
pʃɛt'ftʃɔraj pɔ‿pɔ'wudɲu

Morgen (früh).
Jutro (rano).
'jutrɔ ('ranɔ)

Morgen vormittag.
Jutro przed południem.
'jutrɔ pʃɛt‿pɔ'wudɲɛm

Morgen abend.
Jutro wieczorem.
'jutrɔ vɛ'tʃɔrɛm

Übermorgen.
Pojutrze.
pɔ'jutːʃɛ

Wochentage

Montag	poniedziałek	pɔɲe'dʑawɛk
Dienstag	wtorek	'ftɔrɛk
Mittwoch	środa	'ɕrɔda
Donnerstag	czwartek	'tʃvartɛk
Freitag	piątek	'p̡ɔntɛk
Sonnabend	sobota	sɔ'bɔta
Sonntag	niedziela	ɲe'dʑɛla

Monate

Januar	styczeń *m*	'stɨtʃɛɲ
Februar	luty *m*	'lutɨ
März	marzec	'maʒɛts
April	kwiecień *m*	'kf̡etɕeɲ
Mai	maj	maj
Juni	czerwiec	'tʃɛrɣɛts
Juli	lipiec	'l̡ip̡ɛts
August	sierpień *m*	'ɕɛrp̡eɲ
September	wrzesień *m*	'vʒɛɕeɲ
Oktober	październik	paʑ'dʑɛrɲik
November	listopad	l̡i'stɔpat
Dezember	grudzień *m*	'grudʑeɲ

Jahreszeiten

Frühling	wiosna	'ɣɔsna
Sommer	lato	'latɔ
Herbst	jesień *f*	'jɛɕeɲ
Winter	zima	'ʑima

Feiertage

Allerheiligen	Wszystkich Swiętych	'fʃɨstk̡ix 'ɕɣɛntɨx
Befreiungstag	Swięto Odrodzenia	'ɕɣɛntɔ ɔdrɔ'dzɛɲa
Himmelfahrtstag ..	Wniebowstąpienie	vɲɛbɔfstɔm'p̡eɲɛ
Karfreitag	Wielki Piątek	'ɣɛlk̡i 'p̡ɔntɛk
1. Mai	Swięto Pracy	'ɕvɛntɔ 'pratsɨ

Nationalfeiertag ...	święto narodowe	'ɕvɛntɔ narɔ'dɔvɛ
Ostern	Wielkanoc *f*	ɣɛl'kanɔts
Pfingsten	Zielone Świątki	ʑɛ'lɔnɛ 'ɕvɔntķi
Weihnachten	Boże Narodzenie	'bɔʒɛ narɔ'dʑɛɲɛ

Datum

Den wievielten haben wir heute?
Którego mamy dziś?
ktu'rɛgɔ 'mamɨ dʑiɕ

Heute ist der 2.
Dziś jest drugi.
dʑiɕ jɛst 'druɠi

Den 1. Februar.
Pierwszego lutego.
ɸɛrf'ʃɛgɔ lu'tɛgɔ

Am 14. März.
Czternastego marca.
tʃɛrna'stɛgɔ 'martsa

Am 21. Juli 1968.
Dwudziestego pierwszego lipca tysiąc dziewięćset sześćdziesiątego ósmego roku.
dvudʑɛ'stɛgɔ ɸɛrf'ʃɛgɔ 'ɟiptsa 'tɨɕɔnts 'dʑeɣeɲtɕsɛt ʃɛʑdʑeɕɔn'tɛgɔ us'mɛgɔ 'rɔku.

Am 3. dieses Monats.
Trzeciego bieżącego miesiąca.
tːʃɛ'tɕɛgɔ ɓɛʒɔn'tsɛgɔ ɱe'ɕɔntsa

... nächsten Monats.
... następnego miesiąca.
nastɛmp'nɛgɔ ɱe'ɕɔntsa

Ich reise am 4. Juli ab.
Odjeżdżam czwartego lipca.
ɔd'jɛʒdʒam tʃvar'tɛgɔ 'ɟiptsa

Am 2. Mai dieses Jahres.
Drugiego maja bieżącego roku.
dru'ɠɛgɔ 'maja ɓɛʒɔn'tsɛgɔ 'rɔku

Andere Zeitangaben

Voriges Jahr.
W ubiegłym roku.
v‿u'ɓɛgwɨm 'rɔku

Nächstes Jahr.
W następnym roku.
v‿na'stɛmpnɨm 'rɔku

In zwei Jahren.
Za dwa lata.
za‿'dwa 'lata

Zwei Tage lang.
W ciągu dwóch dni.
'f‿tɕɔŋgu dwux dɲi

Seit einem Jahr.
Od roku.
ɔd‿'rɔku

Vor einem Jahr.
Przed rokiem.
pʃɛd‿'rɔķɛm

In einem Monat.
Za miesiąc.
za‿'ɱeɕɔnts

In drei Wochen.
Za trzy tygodnie.
za‿tːʃɨ tɨ'gɔdɲɛ

Bald.
Wkrótce.
'f‿kruttsɛ

Vor kurzem.
Niedawno.
ɲɛ'davnɔ

Bis ...
Do ...
dɔ

Seit ...
Od ...
ot (od)

Während ...
Podczas ...
'pɔttʃas

Alter

Wie alt sind Sie?
Ile pan(i) ma lat?
'ilɛ 'pan(i) ma‿lat

Wie alt ist Ihr Sohn?
Ile lat ma syn *pana (pani)*?
'ilɛ lat ma sɨn 'pana ('paɲi)

Wie alt bist du?
Ile masz lat?
'ilɛ maʃ lat

Für wie alt halten Sie mich?
Jak pan(i) sądzi, ile mam lat?
jak‿'pan(i) 'sɔndʑi 'ilɛ mam lat

In welchem Jahr ist Ihre Tochter geboren?
W którym roku urodziła się córka *pana (pani)*?
'f‿kturɨm 'rɔku urɔ'dʑiwa‿ɕɛ 'tsurka 'pana ('paɲi)

Würden Sie mir bitte Ihr Geburtsdatum sagen?
Proszę mi podać datę urodzenia *pana (pani)*.
'prɔʃɛ‿mʲi 'pɔdatɕ 'datɛ urɔ'dzɛɲa 'pana ('paɲi)

Ich bin 20 Jahre alt.
Mam dwadzieścia lat.
mam dva'dʑeɕtɕa lat

Ich bin fast 25 Jahre alt.
Mam prawie dwadzieścia pięć lat.
mam 'praʏɛ dva'dʑeɕtɕa‿pʲeɲtɕ lat

Ich bin schon über 18.
Mam już ponad osiemnaście lat.
'mam‿juʃ 'pɔnat ɔɕɛm'naɕtɕɛ lat

Er ist in meinem Alter.
On jest w moim wieku.
'ɔn jɛst 'v‿mɔim 'ʏɛku

Man hält ihn für älter.
Uchodzi za starszego.
u'xɔdʑi za‿star'ʃɛgɔ

Sie ist zwei Jahre jünger.
Ona jest o dwa lata młodsza.
'ɔna jɛst ɔ‿dva‿'lata 'mwɔtːʃa

Sie ist älter, als sie scheint.
Ona jest starsza niż wygląda.
'ɔna jɛst 'starʃa ɲiʒ vɨ'glɔnda

Sie sieht jünger aus.
Ona nie wygląda na tyle.
'ɔna ɲɛ‿vɨ'glɔnda na 'tɨlɛ

Ich bin am ... geboren.
Urodzi*łem (-łam)* się ...
urɔ'dʑiwɛm (-wam)‿ɕɛ

im Alter von ... Jahren
mając lat ...
'majɔnts lat

Familie	rodzina	rɔ'dʑina
Junge	chłopiec	'xwɔpʲɛts
junges Mädchen ...	dziewczyna	dʑɛf'tʃɨna
Mädchen *(Kind)*	dziewczynka	dʑɛf'tʃɨnka
Mutter/Vater	matka / ojciec	'matka / 'ɔjtɕɛts
erwachsen	dorosły	dɔ'rɔswɨ
minderjährig	małoletni	mawɔ'lɛtɲi

Maße und Gewichte

Zentimeter/Meter .	centymetr / metr	tsɛn'tɨmɛtr / mɛtr
Kilometer	kilometr	ķi'lɔmɛtr
(See-)Meile	mila (morska)	'ɱila ('mɔrska)
Quadratmeter	metr kwadratowy	mɛtr kfadra'tɔvɨ
Kubikmeter	metr sześcienny	mɛtr ʃɛɕ'tɕɛnːɨ
Liter/2 Liter	litr / dwa litry	ļitr / dva 'ļitrɨ
½ Liter	pół litra	puw‿'ļitra
¼ Liter	ćwierć litra	tɕɣɛrtɕ 'ļitra
Dekagramm (10 g) .	deka *n*	'dɛka
10 Deka (100 g) ...	10 deka	'dʑeɕeŋtɕ 'dɛka
Ein halbes Kilo	pół kilo	puw‿'ķilɔ
Kilogramm	kilogram	ķi'lɔgram
Doppelzentner	kwintal	'kƒintal
Tonne	tona	'tɔna
1 Dose	jedna puszka	'jɛdna 'puʃka
1 Rolle	jedna rolka	'jɛdna 'rɔlka
1 Flasche	jedna butelka	'jɛdna bu'tɛlka
1 Paket, Packung .	jedna paczka	'jɛdna 'patʃka
1 Tüte............	jedna torebka	'jɛdna tɔ'rɛpka
1 Stück...........	jeden kawałek	'jɛdɛn ka'vawɛk
1 Paar	jedna para	'jɛdna 'para
1 Dutzend	jeden tuzin	'jɛdɛn 'tuʑin
1 Portion	jedna porcja	'jɛdna 'pɔrtsja
genug	dosyć	'dɔsɨtɕ
noch etwas	jeszcze trochę	'jɛʃtʃɛ 'trɔxɛ
zu viel	za dużo	za‿'duʒɔ
zu wenig	za mało	za‿'mawɔ
zu klein	za mały (-a; -e)	za‿'mawɨ (-a; -ɛ)
zu groß	za duży (-a; -e)	za‿'duʒɨ (-a; -ɛ)
noch mehr	jeszcze więcej	'jɛʃtʃɛ 'ɣɛntsɛj
ungefähr	mniej więcej	mŋej‿'ɣɛntsɛj

In Polen kauft man im Laden kleinere Warenmengen meist nach deka *(Dekagramm):* 10 deka = *100 g,* 20 deka = *200 g usw. Die Rechnung in Pfund (halbes Pfund, Viertelpfund) ist unbekannt.*

Bekanntmachungen und Warnungen

(vgl. auch S. 52, 58 und 60)

BACZNOŚĆ!	**Achtung!**
DLA NIEPALĄCYCH	**Nichtraucher**
DLA PAŃ	**Damen**
DLA PANÓW	**Herren**
INFORMACJA	**Auskunft**
MIEJSCE DLA INWALIDY	**Platz für Schwerbeschädigte**
NIE DOTYKAĆ!	**Nicht berühren!**
NIE PALIĆ!	**Nicht rauchen!**
NIE WYCHYLAĆ SIĘ	**Nicht hinauslehnen**
OSTROŻNIE, STOPIEŃ!	**Vorsicht, Stufe!**
PALENIE WZBRONIONE!	**Rauchen verboten!**
PROSZĘ DZWONIĆ	**Bitte klingeln**
PROSZĘ ZAMYKAĆ DRZWI	**Bitte Tür schließen**
PRZEDZIAŁ DLA KOBIET	**Frauenabteil**
PRZEJŚCIA NIE MA	**Kein Durchgang**
REMANENT	**Inventur**
STÓJ!	**Halt!**
SZATNIA BEZPŁATNA	**Garderobe kostenlos**
ŚWIETLICA	**Aufenthaltsraum**
UPRASZA SIĘ O ZACHOWANIE CISZY	**Um Ruhe wird gebeten**
UWAGA!	**Achtung!, Vorsicht!**
WEJŚCIA NIE MA	**Kein Eingang**
WEJŚCIE OBOK	**Eingang nebenan**
WODA DO PICIA	**Trinkwasser**
WSTĘP WZBRONIONY	**Zutritt verboten**
WYJŚCIE	**Ausgang**
WYJŚCIE ZAPASOWE	**Notausgang**
ZAMKNIĘTO	**Geschlossen**
ZAREZERWOWANO	**Reserviert**
ZŁY PIES	**Bissiger Hund**

Abkürzungen

CDT	Centralny Dom Towarowy	Zentrales Warenhaus
gm.	gmina	Gemeinde
GS	Gminna Spółdzielnia	Gemeindegenossenschaft
LOT	Polskie Linie Lotnicze	Polnische Fluggesellschaft
MHD	Miejski Handel Detaliczny	Städtische Handelsorganisation
MO	Milicja Obywatelska	Volkspolizei
MPK	Miejskie Przedsiębiorstwo Komunikacyjne	Städtische Verkehrsbetriebe
MRN	Miejska Rada Narodowa	Städtischer Nationalrat
MSZ	Ministerstwo Spraw Zagranicznych	Außenministerium
NRD	Niemiecka Republika Demokratyczna	Deutsche Demokratische Republik
PCK	Polski Czerwony Krzyż	Polnisches Rotes Kreuz
PDT	Powszechny Dom Towarowy	Warenhaus
PGR	Państwowe Gospodarstwo Rolne	Staatsgut
PKO	Powszechna Kasa Oszczędności	(Post-)Sparkasse
PKP	Polskie Koleje Państwowe	Polnische Staatsbahnen
PKS	Państwowa Komunikacja Samochodowa	Staatliche Kraftverkehrsbetriebe
pl.	plac	Platz
pow.	powiat	Kreis
PRL	Polska Rzeczpospolita Ludowa	Volksrepublik Polen
PRN	Powiatowa Rada Narodowa	Nationalrat des Kreises
PTTK	Polskie Towarzystwo Turystyczno-Krajoznawcze	Poln. Gesellschaft für Touristik u. Landeskunde
PZU	Państwowy Zakład Ubezpieczeń	Staatliche Versicherungsanstalt
RFN	Republika Federalna Niemiec	Bundesrepublik Deutschland
st.	stacja	Station, Bahnhof
ul.	ulica	Straße
woj.	województwo	Woiwodschaft
WRN	Wojewódzka Rada Narodowa	Nationalrat der Woiwodschaft

MIT AUTO, MOTORRAD UND FAHRRAD

Fragen nach dem Weg

Welches ist der nächste Weg nach ...?
Jaka najkrótsza droga prowadzi do ... ?
'jaka naj'krutːʃa 'drɔga prɔ'vadẓi dɔ

Welches ist die *bessere (kürzere)* Straße?
Która droga jest *lepsza (krótsza)*?
'ktura 'drɔga jɛst 'lɛpʃa ('krutːʃa)

Ist die Straße nach ... gut befahrbar?
Czy droga do ... jest w dobrym stanie?
tʃɨ 'drɔga dɔ ... jɛst v‿'dɔbrɨm 'staɲɛ

Wohin?
Dokąd?
'dɔkɔnt

Steigt die Straße sehr an?
Czy droga ma duże wzniesienia?
tʃɨ 'drɔga ma 'duʒɛ vzɲe'ɕeɲa

Ist sie sehr schmal?
Jest bardzo wąska?
jɛst 'bardzɔ 'vɔ̃ska

Muß ich geradeaus fahren?
Czy mam jechać prosto?
tʃɨ‿mam 'jɛxatɕ 'prɔstɔ

Muß ich mich rechts halten?
Czy mam się trzymać prawej strony?
tʃɨ'mam‿ɕɛ 'tːʃɨmatɕ 'pravɛj 'strɔnɨ

Muß ich nach links abbiegen?
Muszę skręcić na lewo?
'muʃɛ 'skrɛɲtɕitɕ na‿'lɛvɔ

Muß ich zurückfahren?
Czy muszę zawrócić?
tʃɨ‿'muʃɛ za'vrutɕitɕ

Wohin führt diese Straße?
Dokąd prowadzi ta *droga (ulica)*?
'dɔkɔnt prɔ'vadẓi ta‿'drɔga (u'ḽitsa)

droga = (Land-) Straße
ulica = (Stadt-) Straße

Wie weit ist es von hier nach ...?
Jak daleko jest stąd do ...?
jak da'lɛkɔ jɛst stɔnd‿dɔ

Wieviel Kilometer?
Ile kilometrów?
'ilɛ ḳilɔ'mɛtruf

Wieviel Kilometer sind es bis zur nächsten Stadt?
Ile kilometrów jest stąd do najbliższego miasta?
'ilɛ ḳilɔ'mɛtruf jɛst stɔnd‿dɔ najbḽiʃ'ʃɛgɔ 'ɱasta

Können Sie mir die Straße auf der Karte zeigen?
Czy może mi pan(i) pokazać tę *drogę (ulicę)* na mapie?
tʃɨ 'mɔʒɛ‿ɱi 'pan(i) pɔ'kazatɕ tɛ‿'drɔgɛ (u'ḽitsɛ) na‿'maɲɛ

Fahrzeuge

Auto	samochód, auto	sa'mɔxut / 'aŭtɔ
– Lastauto	samochód ciężarowy	sa'mɔxut tɕɛ̃ʒa'rɔvɨ
– Personenauto	samochód osobowy	sa'mɔxut ɔsɔ'bɔvɨ
Autobus, Omnibus	autobus	aŭ'tɔbus
– Reiseomnibus	autokar	aŭ'tɔkar
Fahrrad	rower	'rɔvɛr
Motorrad	motocykl	mɔ'tɔtsɨkl
Motorroller	skuter	'skutɛr
Fahrzeug	pojazd	'pɔjast
– Pferdewagen	furmanka	fur'manka

Fahren

Mit dem Auto fahren.
Jechać samochodem.
'jɛxatɕ samɔ'xɔdɛm

Ein Auto lenken.
Prowadzić samochód.
prɔ'vadʑitɕ sa'mɔxut

Schnell fahren.
Jechać szybko.
'jɛxatɕ 'ʃɨpkɔ

Langsam fahren.
Jechać powoli.
'jɛxatɕ pɔ'vɔʎi

***Schneller (langsamer)* fahren.**
Szybciej (wolniej) jechać.
'ʃɨptɕej ('vɔlɲej) 'jɛxatɕ

Fahren Sie nach ...?
Czy jedzie pan(i) do ...?
tʃɨ 'jɛdʑɛ 'pan(i) dɔ

Fahren Sie mich nach ...
Proszę mnie zawieźć do ...
'prɔʃɛ‿mɲɛ 'zaɣeɕtɕ dɔ

abschleppen	(od)holować	(ɔt)xɔ'lɔvatɕ
anhalten	zatrzymać (się)	za'tːʃɨmatɕ‿(ɕɛ)
aussteigen	wysiąść	'viɕɔ̃ɕtɕ
ausweichen	wyminąć	vɨ'mʝinɔŋtɕ
bremsen	(za)hamować	(za)xa'mɔvatɕ
einsteigen	wsiadać	'fɕadatɕ
parken	(za)parkować	(za)par'kɔvatɕ
vorbeifahren	(prze)jechać obok	(pʃɛ)'jɛxatɕ 'ɔbɔk
weiterfahren	jechać dalej	'jɛxatɕ 'dalej
wenden	zawrócić	za'vrutɕitɕ

Ampel	lampa sygnalizacyjna	'lampa sɨgnaʎiza'tsɨjna
Verkehrspolizist	milicjant drogowy	mʝi'ʎitsjant drɔ'gɔvɨ
Verkehrszeichen	znak drogowy	znak drɔ'gɔvɨ

Tankstelle

Wo ist (hier) die nächste Tankstelle?
Gdzie (tu) jest najbliższa stacja benzynowa?
'gdzɛ‿(tu) jɛst naj'bʎiʃʃa 'statsja bɛ̃zɨ'nɔva

Wie weit ist es von hier bis zur nächsten Tankstelle?
Jak daleko jest stąd do najbliższej stacji benzynowej?
jak da'lɛkɔ jɛst stɔnd‿dɔ naj'bʎiʃʃɛj 'statsji bɛ̃zɨ'nɔvɛj

Wollen Sie Normal- oder Superbenzin?
Życzy pan(i) zwykłą czy wysokooktanową benzyne?
'ʒɨtʃɨ 'pan(i) 'zvɨkwɔ̃ tʃɨ vɨsɔkɔɔkta'nɔwɔ̃ bɛ̃'zɨnɛ

Wieviel wollen Sie?
Ile pan(i) sobie życzy?
'ilɛ 'pan(i) 'sɔbʲɛ 'ʒɨtʃɨ

Machen Sie bitte den Tank voll.
Proszę napełnić zbiornik.
'prɔʃɛ na'pɛwɲitɕ 'zbʲɔrɲik

Geben Sie mir bitte 20 Liter Super.
Proszę dwadzieścia litrów benzyny wysokooktanowej.
'prɔʃɛ dva'dʑɛɕtɕa 'ʎitruv bɛ̃'zɨnɨ vɨsɔkɔɔkta'nɔvɛj

Geben Sie mir bitte 15 Liter Diesel.
Proszę piętnaście litrów oleju napędowego.
'prɔʃɛ pʲɛt'naɕtɕɛ 'ʎitruf ɔ'lɛju napɛndɔ'vɛgɔ

Öl

Ich brauche *Motorenöl (Getriebeöl)*.
Potrzebuję oleju *silnikowego (przekładniowego)*.
pɔt:ʃɛ'bujɛ ɔ'lɛju ɕilɲikɔ'vɛgɔ (pʃɛkwadɲɔ'vɛgɔ)

Prüfen Sie bitte den Ölstand auch.
Proszę również sprawdzić poziom oleju.
'prɔʃɛ 'ruvɲɛʃ 'spravdʑitɕ 'pɔʑɔm ɔ'lɛju

Sehen Sie bitte nach, ob noch genügend Öl da ist.
Proszę sprawdzić, czy jest pod dostatkiem oleju.
'prɔʃɛ 'spravdʑitɕ tʃɨ‿jɛst pɔd‿dɔ'statkʲɛm ɔ'lɛju

Wechseln Sie bitte das Öl.
Proszę wymienić olej.
'prɔʃɛ vɨ'mʲɛɲitɕ ɔ'lɛj

Füllen Sie bitte Öl nach.
Proszę dolać oleju.
'prɔʃɛ 'dɔlatɕ ɔ'lɛju

Wieviel Öl wollen Sie haben?
Ile oleju pan(i) potrzebuje?
'ilɛ ɔ'lɛju 'pan(i) pɔt:ʃɛ'bujɛ

Ein Liter genügt.
Litr wystarczy.
ʎitr vɨ'startʃɨ

Wasser

Füllen Sie bitte Kühlwasser nach.
Proszę dolać wody do chłodnicy.

'prɔʃɛ 'dɔlatɕ 'vɔdɨ dɔ xwɔd'ɲitsɨ

Ich brauche Kühlwasser.
Potrzebuję wody do chłodnicy.
pɔtːʃɛ'bujɛ 'vɔdɨ dɔ xwɔd'ɲitsɨ

Benzinkanister ...	kanister	ka'ɲistɛr
Benzintank	zbiornik paliwa	'zʒɔrɲik pa'ʎiva
Benzingutschein ..	bon na benzynę	bɔn na‿bɛ̃'zɨnɛ
Ölkanne	bańka na oliwę	'baɲka na‿ɔ'ʎivɛ
Ölstand	poziom oleju	'pɔʑɔm ɔ'lɛju
Ölwechsel	wymiana oleju	vɨ'mjana ɔ'lɛju
Tankwart	kierownik stacji benzynowej	kʲɛ'rɔvɲik 'statsji bɛ̃zɨ'nɔvɛj

Bremsen

(*Vergleichen Sie auch S. 45*)

Die Bremsen sind nicht in Ordnung.
Hamulce nie są w porządku.
xa'multsɛ 'ɲɛ‿sɔ̃ f‿'pɔʒɔntku

Können Sie sie etwas nachziehen?
Czy może pan je trochę przyciągnąć?
tʃɨ‿'mɔʒɛ‿pan jɛ 'trɔxɛ pʃɨ'tɕɔŋgnɔɲtɕ

Sie sind locker.
Są zbyt luźne.
sɔ̃ zbɨt 'luʑnɛ

Sie sind zu fest.
Są zbyt przyciągnięte.
sɔ̃ zbɨt pʃɨtɕɔ̃ŋg'ɲɛntɛ

Kontrollieren Sie bitte die Bremsflüssigkeit.
Proszę sprawdzić stan płynu do hamulców.
'prɔʃɛ 'spravdʑitɕ stan 'pwɨnu dɔ‿xa'multsuf

Reifen

Prüfen Sie bitte den Reifendruck.
Niech pan sprawdzi ciśnienie w oponach.
'ɲɛx‿pan 'spravdʑi tɕiɕ'ɲɛɲɛ v‿ɔ'pɔnax

Pumpen Sie bitte die Reifen auf.
Proszę dopompować opony.
'prɔʃɛ dɔpɔm'pɔvatɕ ɔ'pɔnɨ

Ein Reifen ist geplatzt.
Jedna opona pękła.
'jɛdna ɔ'pɔna 'pɛŋkwa

Ein *Reifen (Rad)* muß repariert werden.
Jedną oponę (Jedno koło) trzeba naprawić.
'jɛdnɔ̃ ɔ'pɔnɛ ('jɛdnɔ 'kɔwɔ) 't:ʃɛba na'praɣitɕ

Läßt sich dieser Schlauch flicken?
Czy ta dętka da się załatać?
tʃɨ‿ta 'dɛntka 'da‿ɕɛ za'watatɕ

Ich möchte einen Reifen vulkanisieren lassen.
Chcę oddać jedną oponę do wulkanizacji.
xtsɛ 'ɔd:atɕ 'jɛdnɔ̃ ɔ'pɔnɛ dɔ‿vulkaɲi'zatsji

Bereifung	ogumienie	ɔgu'mʲeɲɛ
Reifendruck	ciśnienie w oponach	tɕiɕ'ɲeɲɛ v‿ɔ'pɔnax
Reifenpanne	defekt opony	'dɛfɛkt ɔ'pɔnɨ
Reserverad	koło zapasowe	'kɔwɔ zapa'sɔvɛ
Schlauch	dętka	'dɛntka
Ventil	wentyl	'vɛntɨl

Autowäsche

Bitte waschen Sie mir den Wagen.
Niech pan obmyje wóz.
'ɲɛx‿pan ɔb'mɨje vus

Bitte reinigen Sie den Wagen auch innen.
Proszę, niech pan wyczyści wóz też wewnątrz.
'prɔʃɛ 'ɲɛx‿pan vɨ'tʃɨɕtɕi vus tɛʒ 'vɛvnɔntʃ

Säubern Sie bitte auch die Windschutzscheibe.
Proszę, niech pan oczyści również przednią szybę.
'prɔʃɛ 'ɲɛx‿pan ɔ'tʃɨɕtɕi 'ruvɲɛʃ 'pʃɛdɲɔ̃ 'ʃɨbɛ

Garage und Autoverleih

Wo ist hier die nächste Garage?
Gdzie tu jest najbliższy garaż?
'gdʑɛ‿tu jɛst naj'bl̦iʃʃɨ 'garaʃ

Ist hier in der Nähe *eine Garage (ein Autoverleih)?*
Czy jest tu w pobliżu *garaż (stacja wynajmu samochodów)*?
tʃɨ‿'jɛst‿tu fpɔ'bl̦iʒu 'garaʃ ('statsja vɨ'najmu samɔ'xɔduf)

Haben Sie eine Garage frei?
Czy ma pan(i) miejsce w garażu?
tʃɨ‿'ma‿pan(i) 'm̦ejstsɛ v‿ga'raʒu

... eine Einzelbox?
... osobny boks?
ɔ'sɔbnɨ bɔks

Kann ich meinen Wagen bei Ihnen unterstellen?
Czy mogę *wstawić (zagarażować)* wóz u pana?
tʃɨ 'mɔgɛ 'fstaɣitɕ (zagara'ʒɔvatɕ) vus u‿'pana

Wo kann ich den Wagen lassen?
Gdzie mogę postawić wóz?
gdʑɛ 'mɔgɛ pɔ'staɣitɕ vus

Kann ich ihn hier lassen?
Mogę go tu pozostawić?
'mɔgɛ‿gɔ‿tu pɔzɔ'staɣitɕ

Was kostet das Unterstellen für eine *Nacht (Woche)?*
Ile kosztuje garażowanie za *dobę (tydzień)*?
'ilɛ kɔ'ʃtuje garaʒɔ'vaɲɛ za‿'dɔbɛ ('tɨdʑɛɲ)

Ist die Garage die ganze Nacht geöffnet?
Czy garaż otwarty jest przez całą noc?
tʃɨ 'garaʃ ɔt'fartɨ jɛst pʃɛs‿'tsawɔ̃ nɔts

Wann schließen Sie?
Kiedy zamykacie?
'k̦ɛdɨ zamɨ'katɕɛ

Ich fahre *heute abend (morgen um 8)* weiter.
Jadę dalej *dziś wieczorem (jutro o ósmej)*.
'jadɛ 'dalɛj dʑiɕ‿ɣɛ'tʃɔrɛm ('jutrɔ ɔ‿'usmɛj)

Ich möchte meinen Wagen aus der Garage holen.
Chciał(a)bym wziąć mój wóz z garażu.
'xtɕaw(a)bɨm vʑɔɲtɕ muj vuz z‿ga'raʒu

Ohne weiteres!
Ależ naturalnie!
'alɛʃ natu'ralɲɛ

Wir haben leider keinen Platz.
Niestety, nie mamy wolnego miejsca.
ɲɛ'stɛtɨ ɲɛ‿'mamɨ vɔl'nɛgɔ 'm̦ejstsa

Kann ich bei Ihnen einen Mietwagen bekommen?
Czy mogę u pana wynająć samochód osobowy?
tʃɨ 'mɔgɛ u‿'pana vɨ'najɔɲtɕ sa'mɔxut ɔsɔ'bɔvɨ

Panne

Wir haben eine Panne.
Mamy awarię wozu.
'mamɨ a'varʲɛ 'vɔzu

Ich habe eine Motorpanne.
Nawalił mi silnik.
na'valiw‿mi 'ɕilnik

Ich habe eine Reifenpanne.
Nawaliła mi guma.
nava'liwa‿mi 'guma

Ich habe einen Getriebeschaden.
Mam uszkodzoną skrzynię biegów.
mam uʃkɔ'dzɔnɔ̃ 'skʃiɲɛ 'bʲɛguf

Würden Sie mich ein Stück mitnehmen?
Czy mogę się zabrać z *panem (panią)*?
tʃɨ 'mɔgɛ‿ɕɛ 'zabratɕ s‿'panɛm ('paɲɔ̃)

Bitte helfen Sie mir!
Proszę mi pomóc!
'prɔʃɛ‿mi 'pɔmuts

Könnten Sie mir Hilfe schicken?
Czy mógłby pan przysłać mi pomoc?
tʃɨ 'mugbɨ‿pan 'pʃiswatɕ‿mi 'pɔmɔts

Könnten Sie mir aus dem nächsten Ort einen Mechaniker schicken?
Czy mógłby pan skierować mechanika z najbliższej miejscowości?
tʃɨ 'mugbɨ‿pan skʲɛ'rɔvatɕ mɛxa'ɲika z‿naj'bliʃʃɛj mʲɛjstsɔ'vɔɕtɕi

Hätten Sie etwas Benzin?
Czy ma pan(i) trochę benzyny?
tʃɨ'ma‿pan(i) 'trɔxɛ bɛ̃'zɨnɨ

Könnten Sie meinen Wagen abschleppen?
Czy mógłby pan odholować mój wóz?
tʃɨ 'mugbɨ‿pan ɔtxɔ'lɔvatɕ muj vus

Können Sie mir ... leihen?
Czy może mi pan(i) pożyczyć ...?
tʃɨ 'mɔʒɛ‿mi 'pan(i) pɔ'ʒɨtʃɨtɕ

Bitte verständigen Sie ...
Proszę zawiadomić ...
'prɔʃɛ zaʋa'dɔmitɕ

Unfall

Ich habe einen Unfall gehabt.
Miał*em (-łam)* wypadek drogowy.
'mʲawɛm (-wam) vɨ'padɛk drɔ'gɔvɨ

Es ist ein Unglück passiert.
Zdarzyło się nieszczęście.
zda'ʒɨwɔ‿ɕɛ ɲɛ'ʃtʃɛ̃ɕtɕɛ

Rufen Sie einen Arzt!
Proszę zawołać lekarza!
'prɔʃɛ za'vɔwatɕ lɛ'kaʒa

Ich brauche sofort einen Krankenwagen.
Potrzebuję natychmiast pogotowie.
pɔt:ʃɛ'bujɛ na'tɨxmʲast pɔgɔ'tɔvʲɛ

Ich brauche Verbandzeug.
Potrzebuję materiał opatrunkowy.
pɔt:ʃɛ'bujɛ ma'tɛrjaw ɔpatrun'kɔvɨ

Verständigen Sie die Polizei!
Proszę zawiadomić milicję!
'prɔʃɛ zaʋa'dɔmitɕ mi'litsjɛ

Unfallschaden

Ihr Wagen hat einen meiner Kotflügel beschädigt.
Wóz *pana (pani)* uszkodził jeden z moich błotników.
vus 'pana ('paɲi) u'ʃkɔdʑiw 'jedɛn z‿'mɔix bwɔt'ɲikuf

Mein Wagen ist durch Ihre Schuld beschädigt.
Mój samochód został uszkodzony z pańskiej winy.
muj sa'mɔxud 'zɔstaw uʃkɔ'dzɔnɨ 's‿paĩskʲej 'ʏinɨ

Ich bin von rechts gekommen und hatte Vorfahrt.
Ja nadjechałem z prawej strony i miałem pierwszeństwo przejazdu.
ja nadjɛ'xawɛm 's‿pravɛj 'strɔnɨ i‿'mʲawɛm pʲɛrf'ʃɛĩstfɔ pʃɛ'jazdu

Sie haben beim Einbiegen nach links die Richtung nicht angezeigt.
Skręcając na lewo pan(i) nie włączył(a) kierunkowskazu.
skrɛn'tsajɔnts na‿'lɛvɔ 'pan(i) ɲɛ‿'vwɔntʃɨw (-'tʃɨwa) kʲɛrunkɔ-'fskazu

Ich mache Sie für den Schaden verantwortlich.
Czynię pana odpowiedzialnym za szkodę.
'tʃiɲɛ 'pana ɔtpɔʏe'dʑalnɨm za‿'ʃkɔdɛ

Ich habe Ihr Blinklicht nicht gesehen.
Nie zauważy*łem (-łam)* światła pańskiego migacza.
ɲɛ‿zauva'ʒɨwɛm (-wam) 'ɕʏatwa paĩ'skʲɛgɔ mʲi'gatʃa

Würden Sie mir bitte als Zeuge dienen?
Czy może mi pan(i) służyć za świadka?
tʃɨ 'mɔʒɛ mʲi 'pan(i) 'swuʒɨtɕ za‿'ɕʏatka

Bitte geben Sie mir Ihren Namen und Ihre Adresse an.
Proszę podać mi pańskie nazwisko i adres.
'prɔʃɛ 'pɔdatɕ‿mʲi 'paĩskʲɛ na'zʏiskɔ i‿'adrɛs

Wo ist Ihr Wagen versichert?
Gdzie jest ubezpieczony wóz *pana (pani)*?
'gdʑe‿jɛst ubɛspʲɛ'tʃɔnɨ vus 'pana ('paɲi)

Fahrspur	pas ruchu	pas 'ruxu
Fußgängerüberweg	przejście dla pieszych	'pʃɛjɕtɕɛ dla 'pʲɛʃɨx

Reparaturwerkstatt

Wo ist die nächste Autoreparaturwerkstatt?
Gdzie jest najbliższy warsztat samochodowy?
'gdʑe‿jɛst naj'bʝiʃʃɨ 'warʃtat samɔxɔ'dɔvɨ

Ist hier in der Nähe eine Kundendienstwerkstatt?
Czy jest tu w pobliżu stacja obsługi?
tʃɨ 'jɛst‿tu f‿pɔ'bʝiʒu 'statsja ɔp'swugʲi

Prüfen Sie bitte ...
Proszę sprawdzić ...
'prɔʃɛ 'spravdʑitɕ

... ist defekt.
... jest zepsuty.
jɛst zɛ'psutɨ

Bitte geben Sie mir ...
Proszę mi dać ...
'prɔʃɛ‿ɱi‿datɕ

Ist ... in Ordnung?
Czy ... w porządku?
tʃɨ ... f‿pɔ'ʒɔntku

Können Sie das machen?
Może pan to zrobić?
'mɔʒɛ‿pan‿tɔ 'zrɔɓitɕ

Wer kann das machen?
Kto może to zrobić?
ktɔ 'moʒɛ‿tɔ 'zrɔɓitɕ

Wann ist es fertig?
Kiedy będzie gotowe?
'ķɛdɨ 'bɛŋdʑɛ gɔ'tɔvɛ

Ich habe es eilig.
Śpieszy mi się.
'ɕɲɛʃɨ‿ɱi‿ɕɛ

Machen Sie bitte nur die unbedingt nötigen Reparaturen.
Proszę dokonać tylko najniezbędniejszego remontu.
'prɔʃɛ dɔ'kɔnatɕ 'tɨlkɔ najɲɛzbɛndɲɛj'ʃɛgɔ rɛ'mɔntu

Wieviel wird die Reparatur kosten?
Ile będzie kosztowała naprawa?
'ilɛ 'bɛŋdʑɛ kɔʃtɔ'vawa na'prava

Haben Sie Original-Ersatzteile für ...?
Czy ma pan oryginalne części zamienne do ...?
tʃɨ 'ma‿pan ɔrɨgʲi'nalnɛ tʃɛ̃ɕtɕi za'ɱɛnːɛ dɔ

Nein, das können wir leider nicht machen.
Niestety, tego nie możemy zrobić.
ɲɛ'stɛtɨ 'tɛgɔ ɲɛ‿mɔ'ʒɛmɨ 'zrɔɓitɕ

Ich denke, daß alles bis *heute (morgen)* abend fertig ist.
Myślę że wszystko będzie gotowe na *dziś (jutro)* wieczór.
'mɨɕlɛ ʒɛ‿'fʃistkɔ 'bɛŋdʑɛ gɔ'tɔvɛ na‿'dʑiɕ ('jutrɔ) 'ɣɛtʃur

Ersatzteile und Reparaturen

Achse	oś *f*	ɔɕ
Abschlepphaken	hak holowniczy	xak xɔlɔv'ɲitʃɨ
Akkumulator	akumulator	akumu'latɔr
Anhänger	przyczep(k)a	pʃɨ'tʃɛp(k)a
Anlasser	rozrusznik	rɔz'ruʃɲik
Auspuffrohr	rura wydechowa	'rura vɨdɛ'xɔva
Auspufftopf	tłumik	'twuᶆik
Batterie	bateria	ba'tɛᶉĭa

Die Batterie ist leer.
Akumulator rozładował się.
akumu'latɔr rɔzwa'dɔvaw‿ɕɛ

Laden Sie bitte die Batterie auf.
Proszę naładować akumulator.
'prɔʃɛ nawa'dɔvatɕ akumu'latɔr

Benzinanzeiger	wskaźnik paliwa	'fskaʑɲik pa'ᶅiva
Benzinpumpe	pompa benzynowa	'pɔmpa bɛ̃zɨ'nɔva
Blinker	migacz	'ᶆigatʃ

Der *linke (rechte)* Blinker ist defekt.
Lewy (Prawy) migacz jest zepsuty.
'lɛvɨ ('pravɨ) 'ᶆigatʃ jɛst zɛ'psutɨ

Bremsbelag	okładzina hamulców	ɔkwa'dʑina xa'mul-tsuf
Bremsen	hamulce	xa'multsɛ
– Fußbremse	hamulec nożny	xa'mulɛts 'nɔʒnɨ
– Handbremse	hamulec ręczny	xa'mulɛts 'rɛntʃnɨ
– Scheibenbremse ..	hamulec tarczowy	xa'mulɛts tar'tʃɔvɨ

Die Bremsen halten nicht.
Hamulce nie trzymają.
xa'multsɛ ɲɛ‿tːʃɨ'majɔ̃

Die Fußbremse ist ausgefallen.
Hamulec nożny nawalił.
xa'mulɛts 'nɔʒnɨ na'vaᶅiw

Bremsflüssigkeit ...	płyn hamulcowy	pwɨn xamul'tsɔvɨ

Füllen Sie bitte etwas Bremsflüssigkeit nach.
Proszę dolać nieco płynu do hamulców.
'prɔʃɛ 'dɔlatɕ 'ɲɛtsɔ 'pwɨnu dɔ‿xa'multsuf

Bremspedal	pedał hamulca	'pɛdaw xa'multsa
Bremstrommel	bęben hamulcowy	'bɛmbɛn xamul'tsɔvɨ
Dichtung	uszczelka	u'ʃtʃɛlka

Differential	dyferencjał	dɨfɛˈrɛntsjaw
Drahtseil	linka holownicza	ˈɭinka xɔlɔvˈɲitʃa
Düse	dysza	ˈdɨʃa
Ersatzteil	część zamienna	tʃɛ̃ɕtɕ zaˈɱɛnːa
Fahrgestell	rama podwozia	ˈrama pɔdˈvɔʑa
Feder ***(Blatt-)***	resor	ˈrɛsɔr
– Spiralfeder	sprężyna	sprɛ̃ˈʒɨna
Federung	zawieszenie	zaɣɛˈʃɛɲɛ
Fett	smar	smar
Feuerlöscher	gaśnica	gaɕˈɲitsa
Freilauf(nabe)	piasta tylnego koła	ˈƥasta tɨlˈnɛgɔ ˈkɔwa

Würden Sie bitte den Freilauf ölen?

Proszę naoliwić piastę tylnego koła.

ˈprɔʃɛ naɔˈɭiɣitɕ ˈƥastɛ tɨlˈnɛgɔ ˈkɔwa

Frostschutzmittel ...	antyfryz	antɨˈfrɨs
Funke	iskra	ˈiskra
Gang	bieg	ɓɛk
– Gang einlegen ...	włączyć bieg	ˈvwɔntʃɨtɕ ɓɛk
– Leerlauf	bieg jałowy	ɓɛg jaˈwɔvɨ
– Rückwärtsgang ...	bieg wsteczny	ɓɛk ˈfstɛtʃnɨ
Gangschaltung	zmiana biegów	ˈzɱana ˈɓɛguf

Die Gangschaltung muß nachgesehen werden.

Proszę sprawdzić zmianę biegów.

ˈprɔʃɛ ˈspravdʑitɕ ˈzɱanɛ ˈɓɛguf

Gas	gaz	gas
– Gas geben	dodać gazu	ˈdɔdatɕ ˈgazu
– Gas wegnehmen ..	zmniejszyć gaz	ˈzmɲejʃɨtɕ gaz
Gashebel	pedał gazu	ˈpɛdawˈgazu
Geschwindigkeits-messer	szybkościomierz	ʃɨpkɔɕˈtɕɔɱɛʃ
Getriebe ***(Wechsel-)***	skrzynia biegów	ˈskʃɨɲa ˈɓɛguf
– Synchrongetriebe .	skrzynia biegów synchronizowana	ˈskʃɨɲa ˈɓɛguf sɨnxrɔɲizɔˈvana
Gewinde	gwint	gɣint
Griff	rączka	ˈrɔntʃka
Heizung	ogrzewanie; nagrzewnica	ɔgʒɛˈvaɲɛ / nagʒɛvˈɲitsa

Hupe	sygnał, klakson	'sɨgnaw / 'klaksɔn
Isolierung	izolacja	izɔ'latsja
Kabel	kabel	'kabɛl
Kardanwelle	wał Cardana	vaw kar'dana
Karosserie	nadwozie, karoseria	nad'vɔʑɛ / karɔ-'sɛrja
Keilriemen	pasek klinowy	'pasɛk klʲi'nɔvɨ
Kerze s. *Zündkerze*		
Kette	łańcuch	'waɲtsux
– die Kette flicken .	naprawić łańcuch	na'pravʲitɕ 'waɲtsux
– Schneeketten	łańcuchy przeciwślizgowe	waɲ'tsuxɨ pʃɛtɕif-ɕlʲiz'gɔvɛ
Kilometerzähler . . .	licznik kilometrów	'lʲitʃɲik kʲilɔ'mɛtruf
Klingel	dzwonek	'dzvɔnɛk
Kofferraum	bagażnik	ba'gaʒɲik
Kolben	tłok	twɔk
Kolbenring	pierścień tłokowy	'pʲɛrɕtɕeɲ twɔ'kɔvɨ
Kotflügel	błotnik	'bwɔtɲik
Kugellager	łożysko kulkowe	wɔ'ʒɨskɔ kul'kɔvɛ
Kühler	chłodnica	xwɔd'ɲitsa
Kühlergrill	krata (czołowa) chłodnicy	'krata (tʃɔ'wɔva) xwɔd'ɲitsɨ
Kühlung	chłodzenie	xwɔ'dzɛɲɛ
Kupplung	sprzęgło	'spʃɛŋgwɔ

Die Kupplung schleift.
Sprzęgło się slizga.
'spʃɛŋgwɔ‿ɕɛ 'ɕlʲizga

Lassen Sie die Kupplung nachsehen.
Proszę dać sprawdzić sprzęgło.
'prɔʃɛ‿datɕ 'spravdʑitɕ 'spʃɛŋgwɔ

Kupplungsbelag . . .	okładzina cierna sprzęgła	ɔkwa'dʑina 'tɕɛrna 'spʃɛŋgwa
Kupplungspedal . . .	pedał sprzęgła	'pɛdaw 'spʃɛŋgwa
Kurbelwelle	wał korbowy	vaw kɔr'bɔvɨ
Lack(ierung)	lakier	'lakʲɛr
Lampe/Birne	lampa / żarówka	'lampa / ʒa'rufka
Lenkrad, Lenkstange	kierownica	kʲɛrɔv'ɲitsa
Lenkung	układ kierowniczy	'ukwat kʲɛrɔv'ɲitʃɨ

Die Lenkung scheint nicht in Ordnung zu sein.
Zdaje się, że układ kierowniczy nie jest w porządku.
'zdajɛ‿ɕɛ ʒɛ‿'ukwat kʲɛrɔv'ɲitʃɨ 'ɲe‿jɛst f‿pɔ'ʒɔntku

Lichtmaschine	prądnica	prɔnd'ŋitsa
(an)löten	(przy)lutować	(pʃɨ)lu'tɔvatɕ
Luftfilter	filtr powietrza	ʄiltr pɔ'ɣɛtːʃa
Luftpumpe	pompa do gum	'pɔmpa dɔ‿'gum
Magnet	magnes	'magnɛs
Motor	silnik, motor	'ɕilŋik / 'mɔtɔr
– Diesel(motor)	silnik wysokoprężny	'ɕilŋik vɨsɔkɔ'prɛ̃ʒnɨ
– Zweitaktmotor	silnik dwusuwowy	'ɕilŋik dvusu'vɔvɨ

Der Motor gibt keine volle Leistung.
Silnik nie daje pełnej mocy.
'ɕilŋik ŋɛ‿'dajɛ 'pɛwnɛj 'mɔtsɨ

Der Motor klopft.
Silnik stuka.
'ɕilŋik 'stuka

Der Motor läuft sich heiß.
Silnik przegrzewa się.
'ɕilŋik pʃɛ'gʒɛva‿ɕɛ

Der Motor setzt aus.
Silnik pracuje z przerwami.
'ɕilŋik pra'tsujɛ s‿pʃɛr'vamʝi

Motorhaube	maska silnika	'maska ɕil'ŋika
Motorschaden	awaria silnika	a'vaɽja ɕil'ŋika
Nabe	piasta	'ɲasta
Nationalitätszeichen	znak państwowy	znak paĩst'fɔvɨ
Nockenwelle	wał krzywkowy	vaw kʃɨf'kɔvɨ
Nummernschild	tablica rejestracyjna	tab'ʎitsa rɛjɛstra'tsɨjna
Öleinfüllstutzen	wlew (do) oleju	vlɛv (dɔ) ɔ'lɛju
Ölpumpe	pompa olejowa	'pɔmpa ɔlɛ'jɔva
Pedal	pedał	'pɛdaw
Pleuelstange	korbowód	kɔr'bɔvut
Rad	koło	'kɔwɔ
– Hinterrad	tylne koło	'tɨlnɛ 'kɔwɔ
– Vorderrad	przednie koło	'pʃɛdŋɛ 'kɔwɔ
Radkappe	kołpak koła	'kɔwpak 'kɔwa
Rahmen	rama	'rama
Reservetank	zapasowy zbiornik paliwa	zapa'sɔvɨ 'zɓɔrŋik pa'ʎiva
Richtungsanzeiger	kierunkowskaz	ƙɛrun'kɔfskas
Roll-, Schiebedach	dach *zwijany (zsuwany)*	dax zɣi'janɨ (sːu'vanɨ)
Rückspiegel	lusterko wsteczne	lu'stɛrkɔ 'fstɛtʃnɛ
Rückstrahler	odbłyśnik	ɔd'bwɨɕŋik

Rücktrittsbremse ..	hamulec pedałowy	xa'mulɛts pɛda'wɔvɨ
Sattel	siodełko	ɕɔ'dɛwkɔ
Schalter	wyłącznik	vɨ'wɔntʃɲik
– Abblendschalter ..	przełącznik świateł	pʃɛ'wɔntʃɲik 'ɕɣatɛw
Schalthebel	dźwignia	'dʑɣigɲa
Scheibenwasch-anlage	urządzenie do mycia szyby przedniej	uʒɔn'dzɛɲɛ dɔ‿'mɨ-tɕa 'ʃɨbɨ 'pʃɛdɲej
Scheibenwischer ...	wycieraczka	vɨtɕɛ'ratʃka
Scheinwerfer	reflektor	rɛ'flɛktɔr
– Abblendlicht	światła mijania	'ɕɣatwa m̡i'jaɲa
– Fernlicht	światło drogowe	'ɕɣatwo drɔ'gɔvɛ
– Bremslicht	światło hamowania	'ɕɣatwɔ xamɔ'vaɲa
– Kontrollampe	lampka kontrolna	'lampka kɔn'trɔlna
– Schlußlicht	światło tylne	'ɕɣatwɔ 'tɨlnɛ
– Standlicht	światło postojowe	'ɕɣatwɔ pɔstɔ'jɔvɛ
Schlauch(leitung) ...	wąż, przewód	vɔ̃ʃ / 'pʃɛvut
Schraube	śruba, wkręt	'ɕruba / fkrɛnt

Diese Schraube muß *angezogen (gelockert)* werden.

Tę śrubę należy *dociągnąć (popuścić).*

tɛ̃ 'ɕrubɛ na'lɛʒɨ dɔ'tɕɔŋgnɔɲtɕ (pɔ'puɕtɕitɕ)

Schraubenmutter ..	nakrętka	na'krɛntka
Sicherheitsgurt	pas bezpieczeństwa	pas bɛsp̡ɛ'tʃɛĩstfa
Sicherung	bezpiecznik	bɛs'p̡ɛtʃɲik

Die Sicherung ist durchgebrannt.

Bezpiecznik się przepalił.

bɛs'p̡ɛtʃɲik‿ɕɛ pʃɛ'pal̡iw

Sitz	siedzenie	ɕɛ'dzɛɲɛ
– Notsitz	siedzenie zapasowe	ɕɛ'dzɛɲɛ zapa'sɔvɛ
– Rücksitz	siedzenie tylne	ɕɛ'dzɛɲɛ 'tɨlnɛ
– Vordersitz	siedzenie przednie	ɕɛ'dzɛɲɛ 'pʃɛdɲɛ
Speiche	szprycha	'ʃprɨxa
Splint	zawleczka	za'vlɛtʃka

Steuerung *s. Lenkung*		
Stoßdämpfer	amortyzator	amɔrtɨ'zatɔr
Stoßstange	zderzak	'zdɛʒak

Die Stoßstange muß geradegebogen werden.
Trzeba wyrównać zderzak.
'tːʃɛba vɨ'ruvnatɕ 'zdɛʒak

Treibstoff	paliwo	pa'ᶅivɔ
Trittbrett	stopień *m*, schodek	'stɔᶈeŋ / 'sxɔdɛk
Türschloß	zamek drzwiowy	'zamɛk 'dʒɣɔvɨ
Übersetzung	przekładnia	pʃɛ'kwadɲa
Unterbrecher	przerywacz	pʃɛ'rɨvatʃ
Ventil	zawór	'zavur

Bitte reinigen Sie die Ventile.
Proszę przeczyścić zawory.
'prɔʃɛ pʃɛ'tʃɨɕtɕitɕ za'vɔrɨ

Die Ventile müssen *abgeschmirgelt (eingestellt)* werden.
Zawory należy *przeszlifować (wyregulować)*.
za'vɔrɨ na'lɛʒɨ pʃɛʃᶅi'fɔvatɕ (vɨrɛgu'lɔvatɕ)

Ventilator	wentylator	vɛntɨ'latɔr
Ventilatorriemen *s. Keilriemen*		
Verdeck	osłona brezentowa	ɔ'swɔna brɛzɛn'tɔva
Vergaser	gaźnik	'gaʑɲik

***Überprüfen (Reinigen)* Sie bitte den Vergaser.**
Proszę *sprawdzić (przeczyścić)* gaźnik.
'prɔʃɛ 'spravdʑitɕ (pʃɛ'tʃɨɕtɕitɕ) 'gaʑɲik

Verteiler	rozdzielacz	rɔz'dʑɛlatʃ
Wagenheber	podnośnik	pɔd'nɔɕɲik
Wagenschlüssel	klucz od wozu	klutʃ ɔd‿'vɔzu
Werkzeug	narzędzia *pl.*	na'ʒɛŋdʑa

– **Bohrer**	wiertło	'ɣɛrtwɔ
– **Feile**	pilnik	'p̡ilɲik
– **Hammer**	młotek	'mwɔtɛk
– **Meißel**	przecinak	pʃɛ'tɕinak
– **Montiereisen**.....	łyżka do gum	'wɨʃka dɔ‿'gum
– **Schraubenschlüssel**	klucz do nakrętek	klutʃ dɔ‿na'krɛntɛk
– **Schraubenzieher** .	śrubokręt	ɕru'bɔkrɛnt
– **Steckschlüssel**....	klucz nasadowy	klutʃ nasa'dɔvɨ
– **Zange**	kleszcze *pl.*	'klɛʃtʃɛ
Windschutzscheibe .	szyba przednia	'ʃɨba 'pʃɛdɲa
Winker	strzałka	'stːʃawka
Zubehör	wyposażenie	vɨpɔsa'ʒɛɲɛ
Zündkerze	świeca zapłonowa	'ɕɣɛtsa zapwɔ'nɔva
Zündschlüssel	klucz do zapłonu	klutʃ dɔ‿za'pwɔnu
Zündspule	cewka zapłonowa	'tsɛfka zapwɔ'nɔva
Zündung	zapłon	'zapwɔn
– **Fehlzündung**	przerwy zapłonu	'pʃɛrvɨ za'pwɔnu

Reinigen Sie bitte die Kerzen.
Proszę przeczyścić świece.
'prɔʃɛ pʃɛ'tʃɨɕtɕitɕ 'ɕɣɛtsɛ

Ich brauche neue Kerzen.
Potrzebuję nowe świece.
pɔtːʃɛ'bujɛ 'nɔvɛ 'ɕɣɛtsɛ

Diese Zündkerze muß ausgewechselt werden.
Tę świecę trzeba wymienić.
tɛ̃‿'ɕɣɛtsɛ 'tːʃɛba vɨ'ɱɛɲitɕ

Die Zündung setzt aus.
Są przerwy w zapłonie.
sɔ̃ 'pʃɛrvɨ v‿za'pwɔɲɛ

Die Kerzen sind verölt.
Swiece są zaoliwione.
'ɕɣɛtsɛ sɔ̃ zaɔʎi'ɣɔnɛ

Zylinder	cylinder	tsɨ'ʎindɛr
Zylinderkopf	głowica cylindra	gwɔ'ɣitsa tsɨ'ʎindra
Zylinderkopf-dichtung	uszczelka głowicy cylindra	u'ʃtʃɛlka gwɔ'ɣitsɨ tsɨ'ʎindra

Hinweise für Autofahrer

Die Verkehrszeichen (znaki drogowe) *in Polen entsprechen im allgemeinen der internationalen Norm. Nähere Auskünfte werden von den Automobilklubs erteilt.*

JECHAĆ PRAWĄ STRONĄ!	**Rechts fahren!**
OBJAZD	**Umleitung**
PARKING	**Parkplatz**
PARKOWANIE WZBRONIONE	**Parken verboten**
POSTÓJ WZBRONIONY	**Parken verboten**
PRZEJAZD WZBRONIONY	**Durchfahrt verboten**
PRZEJAZD PRZEZ TORY WZBRONIONY	**Das Überqueren der Gleise ist verboten**
ROBOTY DROGOWE	**Straßenbauarbeiten**
STACJA BENZYNOWA	**Tankstelle**
STACJA OBSŁUGI	**Kundendienstwerkstatt**
STÓJ!	**Halt!**
ULICA JEDNOKIERUNKOWA	**Einbahnstraße**
UWAGA, TRAMWAJ!	**Achtung, Straßenbahn!**
WJAZD	**Einfahrt**
WOLNO JECHAĆ!	**Langsam fahren!**
WYJAZD	**Ausfahrt**

MIT DER EISENBAHN

Bahnhof

Können Sie mir den Weg zum Bahnhof zeigen?
Czy może mi pan(i) wskazać drogę do dworca?
tʃɨ 'mɔʒɛ‿m̡i 'pan(i) 'fskazatɕ 'drɔgɛ dɔ‿'dvɔrtsa

Ich möchte zum Hauptbahnhof.
Chcę się dostać na dworzec główny.
'xtsɛ‿ɕɛ 'dɔstatɕ na‿'dvɔʒɛts 'gwuvnɨ

Wo ist ...?
Gdzie się znajduje ...?
'gdze‿ɕɛ znaj'dujɛ

das Auskunftsbüro . .	biuro informacji	'b̡urɔ infɔr'matsji
die Fahrkarten-ausgabe	kasa biletowa	'kasa b̡ilɛ'tɔva
die Handgepäck-aufbewahrung	przechowalnia bagażu ręcznego	pʃɛxɔ'valɲa ba'gaʒu rɛntʃ'nɛgɔ
die Gepäckaufgabe .	kasa bagażowa	'kasa baga'ʒɔva
der Wartesaal	poczekalnia	pɔtʃɛ'kalɲa
der Zimmernachweis	biuro kwaterunkowe	'b̡urɔ kfatɛrun'kɔvɛ

Wo werden Fahrkarten verkauft?
Gdzie sprzedają bilety kolejowe?
gdʑɛ spʃɛ'dajɔ̃ b̡i'lɛtɨ kɔlɛ'jɔvɛ

Wo gibt es Bahnsteigkarten?
Gdzie można nabyć bilety peronowe?
gdʑɛ 'mɔʒna 'nabɨtɕ 'b̡ilɛtɨ pɛrɔ'nɔvɛ

Zugauskunft

Wann habe ich einen Personenzug nach ...?
O której godzinie mam pociąg osobowy do ...?
ɔ'kturɛj gɔ'dʑiɲɛ mam 'pɔtɕɔŋk ɔsɔ'bɔvɨ dɔ

Wann fährt der nächste Schnellzug nach ...?
Kiedy odjeżdża następny pociąg pośpieszny do ...?
'k̡ɛdɨ ɔd'jɛʒdʒa na'stɛmpnɨ 'pɔtɕɔŋk pɔ'ɕp̡ɛʃnɨ dɔ

Wann fährt der *erste (letzte)* Zug nach ...?
Kiedy odchodzi *pierwszy (ostatni)* pociąg do ...?
'k̡ɛdɨ ɔt'xɔdʑi 'p̡ɛrfʃɨ (ɔ'statɲi) 'pɔtɕɔŋg‿dɔ

Von welchem Bahnsteig fährt der Zug nach ... ab?
Z którego peronu odchodzi pociąg do ...?
s‿'kturɛgɔ pɛ'rɔnu ɔt'xɔdʑi 'pɔtɕɔŋg‿dɔ

Wo ist der Zug nach ...?
Gdzie stoi pociąg do ...?
gdʑɛ‿'stɔji 'pɔtɕɔŋg‿dɔ

Ist das der Zug nach ...?
Czy to pociąg do ...?
tʃi‿tɔ‿'pɔtɕɔŋg dɔ

Auf welchem Bahnsteig kommt der Zug aus ... an?
Na który peron wjedzie pociąg z ...?
na‿'kturɨ 'pɛrɔn 'vjɛdʑɛ 'pɔtɕɔŋg z (s)

Hat der Zug aus ... Verspätung?
Czy pociag z ... ma spóźnienie?
tʃɨ 'pɔtɕɔŋg z ... ma spuʑ'ɲɛɲɛ

Er hat eine Stunde Verspätung.
Jest spóźniony o godzinę.
jɛst spuʑ'ɲɔnɨ ɔ‿gɔ'dʑinɛ

Müssen wir umsteigen?
Czy musimy się przesiąść?
tʃɨ‿mu'ɕimɨ‿ɕɛ 'pʃɛɕɔ̃ɕtɕ

Wo muß ich umsteigen?
Gdzie mam przesiadkę
gdʑɛ mam pʃɛ'ɕatkɛ

Wie lange haben wir Aufenthalt?
Jak długo będzie trwał postój?
jak 'dwugɔ 'bɛɲdʑɛ trvaw 'pɔstuj

Wann fahren wir ab?
Kiedy odjeżdżamy?
'kʲɛdɨ ɔdjɛʒ'dʒamɨ

Haben wir in ... Anschluß nach ...?
Czy mamy w ... połączenie do ...?
tʃɨ‿'mamɨ v ... pɔwɔn'tʃɛɲɛ dɔ

Fahrplan

PRZYJAZD = **Ankunft**	ODJAZD = **Abfahrt**

Fahrplan	rozkład jazdy	'rɔskwat 'jazdɨ
D-Zug, Schnellzug .	pociąg pośpieszny	'pɔtɕɔŋk pɔ'ɕpʲɛʃnɨ
Vorortzug	pociąg podmiejski	'pɔtɕɔŋk pɔd'mʲɛjskʲi
FD-Zug, Fern-schnellzug	pociąg pośpieszny dalekobieżny	'pɔtɕɔŋk pɔ'ɕpʲɛʃnɨ dalɛkɔ'bʲɛʒnɨ
Triebwagen(zug) ...	pociąg motorowy	'pɔtɕɔŋg mɔtɔ'rɔvɨ
Kurswagen	wagon bezpośredni	'vagɔn bɛspɔ'ɕrɛdɲi
Schlafwagen	wagon sypialny	'vagɔn sɨ'pʲalnɨ
Speisewagen	wagon restauracyjny	'vagɔn rɛstaŭra'tsɨjnɨ
Gepäckwagen	wagon bagażowy	'vagɔn baga'ʒɔvɨ

Fahrkarten

Bitte einmal zweiter Klasse für den Eilzug nach ...
Proszę jeden bilet drugiej klasy na pociąg przyśpieszony do ...
'prɔʃɛ 'jɛdɛn 'ᶀilɛt 'druᶃej 'klasɨ na‿pɔ'tɕɔŋk pʃɨɕᶈɛ'ʃɔnɨ dɔ

Geben Sie mir eine Rückfahrkarte erster Klasse nach ...
Proszę (mi dać) bilet powrotny pierwszej klasy do ...
'prɔʃɛ (ᶆi‿datɕ) 'ᶀilɛt pɔ'vrɔtnɨ 'ᶈɛrfʃɛj 'klasɨ dɔ

Wie lange ist diese Fahrkarte gültig?
Jak długo ważny jest ten bilet?
jag‿'dwugɔ 'vaʒnɨ‿jɛst tɛn 'ᶀilɛt

Wie oft darf man die Fahrt unterbrechen?
Ile razy mogę przerwać podróż?
'ilɛ 'razɨ 'mɔgɛ 'pʃɛrvatɕ 'pɔdruʃ

Kann man hier Platzkarten bekommen?
Czy mogę tu otrzymać miejscówkę?
tʃɨ 'mɔgɛ‿tu ɔ't:ʃɨmatɕ ᶆej'stsufkɛ

Nein, hier gegenüber.
Nie, tu naprzeciwko.
ɲɛ tu napʃɛ'tɕifkɔ

Ich möchte zwei (Schlaf-)Plätze erster Klasse für den Zug nach ..., der übermorgen um acht Uhr abfährt.
Proszę o dwa miejsca (sypialne) pierwszej klasy w pociągu do ..., odjeżdżającym pojutrze o godzinie ósmej.
'prɔʃɛ ɔ‿dva 'ᶆejstsa (sɨ'ᶈalnɛ) 'ᶈɛrfʃɛj 'klasɨ f‿pɔ'tɕɔŋgu dɔ ...
ɔdjɛʒdʒa'jɔntsɨm pɔ'jut:ʃɛ ɔ‿gɔ'dʑiɲɛ 'usmɛj

Was kostet eine einfache Fahrkarte zweiter Klasse nach ...?
Ile kosztuje zwykły bilet drugiej klasy do ...?
'ilɛ kɔ'ʃtujɛ 'zvɨkwɨ 'ᶀilɛt 'druᶃej 'klasɨ dɔ

einfache Fahrkarte .	bilet zwykły	'ᶀilɛt 'zvɨkwɨ
Kinderfahrkarte	bilet dziecięcy	'ᶀilɛt dʑe'tɕɛntsɨ
ermäßigte Fahrkarte	bilet zniżkowy	'ᶀilɛt zɲiʃ'kɔvɨ
Platzkarte	miejscówka	ᶆej'stsufka
Sammelfahrkarte ..	bilet zbiorowy	'ᶀilɛt zᶀɔ'rɔvɨ
Sonntagsfahrkarte ..	bilet weekendowy	'ᶀilɛt ᶌikɛn'dɔvɨ
Zuschlagkarte	bilet dodatkowy	'ᶀilɛt dɔdat'kɔvɨ

Gepäck

Ich möchte dieses Gepäck direkt nach ... aufgeben.
Chciał(a)bym nadać ten bagaż bezpośrednio do ...
'xtɕaw(a)bɨm 'nadatɕ tɛn 'bagaʒ bɛspɔ'ɕrɛdɲɔ dɔ

Geht das Gepäck mit demselben Zug ab?
Czy bagaż odejdzie tym samym pociągiem?
tʃɨ 'bagaʃ ɔ'dɛjdʑɛ tɨm‿'samɨm pɔ'tɕɔŋgʲɛm

Ich möchte das Gepäck versichern.
Chciał(a)bym ubezpieczyć bagaż.
'xɕtaw(a)bɨm ubɛs'pʲɛtʃɨtɕ 'bagaʃ

Was habe ich zu zahlen?
Ile mam zapłacić?
'ilɛ mam za'pwatɕitɕ

Ist mein in ... aufgegebenes Gepäck schon angekommen?
Czy nadszedł już mój bagaż, nadany w ...? (*L*)
tʃɨ 'natːʃɛd‿juʃ muj 'bagaʃ na'danɨ v

Ich möchte dieses Gepäck hierlassen.
Ten bagaż chcę tu zostawić.
tɛn 'bagaʃ 'xtsɛ‿tu zɔ'stavʲitɕ

Ich möchte ... abholen.
Proszę mi wydać ...
'prɔʃɛ‿mʲi 'vɨdatɕ

Nur diesen Koffer, die anderen Sachen lasse ich noch hier.
Tylko tę walizkę, resztę rzeczy chcę tu narazie zostawić.
'tɨlkɔ tɛ̃ va'lʲiskɛ 'rɛʃtɛ 'ʒɛtʃɨ xtsɛ‿tu na'raʑɛ zɔ'stavʲitɕ

Das sind nicht meine Sachen.
To nie są moje rzeczy.
tɔ‿'ɲɛ‿sɔ̃ 'mɔjɛ 'ʒɛtʃɨ

Es fehlt ein großer Koffer.
Brak jest dużej walizy.
'brak‿jɛst 'duʒɛj va'lʲizɨ

leichtes Gepäck ...	lekki bagaż	'lɛkʲːi 'bagaʃ
schweres Gepäck ..	ciężki bagaż	'tɕɛ̃ʃkʲi 'bagaʃ
Gepäckabfertigung .	ekspedycja bagażu	ɛkspɛ'dɨtsja ba'gaʒu
Gepäckannahme ...	przyjmowanie bagażu	pʃɨjmɔ'vaɲɛ ba'gaʒu
Gepäckaufbewahrung	przechowalnia bagażu	pʃɛxɔ'valɲa ba'gaʒu
Gepäckaufgabe	nadawanie bagażu	nada'vaɲɛ ba'gaʒu
Gepäckausgabe	wydawanie bagażu	vɨda'vaɲɛ ba'gaʒu
Gepäckschein	kwit bagażowy	kfʲit baga'ʒɔvɨ
Handgepäck	bagaż ręczny	'bagaʒ 'rɛntʃnɨ
Handkoffer	walizka ręczna	va'lʲiska 'rɛntʃna
Reisekoffer	waliza podróżna	va'lʲiza pɔ'druʒna
(Reise-)Tasche	torba (podróżna)	'tɔrba (pɔ'druʒna)

Gepäckträger

Abfahrt:

Träger, bringen Sie diese Koffer an den Zug nach ...
Bagażowy, niech pan odniesie te walizy na pociąg do ...
baga'ʒɔvɨ 'ɲɛx‿pan ɔd'ɲeɕɛ tɛ va'ļizɨ na‿pɔ'tɕɔŋg dɔ

Ich fahre mit dem Zug um acht nach ...
Jadę pociągiem odchodzącym o ósmej do ...
'jadɛ pɔ'tɕɔŋgɛm ɔtxɔ'dzɔntsɨm ɔ‿'usmɛj dɔ

Erwarten Sie mich bitte am Gleis 3.
Proszę czekać na mnie przy torze trzecim.
'prɔʃɛ 'tʃɛkatɕ 'na‿mɲɛ pʃɨ‿'tɔʒɛ 'tːʃɛtɕim

Suchen Sie mir bitte einen guten (Eck-)Platz erster Klasse.
Proszę wyszukać dla mnie dobre miejsce (narożne) w pierwszej klasie.
'prɔʃɛ vɨ'ʃukatɕ 'dla‿mɲɛ 'dɔbrɛ 'ᶆejstsɛ (na'rɔʒnɛ) f‿'ᶈɛrfʃɛj 'klaɕɛ

Ankunft:

Rufen Sie bitte einen Gepäckträger.
Proszę zawołać bagażowego.
'prɔʃɛ za'vɔwatɕ bagaʒɔ'vɛgɔ

Träger, hierher!
Bagażowy!
baga'ʒɔvɨ

Können Sie heraufkommen?
Może pan wejść tu do góry?
'mɔʒɛ‿pan vɛjɕtɕ tu‿dɔ‿'gurɨ

Bringen Sie den Koffer zur Aufbewahrung.
Proszę odnieść tę walizę do przechowalni.
'prɔʃɛ 'ɔdɲeɕtɕ tɛ̃ va'ļizɛ dɔ‿pʃɛxɔ'valɲi

Zum Taxi bitte!
Do taksówki proszę!
dɔ tak'sufᶄi 'prɔʃɛ

Ich habe schweres Gepäck abzuholen.
Mam do odebrania ciężki bagaż.
mam dɔ‿ɔdɛ'braɲa 'tɕɛ̃ʃᶄi 'bagaʃ

Holen Sie es bitte ab!
Proszę go odebrać!
'prɔʃɛ‿gɔ ɔ'dɛbratɕ

Hier ist der Gepäckschein.
Tu ma pan kwit bagażowy.
tu 'ma‿pan kᶂit baga'ʒɔvɨ

Besorgen Sie mir bitte ein Taxi!
Proszę mi zawołać taksówkę!
'prɔʃɛ‿ᶆi za'vɔwatɕ tak'sufkɛ

Wieviel bekommen Sie?
Ile się panu należy?
'ilɛ‿ɕɛ 'panu na'lɛʒɨ

Sie zahlen pro Koffer ...
Pan(i) płaci ... od walizki.
'pan(i) 'pwatɕi ... ɔd‿va'ļisᶄi

Auf dem Bahnsteig

Wo fährt der Zug nach ... ab?
Gdzie odjeżdża pociąg do ...?
gdʑɛ ɔd'jɛʒdʒa 'pɔtɕɔŋg‿dɔ

Wohin fährt dieser Zug?
Dokąd idzie ten pociąg?
'dɔkɔnt 'idʑɛ tɛn‿'pɔtɕɔŋk

Ist dies der Zug nach ...?
Czy to jest pociąg do ...?
tʃɨ 'tɔ‿jɛst 'pɔtɕɔŋg‿dɔ

Woher kommt dieser Zug?
Skąd przybywa ten pociąg?
skɔnt pʃɨ'bɨva tɛn‿'pɔtɕɔŋk

Wo sind die Wagen erster Klasse?
Gdzie są wagony pierwszej klasy?
'gdʑɛ‿sɔ̃ va'gɔnɨ 'ɲɛrfʃɛj 'klasɨ

Wo ist der Schlafwagen?
Gdzie jest wagon sypialny?
'gdʑe‿jɛst 'vagɔn sɨ'ɲalnɨ

Dort.	**Vorn.**	**In der Mitte.**	**Hinten.**
Tam.	Z przodu.	W środku.	Na końcu.
tam	s‿'pʃɔdu	f‿'ɕrɔtku	na'kɔɲtsu

Auf Gleis 2 fährt der Schnellzug von ... nach ... ein.
Pociąg pośpieszny z ... do ... wjeżdża na tor drugi.
'pɔtɕɔŋk pɔ'ɕɲɛʃnɨ z ... dɔ ... 'vjɛʒdʒa na‿'tɔr 'drugʲi

Achtung! Der Personenzug nach ... fährt vom Bahnsteig ... ab.
Uwaga! Pociąg osobowy do ... odjeżdża z peronu ...
u'vaga 'pɔtɕɔŋk ɔsɔ'bɔvɨ dɔ ... ɔd'jɛʒdʒa s‿pɛ'rɔnu

Der Zug aus ... hat etwa ... Minuten Verspätung.
Pociąg z ... jest opóźniony około ... minut.
'pɔtɕɔŋg z ... jɛst ɔpuʑ'ɲɔnɨ ɔ'kɔwɔ ... 'mʲinut

KASA BAGAŻOWA
Gepäckannahme

PRZEJŚCIE NA PERONY
Zu den Bahnsteigen

INFORMACJE
Auskunft

DLA MĘŻCZYZN
Herren

DLA KOBIET
Damen

USTĘPY
Toiletten

BUFET
Erfrischungen

DYŻURNY RUCHU
Aufsichtsbeamter

POCZEKALNIA
Wartesaal

WYJŚCIE DO MIASTA
Ausgang zur Stadt

RUCH
Zeitungen

PUNKT OPATRUNKOWY
Sanitätsstelle

TOR
Gleis

Im Zug

Verzeihung, ist dieser Platz frei?
Przepraszam, czy to miejsce jest wolne?
pʃɛ'praʃam tʃɨ‿tɔ‿'mʲejstsɛ jɛst 'vɔlnɛ

Er ist schon besetzt.
Już zajęte.
juʒ za'jɛntɛ

Ist hier noch Platz?
Czy jest tu wolne miejsce?
tʃɨ 'jɛst‿tu 'vɔlnɛ 'mʲejstsɛ

Es ist kein Platz mehr frei.
Wolnych miejsc nie ma.
'vɔlnɨx mʲejsts 'ɲɛ‿ma

Das ist mein Platz, ich hatte ihn belegt.
To moje miejsce, ja je zarezerwowa*łem (-łam)*.
tɔ‿'mɔjɛ 'mʲejstsɛ ja jɛ zarɛzɛrvɔ'vawɛm (-wam)

Ich habe eine Platzkarte.
Mam miejscówkę.
mam mʲej'stsufkɛ

Es zieht.
Jest przeciąg.
jɛst 'pʃɛtɕɔŋk

Darf ich das Fenster schließen?
Czy mogę zamknąć okno?
tʃɨ‿'mɔgɛ 'zamknɔɲtɕ 'ɔknɔ

Es ist zu warm.
Jest zbyt gorąco.
jɛst zbɨt gɔ'rɔntsɔ

Dürfte ich Sie bitten, das Fenster zu öffnen?
Czy mogę poprosić o otwarcie okna?
tʃɨ‿'mɔgɛ pɔ'prɔɕitɕ ɔ‿ɔt'vartɕɛ 'ɔkna

Würden Sie bitte einen Augenblick auf meine Sachen achtgeben?
Czy *mógłby pan (mogłaby pani)* zwrócić przez chwilę uwagę na moje rzeczy?
tʃɨ‿'mugbɨ‿pan ('mɔgwabɨ 'paɲi) 'zvrutɕitɕ pʃɛs‿'xʲilɛ u'vagɛ na‿'mɔjɛ 'ʒɛtʃɨ

Würden Sie mir bitte meinen Koffer herunterholen?
Proszę, niech mi pan pomoże zdjąć walizkę.
'prɔʃɛ 'ɲɛx‿mi‿pan pɔ'mɔʒɛ zdjɔɲtɕ va'ʎiskɛ

Sie gestatten!
Pan(i) pozwoli!
'pan(i) pɔ'zvɔʎi

Darf ich vorbeigehen?
Czy mogę przejść?
tʃɨ‿'mɔgɛ 'pʃɛjɕtɕ

Macht es Ihnen etwas aus, die Plätze mit mir zu tauschen?
Czy nie zrobiłoby *panu (pani)* różnicy, gdybyśmy się zamienili na miejsca?
tʃɨ ɲɛ‿zrɔ'bʲiwɔbɨ 'panu ('paɲi) ruʒ'ɲitsɨ 'gdɨbɨɕmɨ‿ɕɛ zamʲɛ'ɲiʎi na‿'mʲejstsa

Darf ich einmal Ihren Fahrplan einsehen.
Czy mogę zajrzeć do pańskiego rozkładu jazdy?
tʃɨ‿'mɔgɛ za'glɔndnɔɲtɕ dɔ paĩ'skʲɛgɔ rɔs'kwadu 'jazdɨ

Die Fahrkarten, bitte!
Proszę bilety!
'prɔʃɛ bʲi'lɛtɨ

Ich finde meine Fahrkarte nicht.
Nie mogę znaleźć mego biletu.
ɲɛ‿'mɔgɛ 'znalɛɕtɕ 'mɛgɔ bʲi'lɛtu

Muß ich Zuschlag zahlen?
Czy muszę coś dopłacić?
tʃɨ‿'muʃɛ tsɔɕ dɔ'pwatɕitɕ

Wie heißt diese Station?
Jak się nazywa ta stacja?
'jak‿ɕɛ na'zɨva ta‿'statsja

Wann kommen wir in ... an?
Kiedy będziemy w ...?
'kʲɛdɨ bɛɲ'dʑɛmɨ v

Kommen wir pünktlich an?
Czy przybędziemy punktualnie?
tʃɨ pʃɨbɛɲ'dʑɛmɨ puŋktu'alɲɛ

Wie lange hält der Zug hier?
Jak długo zatrzymuje się tu pociąg?
jak‿'dwugɔ zat:ʃɨ'mujɛ‿ɕɛ‿tu 'pɔtɕɔŋk

Wann fährt er ab?
Kiedy on odchodzi?
'kʲɛdɨ‿ɔn ɔt'xɔdʑi

Werden wir in ... den Anschluß nach ... haben?
Czy będziemy mieli w ... (*L*) połączenie do ... (*G*)?
tʃɨ‿bɛɲ'dʑɛmɨ 'mʲɛlʲi v ... pɔwɔn'tʃɛɲɛ dɔ

Leider nein. Wir haben eine halbe Stunde Verspätung.
Niestety nie. Mamy pół godziny opóźnienia.
ɲɛ'stɛtɨ‿ɲɛ 'mamɨ puw‿gɔ'dʑinɨ ɔpuʑ'ɲɛɲa

Wie viele Stationen sind es noch bis ...?
Ile stacji mamy jeszcze do ...?
'ilɛ 'statsji 'mamɨ 'jɛʃtʃɛ dɔ

Sagen Sie mir bitte, wann ich aussteigen muß.
Proszę, niech mi pan powie, kiedy mam wysiąść.
'prɔʃɛ 'ɲɛx‿mʲi‿pan 'pɔvʲɛ 'kʲɛdɨ‿mam 'vɨɕɔ̃ɕtɕ

DLA PALĄCYCH	MIEJSCE DLA INWALIDY
Raucher	**Für Schwerbeschädigte**

UMYWALNIA	WOLNY	ZAJĘTY
Waschraum	**Frei**	**Besetzt**

DLA MATKI Z DZIECKIEM
Für Mutter und Kind

Wörter

abfahren	odjeżdżać	ɔd'jɛʒdʒatɕ
Abfahrt...........	odjazd	'ɔdjast
Abteil	przedział	'pʃɛdʑaw
ankommen	przyjechać	pʃɨ'jɛxatɕ
Ankunft	przyjazd	'pʃɨjast
Anschluß	połączenie	pɔwɔn'tʃɛɲɛ
Aufenthalt	postój	'pɔstuj
Ausgang	wyjście	'vɨjɕtɕɛ
aussteigen.........	wysiadać, wysiąść	vɨ'ɕadatɕ / 'vɨɕɔ̃ɕtɕ
Bahnhof	dworzec, stacja	'dvɔʒɛts / 'statsja
Bahnsteig	peron	'pɛrɔn
Bahnsteigschaffner .	bileter	ɦi'lɛtɛr
Eingang	wejście	'vɛjɕtɕɛ
einsteigen	wsiadać, wsiąść	'fɕadatɕ / fɕɔ̃ɕtɕ
Eisenbahn.........	kolej *f*	'kɔlɛj
Eisenbahnwagen ..	wagon (kolejowy)	'vagɔn (kɔlɛ'jɔvɨ)
Ermäßigung	zniżka	'zɲiʃka
Fahrkarte	bilet (kolejowy)	'ɦilɛt (kɔlɛ'jɔvɨ)
Fahrpreis	koszt przejazdu	kɔʃt pʃɛ'jazdu
Fensterplatz	miejsce przy oknie	'mɟejstsɛ pʃɨ‿'ɔkɲɛ
Gepäcknetz	siatka na bagaż	'ɕatka na‿'bagaʃ
Güterbahnhof......	dworzec towarowy	'dvɔʒɛts tɔva'rɔvɨ
Heizung	ogrzewanie	ɔgʒɛ'vaɲɛ
Lokomotive	lokomotywa	lɔkɔmɔ'tɨva
Notbremse	hamulec bezpieczeństwa	xa'mulɛts bɛspɟɛ'tʃɛĩstfa
Reisebüro	biuro podróży	'ɦurɔ pɔ'druʒɨ
Reiseziel	cel podróży	tsɛl pɔ'druʒɨ
Schaffner	konduktor	kɔn'duktɔr
Schalter	okienko	ɔ'ʝɛnkɔ
Stationsvorsteher...	zawiadowca stacji	zaɣa'dɔftsa 'statsji
Umsteigen	przesiadka	pʃɛ'ɕatka
Wagentür	drzwi *pl.* wagonu	dʒɣi va'gɔnu
Zugführer.........	kierownik pociągu	ʝɛ'rɔvɲik pɔ'tɕɔŋgu

MIT DEM FLUGZEUG

Auskunft und Flugkarte

Gibt es eine Flugverbindung nach ...?
Czy istnieje połączenie lotnicze z ... *(I)*?
tʃi͜ist'ɲejɛ pɔwɔn'tʃɛɲɛ lɔt'ɲitʃɛ z

Gibt es heute ein Flugzeug nach ...?
Czy leci dziś samolot do ...?
tʃi͜'lɛtɕi dʑiɕ sa'mɔlɔt dɔ

Wann fliegt es?
Kiedy on odlatuje?
'ķɛdi͜ɔn ɔdla'tujɛ

Wann fliegt die nächste Maschine nach ...?
Kiedy odlatuje następny samolot do ...?
'ķɛdi ɔdla'tujɛ na'stɛmpni sa'mɔlɔt dɔ

Wieviel Kilogramm Gepäck sind frei?
Ile kilogramów bagażu jest wolnych od opłaty?
'ilɛ ķilɔ'gramuv ba'gaʒu jɛst 'vɔlnix ɔd͜ɔ'pwati

Wieviel kostet ein Hin- und Rückflug nach ...?
Ile kosztuje lot tam i z powrotem do ...?
'ilɛ kɔ'ʃtujɛ lɔt͜'tam i͜spɔ'vrɔtɛm dɔ

Ich möchte für morgen zwei Plätze nach ... buchen.
Chciał(a)bym dwa bilety do ... na jutro.
'xtɕaw(a)bim dva ɓi'lɛti dɔ ... na͜'jutrɔ

Kann ich einen Platz im Flugzeug nach ... bekommen?
Czy dostanę miejsce w samolocie, który odlatuje do ...?
tʃi dɔ'stanɛ 'mjejstsɛ f͜samɔ'lɔtɕɛ 'kturi ɔdla'tujɛ dɔ

Sind noch Plätze frei?
Czy są jeszcze wolne miejsca?
tʃi sɔ̃ 'jɛʃtʃɛ 'vɔlnɛ 'mjejstsa

Wo ist der Flugplatz?
Gdzie jest lotnisko?
'gdʑe͜jɛst lɔt'ɲiskɔ

Wann muß ich auf dem Flugplatz sein?
Kiedy mam być na lotnisku?
'ķɛdi͜mam͜bitɕ na͜lɔt'ɲisku

Gibt es einen Autobus?
Czy kursuje autobus?
tʃi͜kur'sujɛ aŭ'tɔbus

Eine halbe Stunde vor dem Abflug.
Na pół godziny przed odlotem.
na͜puw gɔ'dʑini pʃɛd͜ɔd'lɔtɛm

Auf dem Flugplatz

Ich fliege um ... Uhr nach ...
Lecę o ... godzinie do ...
'lɛtsɛ ɔ ... gɔ'dʑiŋɛ dɔ

Wohin muß ich mich wenden?
Dokąd mam się udać?
dɔ'kɔnt 'mam‿ɕɛ u'datɕ

Wieviel wiegt das Gepäck?
Ile waży bagaż?
'ilɛ 'vaʒɨ 'bagaʃ

Wieviel muß ich zahlen?
Ile mam zapłacić?
'ilɛ‿mam za'pwatɕitɕ

Wann werden wir aufgerufen?
Kiedy nas wywołają?
'ķɛdɨ‿nas vɨvɔ'wajɔ̃

Wo ist der Warteraum?
Gdzie się znajduje poczekalnia?
'gdʑe‿ɕɛ znaj'dujɛ pɔtʃɛ'kalŋa

Kommt die Maschine pünktlich an?
Czy samolot przyleci punktualnie?
tʃɨ‿sa'mɔlɔt pʃɨ'lɛtɕi puŋktu'alŋɛ

Wann fliegen wir ab?
Kiedy odlecimy?
'ķɛdɨ ɔdlɛ'tɕimɨ

Fliegen wir pünktlich ab?
Czy odlecimy punktualnie?
tʃɨ‿ɔdlɛ'tɕimɨ puŋktu'alŋɛ

Wir haben 10 Minuten Verspätung.
Mamy dziesięć minut opóźnienia.
'mamɨ 'dʑɛɕɛŋtɕ 'mjinut ɔpuʑ'ŋɛŋa

Wann kommen wir in ... an?
Kiedy wylądujemy w ...?
'ķɛdɨ vɨlɔndu'jɛmɨ v

Wie ist das Wetter?
Jaką mamy pogodę?
'jakɔ̃ 'mamɨ pɔ'gɔdɛ

Die Wetterverhältnisse sind schlecht, wir müssen warten.
Warunki atmosferyczne są złe, musimy (za)czekać.
va'runķi atmɔsfɛ'rɨtʃnɛ sɔ̃ zwɛ mu'ɕimɨ (za)'tʃɛkatɕ

Die Passagiere werden gebeten, sich zum Ausgang zu begeben.
Pasażerowie proszeni są o udanie się do wyjścia.
pasaʒɛ'rɔɣɛ prɔ'ʃɛŋi‿sɔ̃ ɔ‿u'daŋe‿ɕɛ dɔ‿'vɨjɕtɕa

aufsteigen	wznosić się	'vznɔɕitɕ‿ɕɛ
Fluggesellschaft ...	towarzystwo lotnicze	tɔva'ʒɨstfɔ lɔt'ŋitʃɛ
Flughafen	port lotniczy	pɔrt lɔt'ŋitʃɨ
Fluglinie	trasa lotnicza	'trasa lɔt'ŋitʃa
Flugplan	rozkład lotów	'rɔskwat 'lɔtuf
Flugzeit	czas przelotu	tʃas pʃɛ'lɔtu
Flugzeugbesatzung .	załoga samolotu	za'wɔga samɔ'lɔtu
Flugzeugführer	pierwszy pilot	'pɛrfʃɨ 'pilɔt
landen	(wy)lądować	(vɨ)lɔn'dɔvatɕ
Stewardeß	stewardessa	stuar'dɛsa
Zwischenlandung ..	lądowanie na trasie	lɔndɔ'vaŋɛ na‿'traɕɛ

Im Flugzeug

Bitte das Rauchen einstellen!
Proszę zgasić papierosy!
ˈprɔʃɛ ˈzgaɕitɕ papɛˈrɔsɨ

Anschnallen, bitte!
Proszę zapiąć pasy ochronne!
ˈprɔʃɛ ˈzapɔɲtɕ ˈpasɨ ɔˈxrɔnːɛ

Die durchschnittliche Flughöhe wird 5000 Meter betragen.
Średnia wysokość lotu wynosić będzie pięć tysięcy metrów.
ˈɕrɛdɲa vɨˈsɔkɔɕtɕ ˈlɔtu vɨˈnɔɕitɕ ˈbɛɲdʑe pɛɲtɕ tɨˈɕɛntsɨ ˈmɛtruf

Wie hoch sind wir?
Jak wysoko jesteśmy?
jak‿vɨˈsɔkɔ jɛˈstɛɕmɨ

Wo sind wir jetzt?
Gdzie się teraz znajdujemy?
ˈgdʑe‿ɕɛ ˈtɛraz znajduˈjɛmɨ

Wir fliegen über ...
Przelatujemy nad ...
pʃɛlatuˈjɛmɨ nat

Was ist das für ein Gebirge?
Co to za góry?
ˈtsɔ‿tɔ za‿ˈgurɨ

Wie heißt der Fluß, den man dort unten sieht?
Jak się nazywa ta rzeka, którą widzimy tam w dole?
ˈjak‿ɕɛ naˈzɨva ta‿ˈʒɛka ˈkturɔ̃ vʲiˈdʑimɨ tam v‿ˈdɔlɛ

Kann ich eine Zeitung haben?
Czy mógłbym otrzymać gazetę?
tʃɨ‿ˈmugbɨm ɔˈtːʃɨmatɕ gaˈzɛtɛ

Wo ist die Toilette?
Gdzie jest ubikacja?
ˈgdʑe‿jɛst ubʲiˈkatsja

Mir ist schlecht.
Jest mi niedobrze.
ˈjɛst‿mʲi ɲɛˈdɔbʒɛ

Haben Sie ein Mittel gegen Luftkrankheit?
Czy ma pani środek przeciwko chorobie powietrznej?
tʃɨ ˈma‿paɲi ˈɕrɔdɛk pʃɛˈtɕifkɔ xɔˈrɔbʲɛ pɔˈvʲɛtːʃnɛj

Wie fühlen Sie sich?
Jak się pan(i) czuje?
ˈjak‿ɕɛ ˈpan(i) ˈtʃujɛ

Wir landen in 20 Minuten.
Wylądujemy za dwadzieścia minut.
vɨlɔnduˈjɛmɨ za‿dvaˈdʑeɕtɕa ˈmʲinut

Schnallen Sie sich bitte an!
Proszę zapiąć pasy ochronne!
ˈprɔʃɛ ˈzapɔɲtɕ ˈpasɨ ɔˈxrɔnːɛ

Bitte sitzen bleiben!
Proszę nie wstawać!
ˈprɔʃɛ ɲɛ‿ˈfstavatɕ

Warten Sie bitte, bis die Tür geöffnet wird!
Proszę zaczekać, dopóki nie otworzą drzwi!
ˈprɔʃɛ zaˈtʃɛkatɕ dɔˈpukʲi ɲɛ‿ɔˈtfɔʒɔ̃ dʒvʲi

Wir sind angekommen!
Jesteśmy na miejscu!
jɛsˈtɛɕmɨ na‿ˈmʲɛjstsu

Angenehme Weiterreise!
Przyjemnej dalszej podróży!
pʃɨˈjɛmnɛj ˈdalʃɛj pɔˈdruʒɨ

MIT DEM SCHIFF

Auskunft und Passage

Wann fährt das nächste Schiff nach ...?
Kiedy odchodzi następny statek do ...?
'ķɛdɨ ɔt'xɔdẓi na'stɛmpnɨ 'statɛk dɔ

Welches Schiff ist das beste?
Który statek jest najlepszy?
'kturɨ 'statɛk jɛst naj'lɛpʃɨ

Wo fährt es ab?
Skąd odchodzi?
skɔnt ɔt'xɔdẓi

An welchen Tagen und um welche Zeit fährt es?
W które dni tygodnia i o której porze (statek) kursuje?
f‿'kturɛ dɲi‿tɨ'gɔdɲa i‿ɔ'kturɛj 'pɔʒɛ ('statɛk) kur'sujɛ

Wie lange dauert die Fahrt?
Jak długo trwa podróż?
'jak‿'dwugɔ trfa 'pɔdruʃ

Wann kommt das Schiff an?
Kiedy przybędzie statek?
'ķɛdɨ pʃɨ'bɛɲdẓɛ 'statɛk

Wann müssen wir an Bord sein?
Kiedy mamy być na pokładzie?
'ķɛdɨ 'mamɨ bɨtɕ na‿pɔ'kwadẓɛ

Wo legt es an?
Gdzie przystaje?
gdẓɛ pʃɨ'stajɛ

Wo bekommt man die Karten?
Gdzie można nabyć karty okrętowe?
gdẓɛ 'mɔʒna 'nabɨtɕ 'kartɨ ɔkrɛn'tɔvɛ

Kann man die Karten auch an Bord lösen?
Czy można wykupić bilety również na pokładzie?
tʃɨ 'mɔʒna vɨ'kuɥitɕ ɓi'lɛtɨ 'ruvɲɛʃ na‿pɔ'kwadẓɛ

Ich möchte einen Platz Touristenklasse nach ...
Proszę o jedno miejsce w klasie turystycznej do ...
'prɔʃɛ ɔ‿'jɛdnɔ 'mejstsɛ f‿'klaɕɛ turɨ'stɨtʃnɛj dɔ

Ich möchte ...
Chciał(a)bym ...
'xtɕaw(a)bɨm

eine Einzelkabine
kabinę pojedyńczą
ka'ɓinɛ pɔjɛ'dɨɲtʃɔ̃

eine Außenkabine
kabinę zewnętrzną
ka'ɓinɛ zɛ'vnɛntʃnɔ̃

Ich habe ...
Mam ...
mam

eine Zweibettkabine
kabinę podwójną
ka'ɓinɛ pɔ'dvujnɔ̃

eine Innenkabine
kabinę wewnętrzną
ka'ɓinɛ vɛ'vnɛntʃnɔ̃

An Bord

Die Besucher werden gebeten, das Schiff zu verlassen.
Goście proszeni są o opuszczenie pokładu.
'gɔɕtɕɛ prɔ'ʃɛɲi sɔ̃ ɔ‿ɔpu'ʃtʃɛɲɛ pɔ'kwadu

Wann legen wir ab?
Kiedy odbijamy?
'ķɛdɨ ɔdbi'jamɨ

Das Schiff fährt ab.
Statek odpływa.
'statɛk ɔt'pwɨva

Wo ist ...?
Gdzie jest ...
'gdʑe‿jɛst

die Bar	bar	bar
der Erfrischungsraum	bufet	'bufɛt
der Salon	salon	'salɔn
der Speisesaal	sala jadalna	'sala ja'dalna
das Promenadendeck	pokład spacerowy	'pɔkwat spatsɛ'rɔvɨ

Wo befindet sich meine Kabine?
Gdzie się znajduje moja kabina?
'gdʑe ɕɛ znaj'dujɛ 'mɔja ka'bina

Wo ist mein Gepäck?
Gdzie jest mój bagaż?
'gdʑe‿jɛst muj 'bagaʃ

Wann kommen wir in ... an?
Kiedy przybędziemy do ...?
'ķɛdɨ pʃɨbɛn'dʑɛmɨ dɔ

Wie lange dauert die Fahrt nach ...?
Jak długo trwa podróż do ...?
jak‿'dwugɔ trfa 'pɔdruʒ‿dɔ

Welche Häfen laufen wir an?
Do których portów zawiniemy po drodze?
dɔ‿'kturɨx 'pɔrtuv zavi'ɲɛmɨ pɔ‿'drɔdzɛ

Kann man in ... an Land gehen?
Czy w ... można zejść na ląd?
tʃɨ v ... 'mɔʒna zɛjɕtɕ na‿'lɔnt

Ich fühle mich nicht wohl.
Czuję się źle.
'tʃujɛ̃‿ɕɛ ʑlɛ

Wie lange kann man an Land bleiben?
Jak długo można pozostać na lądzie?
jak 'dwugɔ 'mɔʒna pɔ'zɔstatɕ na‿'lɔɲdʑɛ

Steward, einen Kognak!
Steward, jeden koniak!
'stuart 'jɛdɛn 'kɔɲak

Haben Sie ein Mittel gegen Seekrankheit?
Czy ma pan(i) środek na morską chorobę?
tʃɨ 'ma‿pan(i) 'ɕrɔdɛk na‿'mɔrskɔ̃ xɔ'rɔbɛ

Ich möchte den *Deckoffizier (Kapitän)* sprechen.
Chciał(a)bym mówić z *oficerem pokładowym (kapitanem).*
'xtɕaw(a)bɨm 'muvitɕ z‿ɔfi'tsɛrɛm pɔkwa'dɔvɨm (kapi'tanɛm)

Wörter

Anker	kotwica	kɔ'tfitsa
anlaufen	zawijać, zawinąć	za'ɣijatɕ / za'ɣinɔŋtɕ
anlegen	przysta(wa)ć	'pʃɨstatɕ (-'tavatɕ)
Anlegeplatz	przystań *f*	'pʃɨstaŋ
auslaufen	wypływać	vɨ'pwɨvatɕ
Barkasse	barkas	'barkas
Boje, Bake	boja, pława	'bɔja / 'pwava
Boot	łódź *f*, łódka	wutɕ / 'wutka
– Fischerboot	łódź rybacka	wutɕ rɨ'batska
– Motorboot	łódź motorowa, motorówka	wutɕ mɔtɔ'rɔva / mɔtɔ'rufka
– Rettungsboot	łódź ratunkowa	wutɕ ratun'kɔva
– Segelboot	żaglówka	ʒa'glufka
– Wachboot	łódź patrolowa	wutɕ patrɔ'lɔva
Bug	dziób (statku)	dʑup ('statku)
Dampfer	parowiec	pa'rɔɣɛts
– Flußdampfer	parowiec rzeczny	pa'rɔvɛts 'ʒɛtʃnɨ
Deck	pokład	'pɔkwat
– Hauptdeck	pokład główny	'pɔkwad 'gwuvnɨ
– Oberdeck	pokład górny	'pɔkwad 'gurnɨ
– Zwischendeck	międzypokładzie	mɛndzɨpɔ'kwadʑɛ
Fähre	prom	prɔm
– Eisenbahnfähre	statek-prom kolejowy	'statɛk‿prɔm kɔlɛ'jɔvɨ
Fahrwasser	farwater	far'vatɛr
Flagge	bandera, flaga	ban'dɛra / 'flaga
Hafen	port	pɔrt
Heck	rufa	'rufa
Insel	wyspa	'vɨspa
Kabine, Kajüte	kabina	ka'bina
Kai	nabrzeże, molo	na'bʒɛʒɛ / 'mɔlɔ
Kanal	kanał	'kanaw
Kapitän	kapitan	ka'pitan
Knoten	węzeł	'vɛ̃zɛw
Kommandobrücke	mostek kapitański	'mɔstɛk kapi'taĩski
Küste	brzeg	bʒɛk
Land	ląd	lɔnt
Lastkahn	barka	'barka

Laufsteg	mostek przystaniowy	ˈmɔstɛk pʃɨstaˈɲɔvɨ
Leuchtturm	latarnia morska	laˈtarɲa ˈmɔrska
Lotse	pilot	ˈpilɔt
Mannschaft	załoga	zaˈwɔga
Mast	maszt	ˈmaʃt
Matrose	marynarz	maˈrɨnaʃ
Mole	molo	ˈmɔlɔ
Passagier	pasażer	paˈsaʒɛr
Reling	reling	ˈrɛliŋk
Rettungsring	koło ratunkowe	ˈkɔwɔ ratunˈkɔvɛ
Sandbank	mielizna	mʲeˈlizna
Schiff	statek	ˈstatɛk
– Motorschiff	motorowiec	mɔtɔˈrɔvʲɛts
– Passagierschiff ...	statek pasażerski	ˈstatɛk pasaˈʒɛrski
– Segeljacht	jacht żaglowy	jaxt ʒaˈglɔvɨ
Schiffahrt	żegluga	ʒɛˈgluga
Schiffsagentur	biuro żeglugi	ˈbʲurɔ ʒɛˈglugʲi
Schiffsarzt	lekarz okrętowy	ˈlɛkaʃ ɔkrɛnˈtɔvɨ
Schiffsjunge	chłopiec pokładowy	ˈxwɔpʲɛts pɔkwaˈdɔvɨ
Schlepper	holownik	xɔˈlɔvɲik
Schleuse	śluza	ˈɕluza
Schwimmweste	pas ratunkowy	pas ratunˈkɔvɨ
See *m*	jezioro	jɛˈʑɔrɔ
See *f*, **Meer**	morze	ˈmɔʒɛ
Seekrankheit	choroba morska	xɔˈrɔba ˈmɔrska
Seil, Tau	lina	ˈlina
Signal	sygnał	ˈsɨgnaw
Steuer ***(Ruder)*** ...	ster	stɛr
Steuermann	sternik	ˈstɛrɲik
Steward	steward	ˈstuart
Stewardeß	stewardessa	stuarˈdɛsa
Tonne ***(Signal-)*** ...	pława	ˈpwava
Überfahrt	przejazd	ˈpʃɛjast
Ufer	brzeg	bʒɛk
Welle	fala	ˈfala
Wellengang	falowanie	falɔˈvaɲɛ
Zahlmeister	płatnik	ˈpwatɲik

AN DER GRENZE

Paßkontrolle

Wie heißt die Grenzstation?
Jak się nazywa ta stacja graniczna?
ˈjak‿ɕɛ naˈzɨva ta ˈstatsja graˈɲitʃna

Wann überschreiten wir die Grenze?
Kiedy przekroczymy granicę?
ˈkʲɛdɨ pʃɛkrɔˈtʃɨmɨ graˈɲitsɛ

Polnische Paß- und Devisenkontrolle!
Polska kontrola paszportowo-dewizowa!
ˈpɔlska kɔnˈtrɔla paʃpɔrˈtɔvɔ‿dɛvʲiˈzɔva

Die Pässe bitte!
Proszę paszporty!
ˈprɔʃɛ paʃˈpɔrtɨ

Würden Sie bitte Ihren Paß vorzeigen.
Zechce pan(i) okazać swój paszport.
ˈzɛxtsɛ ˈpan(i) ɔˈkazatɕ svuj‿ˈpaʃpɔrt

Hier, bitte.
Proszę.
ˈprɔʃɛ

Dieser *Paß (Ausweis)* ist nicht gültig.
Ten *paszport (dowód)* jest nieważny.
tɛn‿ˈpaʃpɔrt (ˈdɔvut) jɛst ɲɛˈvaʒnɨ

Was jetzt?
Co teraz?
tsɔ‿ˈtɛras

Hier fehlt das *Einreisevisum (Durchreisevisum)*.
Tu brak jest wizy *wjazdowej (przejazdowej)*.
tu ˈbrak‿jɛst ˈvʲizɨ vjazˈdɔvɛj (pʃɛjazˈdɔvɛj)

Ich wünsche mit meinem Konsulat in Verbindung zu treten.
Chcę skomunikować się z moim konsulatem.
ˈxtsɛ skɔmuɲiˈkɔvatɕ‿ɕɛ z‿ˈmɔim kɔ̃suˈlatɛm

Familienname	nazwisko	naˈzvʲiskɔ
Vorname	imię	ˈimʲɛ
Geburtsdatum	data urodzenia	ˈdata urɔˈdzɛɲa
Geburtsort	miejsce urodzenia	ˈmʲɛjstsɛ urɔˈdzɛɲa
Beruf	zawód	ˈzavut
Familienstand	stan cywilny	stan tsɨˈvʲilnɨ
Name des Vaters ...	imię ojca	ˈimʲɛ ˈɔjtsa
Name der Mutter ..	imię matki	ˈimʲɛ ˈmatkʲi
Mädchenname	nazwisko panieńskie	naˈzvʲiskɔ paˈɲɛĩskʲɛ
Staatsangehörigkeit	obywatelstwo	ɔbɨvaˈtɛlstvɔ
Wohnort	miejsce zamieszkania	ˈmʲɛjstsɛ zamʲɛʃˈkaɲa
Größe	wzrost	vzrɔst
Augen	oczy	ˈɔtʃɨ
Haarfarbe	barwa włosów	ˈbarva ˈvwɔsuf
Besond. Kennzeichen	znaki szczególne	ˈznaki ʃtʃɛˈgulnɛ

Zollkontrolle

Wo findet die Zollabfertigung statt?
Gdzie odbędzie się odprawa celna?
gdʑɛ ɔd'bɛŋdʑe‿ɕɛ ɔt'prava 'tsɛlna

Wo befindet sich das Zollamt?
Gdzie jest urząd celny?
'gdʑe‿jɛst 'uʒɔnt 'tsɛlnɨ

Zollkontrolle!
Rewizja celna!
rɛ'ʏizja 'tsɛlna

Haben Sie etwas zu verzollen?
Czy ma pan(i) coś do oclenia?
tʃɨ 'ma‿pan(i) tsɔɕ dɔ‿ɔ'tslɛɲa

Wem gehört diese Mappe?
Czyja to teczka?
'tʃɨja‿tɔ 'tɛtʃka

Was ist in diesem Koffer?
Co jest w tej walizce?
'tsɔ‿jɛst f‿tɛj va'ʎistsɛ

Machen Sie bitte Ihre Koffer auf!
Proszę otworzyć swoje walizki!
'prɔʃɛ ɔ'tvɔʒɨtɕ 'svɔjɛ va'ʎisḳi

Was haben Sie dort?
Co pan(i) tam ma?
'tsɔ‿pan(i) tam‿ma

Wieviel Geld führen Sie mit sich?
Ile pieniędzy ma pan(i) przy sobie?
'ilɛ pe'ŋɛndzɨ 'ma‿pan(i) pʃɨ‿'sɔbɛ

Haben Sie Zigaretten, Zigarren, Kaffee, Spirituosen?
Czy ma pan(i) papierosy, cygara, kawę, napoje alkoholowe?
tʃɨ 'ma‿pan(i) papɛ'rɔsɨ / tsɨ'gara / 'kavɛ / na'pɔjɛ alkɔxɔ'lɔvɛ

Dafür müssen Sie Zoll zahlen.
Za to musi pan(i) zapłacić cło.
'za‿tɔ 'muɕi 'pan(i) za'pwatɕitɕ tswɔ

Das ist zollfrei.
To jest wolne od cła.
'tɔ‿jɛst 'vɔlnɛ ɔt‿'tswa

Haben Sie noch Gepäck im Gepäckwagen?
Czy ma pan(i) jeszcze bagaż w wagonie bagażowym?
tʃɨ 'ma‿pan(i) 'jɛʃtʃɛ 'bagaʒ v‿va'gɔŋɛ baga'ʒɔvɨm

Kommen Sie bitte mit.
Pan(i) pozwoli ze mną.
'pan(i) pɔ'zvɔʎi 'zɛ‿mnɔ̃

Gut, alles in Ordnung!
Dobrze, wszystko w porządku!
'dɔbʒɛ 'fʃɨstkɔ f‿pɔ'ʒɔntku

Zollabfertigung	odprawa celna	ɔt'prava 'tsɛlna
Zollamt	urząd celny	'uʒɔnt 'tsɛlnɨ
Zollbeamter	celnik	'tsɛlɲik
Zollerklärung	deklaracja celna	dɛkla'ratsja 'tsɛlna
Zollgebühr	opłata celna	ɔ'pwata 'tsɛlna
– Ausfuhrzoll	cło wywozowe	tswɔ vɨvɔ'zɔvɛ
– Einfuhrzoll	cło przywozowe	tswɔ pʃɨvɔ'zɔvɛ

Ich habe nichts zu verzollen.
Nie mam nic do oclenia.
'ŋɛ‿mam ŋits dɔ‿ɔts'lɛŋa

Nein, nichts davon.
Nie, nic z tych rzeczy.
ŋe ŋits s‿tɨx 'ʒɛtʃɨ

Ich habe nur Sachen für meinen eigenen Gebrauch.
Mam tylko rzeczy do osobistego użytku.
mam 'tɨlkɔ 'ʒɛtʃɨ dɔ‿ɔsɔɓi'stɛgɔ u'ʒɨtku

Es sind alles gebrauchte Sachen, ich habe nichts Neues.
To są wszystko rzeczy używane, nie mam nic nowego.
tɔ sɔ̃ 'fʃistkɔ 'ʒɛtʃɨ uʒɨ'vanɛ 'ŋɛ‿mam ŋits nɔ'vɛgɔ

Das ist ein Geschenk.
To jest prezent.
'tɔ‿jɛst 'prɛzɛnt

Das ist ein Reiseandenken.
To jest upominek z podróży.
'tɔ‿jɛst upɔ'mjinɛk s‿pɔ'druʒɨ

Ich will diese Sachen verzollen.
Za to chciał(a)bym opłacić cło.
'za‿tɔ 'xtɕaw(a)bɨm ɔ'pwatɕitɕ tswɔ

Was muß ich zahlen?
Ile mam zapłacić?
'ilɛ‿mam za'pwatɕitɕ

Ich kenne leider die Vorschriften nicht.
Nie znam niestety obowiązujących przepisów.
'ŋɛ‿znam ŋɛ'stɛtɨ ɔbɔɣɔ̃zu'jɔntsix pʃɛ'ɲisuf

Danke, Sie können Ihre Koffer wieder zumachen.
Dziękuję, może pan(i) teraz zamknąć swoje walizki.
dʑɛŋ'kujɛ 'mɔʒɛ 'pan(i) 'tɛraz 'zamknɔŋtɕ 'svɔjɛ va'ʎiskʝi

Fahrzeugkontrolle

Ihre Papiere, bitte!
Proszę dokumenty!
'prɔʃɛ dɔku'mɛntɨ

Ihren Führerschein, bitte!
Proszę okazać prawo jazdy!
'prɔʃɛ ɔ'kazatɕ 'pravɔ 'jazdɨ

Die Versicherungskarte?
Dowód ubezpieczeniowy?
'dɔvut ubɛsɲɛtʃɛ'ŋɔvɨ

Wo ist Ihr Nationalitätszeichen?
Gdzie jest znak państwowy?
'gdʑe‿jɛst znak paĩst'fɔvɨ

Autofahrer sollten sich vor dem Grenzübertritt bei den großen Automobil-Clubs oder bei den Vertretungen Polens über die mitzuführenden Kraftfahrzeugpapiere informieren!

UNTERKUNFT

Auskunft

Wo ist das Orbis-Hotel?
Gdzie jest hotel Orbisu?
'gdze‿jɛst 'xɔtɛl ɔr'bisu

Kennen Sie ein gutes Hotel?
Czy zna pan(i) dobry hotel?
tʃɨ 'zna‿pan(i) 'dɔbrɨ 'xɔtɛl

Können Sie mir ein gutes Hotel empfehlen?
Czy może mi pan(i) polecić jakiś dobry hotel?
tʃɨ 'mɔʒɛ‿mi 'pan(i) pɔ'lɛtɕitɕ 'jakiɕ 'dɔbrɨ 'xɔtɛl

Ist das Hotel nicht zu teuer?
Czy ten hotel nie jest za drogi?
tʃɨ tɛn 'xɔtɛl 'ɲe‿jɛst za‿'drɔgi

Wie komme ich dorthin?
Jak się tam dostanę?
'jak‿ɕɛ tam dɔ'stanɛ

Wo ist die Jugendherberge?
Gdzie jest schronisko młodzieżowe?
'gdze‿jɛst sxrɔ'ɲiskɔ mwɔdzɛ'ʒɔvɛ

Wo wohnen Sie?
Gdzie pan(i) mieszka?
gdzɛ 'pan(i) 'mɛʃka

Zimmersuche

Haben Sie ein freies Zimmer?
Czy ma pan(i) wolny pokój?
tʃɨ 'ma‿pan(i) 'vɔlnɨ 'pɔkuj

Ich möchte ein Zimmer.
Chciał(a)bym pokój.
'xtɕaw(a)bɨm 'pɔkuj

Es ist alles belegt.
Wolnych pokoi nie ma.
'vɔlnɨx pɔ'kɔi 'ɲɛ‿ma

Was für ein Zimmer wünschen Sie?
Jaki pokój pan(i) sobie życzy?
'jaki 'pɔkuj 'pan(i) 'sɔbɛ 'ʒɨtʃɨ

Ich möchte ...
Chciał(a)bym ...
'xtɕaw(a)bɨm

Geben Sie mir ...
Proszę mi dać ...
'prɔʃɛ‿mi datɕ

Haben Sie ...?
Czy ma pan(i) ...?
tʃɨ 'ma‿pan(i)

ein Einbettzimmer . .	pokój pojedyńczy	'pɔkuj pɔjɛ'dɨɲtʃɨ
ein Doppelzimmer . .	pokój na dwie osoby	'pɔkuj na‿dvɛ ɔ'sɔbɨ
ein Zimmer mit Bad	pokój z łazienką	'pɔkuj z‿wa'zɛnkɔ̃
ein Zimmer mit Dusche	pokój z prysznicem	'pɔkuj s‿prɨʃ'ɲitsɛm
ein ruhiges Zimmer .	zaciszny pokój	za'tɕiʃnɨ 'pɔkuj

Vorbestellung

Ich hatte ein Zimmer bestellt.
Zamówi*łem (-łam)* pokój.
zamu'ɣiwɛm (-wam) 'pɔkuj

Mein Name ist ...
Moje nazwisko jest ...
'mɔjɛ na'zɣiskɔ jɛst

Hatten Sie *(Pl.)* Ihre Ankunft angemeldet?
Czy państwo zgłosili swój przyjazd z góry?
tʃɨ 'paĩstfɔ zgwɔ'ɕiʎi svuj 'pʃɨjast z‿'gurɨ

Hatten Sie *(Sg.)* ein Zimmer bestellt?
Czy pan(i) zamówił(a) pokój?
tʃɨ 'pan(i) za'muɣiw (-'ɣiwa) 'pɔkuj

Wir haben es reserviert.
Zarezerwowaliśmy go.
zarɛzɛrvɔ'vaʎiɕmɨ gɔ

Wir haben ein Zimmer mit Doppelbett vormerken lassen.
Prosiliśmy o zarezerwowanie pokoju z podwójnym łóżkiem.
prɔ'ɕiʎiɕmɨ ɔ‿zarɛzɛrvɔ'vaɲɛ pɔ'kɔju s‿pɔd'vujnɨm 'wuʃkɛm

Besichtigung

Kann ich das Zimmer sehen?
Czy mogę obejrzeć pokój?
tʃɨ‿'mɔgɛ ɔ'bɛjʒɛtɕ 'pɔkuj

Gut, ich nehme das Zimmer.
W porządku, biorę go.
f‿pɔ'ʒɔntku 'bʲɔrɛ‿gɔ

Nein, dieses Zimmer gefällt mir nicht.
Nie, ten pokój nie podoba mi się.
ɲɛ tɛn 'pɔkuj ɲɛ‿pɔ'dɔba‿mʲi‿ɕɛ

Es ist ...
On jest ...
ɔn jɛst

zu groß	zbyt duży	zbɨd‿'duʒɨ
zu klein	za mały	za‿'mawɨ
zu dunkel	zbyt ciemny	zbɨt‿'tɕɛmnɨ
zu einfach	zbyt skromny	zbɨt‿'skrɔmnɨ
zu teuer	za drogi	za‿'drɔɡi

Zeigen Sie mir bitte ein *billigeres (besseres)* Zimmer.
Proszę mi pokazać *tańszy (lepszy)* pokój.
'prɔʃɛ‿mʲi pɔ'kazatɕ 'taɲʃɨ ('lɛpʃɨ) 'pɔkuj

Ich hätte lieber ein Zimmer, das nicht zur Straße geht.
Wolał(a)bym pokój nie wychodzący na ulicę.
'vɔlawbɨm (vɔ'lawabɨm) 'pɔkuj ɲɛ‿vɨxɔ'dzɔntsɨ na‿u'ʎitsɛ

Preis

Wieviel kostet das Zimmer pro *Tag (Woche)*?
Ile kosztuje pokój *za dobę (za tydzień)*?
'ilɛ kɔʃ'tujɛ 'pɔkuj za‿'dɔbɛ (za‿'tɨdʑɛŋ)

Ist alles inbegriffen?
Czy wszystko jest wliczone?
tʃɨ‿'fʃɨstkɔ jɛst vʎi'tʃɔnɛ

Ist die Bedienung einbegriffen?
Obsługa jest wliczona?
ɔp'swuga jɛst vʎi'tʃɔna

Sind noch Nebenkosten zu zahlen?
Czy są jeszcze jakieś dodatkowe koszty?
tʃɨ‿'sɔ̃ 'jɛʃtʃɛ 'jakʲɛɕ dɔdat'kɔvɛ 'kɔʃtɨ

Wieviel macht es insgesamt?
Ile to razem wynosi?
'ilɛ‿tɔ 'razɛm vɨ'nɔɕi

Mit Vollpension?
Z całodziennym utrzymaniem?
s‿tsawɔ'dʑɛnːɨm utːʃi'maɲɛm

Das Frühstück wird extra berechnet.
Za śniadanie liczymy osobno.
za‿ɕɲa'daɲɛ ʎi'tʃɨmɨ ɔ'sɔbnɔ

Wieviel kostet das Zimmer mit Vollpension?
Ile kosztuje pokój z całodziennym utrzymaniem?
'ilɛ kɔʃ'tujɛ 'pɔkuj s‿tsawɔ'dʑɛnːɨm utːʃɨ'maɲɛm

Der Preis erscheint mir *reichlich hoch (recht mäßig)*.
Cena wydaje mi się dość *wygórowana (przystępna)*.
'tsɛna vɨ'dajɛ‿mʲi‿ɕɛ dɔɕtɕ vɨgurɔ'vana (pʃɨ'stɛmpna)

Anmeldung

(Vergleichen Sie auch S. 69, 128)

Brauchen Sie unsere Ausweispapiere?
Czy potrzebuje pan(i) nasze dowody osobiste?
tʃɨ pɔtːʃɛ'bujɛ 'pan(i) 'naʃɛ dɔ'vɔdɨ ɔsɔ'bʲistɛ

Würden Sie bitte dieses Formular ausfüllen?
Zechce pan(i) wypełnić ten formularz.
'zɛxstsɛ 'pan(i) vɨ'pɛwɲitɕ tɛn fɔr'mulaʃ

Ihre Unterschrift genügt, das übrige erledige ich.
Wystarczy podpis, resztę ja [sam(a)] załatwię.
vɨ'startʃɨ 'pɔtpis 'rɛʃtɛ ja ['sam(a)] za'watɣɛ

Ich brauche *Ihren Paß (Ihre Pässe)*.
Potrzebuję *paszport pana* [*pani*] *(paszporty państwa)*.
pɔtːʃɛ'bujɛ 'paʃpɔrt 'pana ['paɲi] (paʃ'pɔrtɨ 'paĩstfa)

***Den Paß (Die Pässe)* bekommen Sie in 2—3 Tagen zurück.**
Paszport(y) otrzyma pan(i) z powrotem za dwa – trzy dni.
'paʃpɔrt (-'pɔrtɨ) ɔ'tːʃɨma 'pan(i) s‿pɔ'vrɔtɛm za dva‿tːʃɨ dni

Lassen Sie bitte mein Gepäck vom Bahnhof holen.
Proszę, niech pan(i) poleci, aby przywieziono z dworca mój bagaż.
'prɔʃɛ ɲɛx 'pan(i) pɔ'lɛtɕi 'abɨ pʃɨɣe'ʑɔnɔ z‿'dvɔrtsa muj 'bagaʃ

Hier ist der Gepäckschein.
Oto kwit bagażowy.
'ɔtɔ kfit baga'ʒɔvɨ

Mein Gepäck ist im Wagen.
Mój bagaż jest w wozie.
muj 'bagaʃ jɛst v‿'vɔʑɛ

Bringen Sie bitte mein Gepäck gleich aufs Zimmer.
Niech pan(i) odniesie mój bagaż wprost do pokoju.
'ɲɛx‿pan(i) ɔd'ɲeɕɛ muj 'bagaʃ fprɔst dɔ‿pɔ'kɔju

Ist mein Gepäck schon oben?
Czy mój bagaż jest już na górze?
tʃɨ muj 'bagaʃ jɛst juʒ na‿'guʒɛ

Wo ist mein Gepäck?
Gdzie jest mój bagaż?
'gdʑe‿jɛst muj 'bagaʃ

Kann ich mein Gepäck bei Ihnen lassen, bis das Zimmer frei ist?
Czy mogę zostawić mój bagaż u pana, aż pokój się zwolni?
tʃɨ‿'mɔgɛ zɔ'staɣitɕ muj 'bagaʃ u‿'pana aʃ‿'pɔkuj ɕɛ‿'zvɔlɲi

Den großen Koffer brauche ich nicht, er kann hierbleiben.
Ta duża waliza nie jest mi potrzebna, możemy ją tu zostawić.
ta 'duʒa va'ʎiza 'ɲe‿jɛst‿mji pɔ'tːʃɛbna mɔ'ʒɛmɨ jɔ̃ tu zɔ'staɣitɕ

Rezeption, Portier

Wecken Sie mich bitte morgen um 7 Uhr.
Niech pan mnie obudzi jutro rano o siódmej.
ˈɲɛx‿pan mɲɛ ɔˈbudʑi ˈjutrɔ ˈranɔ ɔ‿ˈɕudmɛj

Hat jemand nach mir gefragt?
Czy ktoś zapytywał o mnie?
tʃɨ ktɔɕ zapɨˈtɨvaw ˈɔ‿mɲɛ

Ist Post für mich da?
Czy jest poczta dla mnie?
tʃɨ ˈjɛst ˈpotʃta ˈdla‿mɲɛ

Wenn jemand nach *mir (uns)* fragt, so sagen Sie bitte, daß ...
Gdyby ktoś o *mnie (nas)* pytał, to proszę powiedzieć że ...
ˈgdɨbɨ ktɔɕ ˈɔ‿mɲɛ (ˈɔ‿nas) ˈpɨtaw tɔ ˈprɔʃɛ pɔˈᶌedʑetɕ ʒɛ

ich an der Bar bin..	jestem w barze	ˈjɛstɛm v‿ˈbaʒɛ
wir im Restaurant sind	jesteśmy w restauracji	jɛsˈtɛɕmɨ v‿rɛstaŭˈratsji
ich gleich zurückkomme	zaraz wrócę	ˈzaraz ˈvrutsɛ
wir um 5 zurück sind	wrócimy o piątej	vruˈtɕimɨ ɔ‿ˈᶈɔntɛj
er etwas warten möge	-by zaczekał chwilę	ˈ-bɨ zaˈtʃɛkaw ˈxᶂilɛ

Wo kann ich telefonieren?
Skąd mogę (za)telefonować?
skɔnt ˈmɔgɛ (za)tɛlɛfɔˈnɔvatɕ

Haben Sie Briefmarken?
Czy ma pan znaczki pocztowe?
tʃɨ ˈma‿pan ˈznatʃᶄi pɔtʃˈtɔvɛ

Würden Sie bitte diese Briefe einwerfen lassen?
Czy mógłby pan polecić aby wrzucono te listy do skrzynki?
tʃɨ ˈmugbɨ‿pan pɔˈlɛtɕitɕ ˈabɨ vʒuˈtsɔnɔ tɛ ˈᶅistɨ dɔ‿ˈskʃɨnᶄi

Ist hier in der Nähe ein Briefkasten?
Czy jest tu w pobliżu skrzynka pocztowa?
tʃɨ ˈjɛst‿tu f‿pɔˈᶀliʒu ˈskʃɨnka pɔtʃˈtɔva

Können Sie dieses Telegramm aufgeben lassen?
Proszę, niech pan poleci nadać ten telegram.
ˈprɔʃɛ ˈɲɛx‿pan pɔˈlɛtɕi ˈnadatɕ tɛn tɛˈlɛgram

Kann ich diese Sachen hierlassen, bis ich zurückkomme?
Czy mogę te rzeczy zostawić tu do mego powrotu?
tʃɨ ˈmɔgɛ tɛ‿ˈʒɛtʃɨ zɔˈstaᶌitɕ‿tu dɔ‿ˈmɛgɔ pɔˈvrɔtu

Den Schlüssel bitte!
Proszę klucz!
ˈprɔʃɛ klutʃ

Nummer ... bitte!
Numer ... proszę!
ˈnumɛr ... ˈprɔʃɛ

Hausdiener

Wo ist das Zimmer Nr. 308?
Gdzie znajduje się pokój numer trzysta osiem?
gdʑɛ znaj'dujɛ‿ɕɛ 'pɔkuj 'numɛr 'tːʃɨsta 'ɔɕɛm

Am Ende des Korridors.
Na końcu korytarza.
na‿'kɔŋtsu kɔrɨ'taʒa

Wecken Sie mich bitte um ...
Proszę obudzić mnie o ...
'prɔʃɛ ɔ'budʑitɕ mɲɛ ɔ

Lassen Sie mir bitte die Schuhe putzen.
Proszę dać wyczyścić moje *buciki (pantofle)*.
'prɔʃɛ datɕ vɨ'tʃɨɕtɕitɕ 'mɔjɛ bu'tɕiki (pan'tɔflɛ)

Rufen Sie bitte das Zimmermädchen.
Proszę, niech pan zawoła pokojówkę.
'prɔʃɛ 'ɲɛx‿pan za'vɔwa pɔkɔ'jufkɛ

Zimmermädchen

Haben Sie geläutet?
Pan(i) dzwonił(a)?
pan 'dzvɔɲiw ('paɲi dzvɔ'ɲiwa)

Sie wünschen bitte?
Czego pan(i) sobie życzy?
'tʃɛgɔ 'pan(i) 'sɔbjɛ 'ʒɨtʃɨ

Bringen Sie mir bitte ...
Proszę mi przynieść ...
'prɔʃɛ‿mi 'pʃɨɲɛɕtɕ

warmes Wasser ...	ciepłej wody	'tɕɛpwɛj 'vɔdɨ
ein Stück Seife	kawałek mydła	ka'vawɛk 'mɨdwa
noch ein Handtuch .	jeszcze jeden ręcznik	'jɛʃtʃɛ 'jɛdɛn 'rɛntʃɲik
eine Wolldecke	pled	plɛt
ein zweites Kopfkissen	jeszcze jedną poduszkę	'jɛʃtʃɛ 'jɛdnɔ̃ pɔ'duʃkɛ
ein paar Kleiderbügel	kilka wieszaków	'kilka vjɛ'ʃakuf
das Frühstück	śniadanie	ɕɲa'daɲɛ

Ich möchte *ein warmes Bad (eine Dusche)* nehmen.
Chciał(a)bym wziąć *gorącą kąpiel (prysznic)*.
'xtɕaw(a)bɨm vʑɔŋtɕ gɔ'rɔntsɔ̃ 'kɔmpjɛl (prɨʃɲits)

Benötigen Sie noch etwas?
Czy potrzebuje pan(i) jeszcze coś?
tʃɨ pɔtːʃɛ'bujɛ 'pan(i) 'jɛʃtʃɛ tsɔɕ

Das ist für Sie.
To dla pani.
tɔ‿dla‿'paɲi

Wäsche und Kleiderpflege

Wo kann man hier Wäsche waschen lassen?
Gdzie można tu dać do prania bieliznę?
gdʑɛ 'mɔʒna tu datɕ dɔ‿'praɲa bʲe'ʎiznɛ

Kann ich hier meine Wäsche waschen lassen?
Czy mogę tu oddać bieliznę do prania?
tʃɨ 'mɔgɛ‿tu 'ɔd:atɕ bʲe'ʎiznɛ dɔ‿'praɲa

Ich brauche die Wäsche *morgen (übermorgen)*.
Potrzebuję bieliznę *jutro (pojutrze)*.
pɔt:ʃɛ'bujɛ bʲe'ʎiznɛ 'jutrɔ (pɔ'jut:ʃɛ)

Wann bekomme ich die Wäsche zurück?
Kiedy otrzymam tę bieliznę z powrotem?
'ķɛdɨ ɔ't:ʃɨmam tɛ̃ bʲe'ʎiznɛ s‿pɔ'vrɔtɛm

Diese Wäsche muß gewaschen und gebügelt werden.
Tę bieliznę trzeba uprać i wyprasować.
tɛ̃ bʲe'ʎiznɛ 't:ʃɛba 'upratɕ i vɨpra'sɔvatɕ

Dies ist nicht gut *gewaschen (gebügelt)*.
To nie jest dobrze *uprane (wyprasowane)*.
tɔ‿'ɲe‿jɛst 'dɔbʒɛ u'pranɛ (vɨprasɔ'vanɛ)

Es fehlt ...
Brak (jest) ...
brak (jɛst)

Das gehört mir nicht.
To do mnie nie należy.
tɔ 'dɔ‿mɲe ɲɛ‿na'lɛʒɨ

Hier fehlt ein Knopf.
Tu brak jest guzika.
tu 'brak‿jɛst gu'ʑika

Nähen Sie mir bitte diesen Knopf an.
Proszę przyszyć mi ten guzik.
'prɔʃɛ 'pʃɨʃɨtɕ‿mʲi tɛn 'guʑik

Können Sie dieses Loch stopfen?
Czy może pani zacerować tę dziurę?
tʃɨ 'mɔʒɛ 'pani zatsɛ'rɔvatɕ tɛ̃ 'dʑurɛ

Bürsten Sie mir bitte diesen *Anzug (Mantel)* aus.
Proszę wyszczotkować mi *to ubranie (ten płaszcz)*.
'prɔʃɛ vɨʃtʃɔt'kɔvatɕ‿mʲi tɔ u'braɲɛ (tɛn pwaʃtʃ)

Lassen Sie mir dieses Kleid *aufbügeln (reinigen)*
Proszę dać *odprasować (oczyścić)* tę suknię.
'prɔʃɛ datɕ ɔtpra'sɔvatɕ (ɔ'tʃiɕtɕitɕ) tɛ̃ 'sukɲɛ

Dieser Anzug muß chemisch gereinigt werden.
Ten garnitur trzeba oddać do chemicznego czyszczenia.
tɛn gar'ɲitur 't:ʃɛba 'ɔd:atɕ dɔ xɛmʲi'tʃnɛgɔ tʃɨ'ʃtʃɛɲa

Beanstandungen

In meinem Zimmer ist kein Licht.
W moim pokoju nie ma światła.
v‿'mɔim pɔ'kɔju 'ɲɛ‿ma 'ɕyatwa

Diese Lampe brennt nicht.
Ta lampa nie pali się.
ta 'lampa ɲɛ‿'paʎi‿ɕɛ

Der Schlüssel paßt nicht.
Klucz nie pasuje.
klutʃ ɲɛ‿pa'sujɛ

Die Klingel geht nicht.
Dzwonek nie funkcjonuje.
'dzvɔnɛk ɲɛ‿fuŋktsjɔ'nujɛ

Die Heizung ist defekt.
Ogrzewanie jest zepsute.
ɔgʒɛ'vaɲɛ jɛst zɛ'psutɛ

Es kommt kein warmes Wasser.
W kranie nie ma ciepłej wody.
f‿'kraɲe 'ɲɛ‿ma 'tɕɛpwɛj 'vɔdɨ

Das Fenster *schließt schlecht (läßt sich nicht öffnen).*
Okno *się źle zamyka (nie daje się otworzyć).*
'ɔknɔ‿ɕe ʑlɛ za'mɨka (ɲɛ‿'dajɛ‿ɕɛ ɔt'vɔʒɨtɕ)

Der Hahn tropft.
Kapie z kranu.
'kaɲɛ s‿'kranu

Die Spülung geht nicht.
Spłukiwanie muszli klozetowej nie działa.
spwuķi'vaɲɛ 'muʃʎi klɔzɛ'tɔvɛj ɲe‿'dʑawa

Der Abfluß ist verstopft.
Sciek jest zatkany.
ɕtɕɛk jɛst za'tkanɨ

Lassen Sie bitte ... reparieren.
Proszę dać naprawić ...
'prɔʃɛ datɕ na'prayitɕ

Ich möchte den *Direktor (Leiter)* sprechen.
Chcę mówić z *dyrektorem (kierownikiem).*
xtsɛ 'muyitɕ z‿dɨrɛk'tɔrɛm (s‿ķɛrɔv'ɲiķɛm)

Abreise

Ich reise *heute abend (morgen früh)* ab.
Wyjeżdżam *dziś wieczór (jutro rano).*
vɨ'jɛʒdʒam dʑiɕ 'yɛtʃur ('jutrɔ 'ranɔ)

Wir reisen morgen ab.
Odjeżdżamy jutro.
ɔdjɛʒ'dʒamɨ 'jutrɔ

Machen Sie bitte die Rechnung fertig.
Proszę, niech pan(i) przygotuje mi rachunek.
'prɔʃɛ ɲɛx‿'pan(i) pʃɨgɔ'tujɛ‿mʝi ra'xunɛk

Ist meine Rechnung fertig?
Czy mój rachunek jest gotów?
tʃɨ muj ra'xunɛk jɛzd‿'gɔtuf

Lassen Sie bitte das Gepäck holen.
Proszę, niech pan(i) poleci znieść bagaż.
'prɔʃɛ 'ɲɛx‿pan(i) pɔ'lɛtɕi zɲeɕtɕ 'bagaʃ

Ist mein Gepäck schon heruntergebracht worden?
Czy mój bagaż już zniesiono na dół?
tʃɨ muj 'bagaʒ juʒ zɲe'ɕɔnɔ 'na‿duw

Können Sie mir das Gepäck zum Bahnhof bringen lassen?
Czy może pan(i) polecić, aby mój bagaż dostarczono na dworzec?
tʃɨ 'mɔʒɛ‿pan(i) pɔ'lɛtɕitɕ 'abɨ muj 'bagaʒ dɔstar'tʃɔnɔ na‿'dvɔʒɛts

Rufen Sie mir bitte ein Taxi!
Proszę mi zawołać taksówkę!
'prɔʃɛ‿mji za'vɔwatɕ tak'sufkɛ

Ist das Taxi schon da?
Czy taksówka już czeka?
tʃi‿tak'sufka juʃ 'tʃɛka

Hoffentlich waren Sie *(Pl.)* zufrieden!
Mamy nadzieję, że państwo są zadowoleni!
'mamɨ na'dzejɛ ʒɛ 'paĩstfɔ sɔ̃ zadɔvɔ'lɛɲi

Das ist für Sie!
Ta dla *pana (pani)*!
tɔ dla 'pana ('paɲi)

Auf Wiedersehen!
Do widzenia!
dɔ‿vʲi'dzɛɲa

Camping

Wo ist hier der Campingplatz?
Gdzie się tu znajduje teren kempingowy?
'gdze‿ɕɛ‿tu znaj'dujɛ 'tɛrɛn kɛmpʲiŋ'gɔvɨ

Ist der Platz nachts bewacht?
Czy plac jest w nocy strzeżony?
tʃɨ plats jɛst v‿'nɔtsɨ stːʃɛ'ʒɔnɨ

Kann man das Wasser trinken?
Czy można pić tę wodę?
tʃɨ 'mɔʒna pʲitɕ tɛ̃ 'vɔdɛ

Wo kann ich den Wagen lassen?
Gdzie mogę postawić wóz?
gdzɛ 'mɔgɛ pɔ'stavʲitɕ vus

Wo ist der Platzwart?
Gdzie jest dozorca placu?
'gdze‿jɛst dɔ'zɔrtsa 'platsu

Wieviel zahlt man für das *Zelten (Parken)*?
Ile płaci się za *obozowanie (parkowanie wozu)*?
'ilɛ 'pwatɕi‿ɕɛ za‿ɔbɔzɔ'vaɲɛ (parkɔ'vaɲɛ 'vɔzu)

Wo kann ich *waschen (bügeln)*?
Gdzie mogę *prać (prasować)*?
gdzɛ 'mɔgɛ pratɕ (pra'sɔvatɕ)

Wo bekomme ich ...?
Gdzie otrzymam ...?
gdzɛ ɔ'tːʃɨmam

Wird hier in der Nähe *Milch (Brot)* verkauft?
Czy tu w pobliżu sprzedaje się *chleb (mleko)*?
tʃɨ tu f‿pɔ'blʲiʒu spʃɛ'dajɛ‿ɕɛ xlɛp ('mlɛkɔ)

Ist hier ein *Bäcker (Lebensmittelgeschäft)*?
Czy jest tu *piekarnia (sklep artykułów spożywczych)*?
tʃɨ‿'jɛst‿tu pʲɛ'karɲa (sklɛp arti'kuwuf spɔ'ʒɨftʃɨx)

Wörter

Abort	ustęp	'ustɛmp
anzahlen	dać zadatek	datɕ za'datɛk
Anzahlung	zadatek	za'datɛk
Aschenbecher	popielniczka	pɔp̡ɛl'ɲitʃka
Ausgang	wyjście	'vɨjɕtɕɛ
ausziehen	wyprowadzić się	vɨprɔ'vadʑitɕ‿ɕɛ
Bad(ezimmer)	łazienka	wa'ʑɛnka
Balkon	balkon	'balkɔn
Bedienung	obsługa	ɔp'swuga
Beleuchtung	oświetlenie	ɔɕɣɛ'tlɛɲɛ
Bett	łóżko	'wuʃkɔ
– Bettdecke	kołdra, koc	'kɔwdra / kɔts
– Bettvorleger	dywanik przy łóżku	dɨ'vaɲik pʃɨ 'wuʃku
– Bettwäsche	pościel *f*	'pɔɕtɕɛl
– Federbett	pierzyna	p̡ɛ'ʒɨna
– Bettbezug	powleczka	pɔ'vlɛtʃka
– Kissen	poduszka	pɔ'duʃka
– Kissenbezug	poszewka	pɔ'ʃɛfka
– Bettlaken	prześcieradło	pʃɛɕtɕɛ'radwɔ
– Matratze	materac	ma'tɛrats
– Wolldecke	pled, koc	plɛt / kɔts
Decke ***(Zimmer-)*** ..	sufit	'suf̡it
Diele	hol	xɔl
Eimer	wiadro	'ɣadrɔ
Eingang	wejście	'vɛjɕtɕɛ
einziehen	wprowadzić się	fprɔ'vadʑitɕ‿ɕɛ
Fahrstuhl	winda	'ɣinda
Fenster	okno	'ɔknɔ
Fensterladen	okiennica	ɔk̡ɛn'ɲitsa
Fensterscheibe	szyba	'ʃɨba
Gardine	firanka	f̡i'ranka
Garten	ogród, sad	'ɔgrut / sat
Gaststätte	jadłodajnia	jadwɔ'dajɲa
Geschäftsführer ...	kierownik	k̡ɛ'rɔvɲik

Geschoß	piętro	'ɲɛntrɔ
– Dachgeschoß	poddasze	pɔd'daʃɛ
– Erdgeschoß	parter	'partɛr
Glühbirne	żarówka	ʒa'rufka
Halle	hala, hol	'xala / xɔl
– Vorhalle	westybul	vɛ'stɨbul
Haus	dom	dɔm
– Gartenhaus	altana, pawilion	al'tana / pa'ɣiljɔn
– Wochenendhaus	domek weekendowy	'dɔmɛk ɣikɛn'dɔvɨ
Hausangestellte	pomocnica domowa	pɔmɔts'ɲitsa dɔ-'mɔva
Hausherr	pan domu	pan 'dɔmu
Hausherrin	pani domu	'paɲi 'dɔmu
Hausnummer	numer domu	'numɛr 'dɔmu
Häuschen	domek	'dɔmɛk
Heizkörper	kaloryfer	kalɔ'rɨfɛr
Heizung	ogrzewanie	ɔgʒɛ'vaɲɛ
Herd	piec kuchenny	ɲɛts ku'xɛnːɨ
Kamin	kominek	kɔ'mʲinɛk
Kammer	izdebka	iz'dɛpka
– Speisekammer	spiżarnia	sɲi'ʒarɲa
Keller	piwnica	ɲiv'ɲitsa
Kleiderhaken	wieszak	'ɣɛʃak
Klingel	dzwonek	'dzvɔnɛk
Klosett	ustęp	'ustɛmp
Kommode	komoda	kɔ'mɔda
Korridor	korytarz	kɔ'rɨtaʃ
Küche	kuchnia	'kuxɲa
Kurtaxe	taksa kuracyjna	'taksa kura'tsɨjna
Lampe	lampa	'lampa
– Nachttischlampe	lampka nocna	'lampka 'nɔtsna
Licht	światło	'ɕɣatwɔ
Lichtschalter	wyłącznik	vɨ'wɔntʃɲik
Lüftung	wentylacja	vɛntɨ'latsja
Miete	komorne	kɔ'mɔrne
mieten	(wy)nająć	(vɨ)'najɔɲtɕ

Mieter	lokator	lɔ'katɔr
Ofen	piec	p̡ɛts
Pension	pensjonat	pɛn'sjɔnat
Pförtner, Portier	portier	'pɔrtjɛr
Rechnung	rachunek	ra'xunɛk
Regal	półka	'puwka
Saal	sala	'sala
Schlafsack	śpiwór	'ɕp̡ivur
Schloß ***(Tür-)***	zamek	'zamɛk
Schlüssel	klucz	klutʃ
– Hausschlüssel	klucz od bramy	klutʃ ɔd‿'bramɨ
Schrank	szafa	'ʃafa
– Kleiderschrank	szafa na ubranie	'ʃafa na‿u'braɲɛ
– Küchenschrank	kredens kuchenny	'krɛdɛ̃s ku'xɛnːɨ
– Kühlschrank	lodówka	lɔ'dufka
Schublade	szuflada	ʃuf'lada
Sessel	fotel	'fɔtɛl
Sicherung	korek, stopka	'kɔrɛk / 'stɔpka
Sofa	kanapa	ka'napa
Speisesaal	sala jadalna	'sala ja'dalna
Spiegel	lustro	'lustrɔ
Steckdose	gniazdko wtyczkowe	'gɲastkɔ ftɨtʃ'kɔvɛ
Stecker	wtyczka	'ftɨtʃka
Stockwerk	piętro	'p̡ɛntrɔ
Stuhl	krzesło	'kʃɛswɔ
– Liegestuhl	leżak	'lɛʒak
Teppich	dywan	'dɨvan
Terrasse	taras	'taras
Tisch	stół	stuw
– Nachttisch	stolik nocny	'stɔl̡ik 'nɔtsnɨ
– Schreibtisch	biurko	'b̡urkɔ
– Waschtisch	umywalka	umɨ'valka
Tischtuch	obrus, serweta	'ɔbrus / sɛr'vɛta
Toilettenpapier	papier klozetowy	'pap̡ɛr klɔzɛ'tɔvɨ
Topf	garnek	'garnɛk
Treppe	schody *pl.*	'sxɔdɨ

Trinkgeld	napiwek	na'p̡ivɛk
Tür	drzwi *pl.*	dʒv̡i
– Haustür	drzwi domu, brama	dʒv̡i 'dɔmu / 'brama
Türklinke	klamka	'klamka
umziehen	przeprowadzić się	pʃɛprɔ'vadʑitɕ‿ɕɛ
Ventilator	wentylator	vɛntɨ'latɔr
vermieten	wynająć	vɨ'najɔɲtɕ
Vermieter	wynajmujący *m*	vɨnajmu'jɔntsɨ
Vorhang	portiera	pɔr'tjɛra
Wand	ściana	'ɕtɕana
Waschbecken	umywalka	umɨ'valka
Wäsche	bielizna	b̡e'l̡izna
Wasser	woda	'vɔda
– frisches	świeża	'ɕv̡ɛʒa
– fließendes	bieżąca	b̡ɛ'ʒɔntsa
– kaltes	zimna	'ʑimna
– warmes	ciepła	'tɕɛpwa
– Trinkwasser	woda do picia	'vɔda dɔ‿'p̡itɕa
Wasserhahn	kurek, kran	'kurɛk / kran
wohnen	mieszkać	'm̡ɛʃkatɕ
– vorübergehend ...	czasowo	tʃa'sɔvɔ
Wohnung	mieszkanie	m̡ɛʃ'kaɲɛ
– möblierte	umeblowane	umɛblɔ'vanɛ
Wohnwagen	przyczepa turystyczna	pʃɨ'tʃɛpa turɨ'stɨtʃna
Zähler	licznik	'l̡itʃɲik
Zentralheizung	ogrzewanie centralne	ɔgʒɛ'vaɲɛ tsɛn'tralnɛ
Zimmer	pokój	'pɔkuj
– Arbeitszimmer ...	gabinet	ga'b̡inɛt
– Fremdenzimmer ..	pokój dla gości	'pɔkuj dla 'gɔɕtɕi
– Kinderzimmer ...	pokój dziecięcy	'pɔkuj dʑe'tɕɛntsɨ
– Schlafzimmer	sypialnia	sɨ'p̡alɲa
– Wohnzimmer	pokój mieszkalny	'pɔkuj m̡ɛʃ'kalnɨ
Zimmermädchen ...	pokojówka	pɔkɔ'jufka
Zimmertelefon	telefon w pokoju	tɛ'lɛfɔn f‿pɔ'kɔju
Zuleitungsschnur ..	sznur połączeniowy	ʃnur pɔwɔntʃɛ'ɲɔvɨ

ESSEN

Restaurant und Hotel

Kann man hier im Hotel essen?
Czy można stołować się tu w hotelu?
tʃɨ 'mɔʒna stɔ'wɔvatɕ‿ɕɛ tu f‿xɔ'tɛlu

Ist hier in der Nähe ein (gutes) Restaurant?
Czy jest tu w pobliżu (dobra) restauracja?
tʃɨ 'jɛst‿tu f‿pɔ'bɉiʒu ('dɔbra) rɛstaŭ'ratsja

Kennen Sie ein gutes, nicht zu teures Restaurant?
Czy zna pan(i) dobrą, niezbyt drogą restaurację?
tʃɨ‿'zna‿pan(i) 'dɔbrɔ̃ 'ɲɛzbɨt 'drɔgɔ̃ rɛstaŭ'ratsjɛ

Um wieviel Uhr wird gefrühstückt?
O której godzinie jada się śniadanie?
ɔ‿'kturɛj gɔ'dʑiɲɛ 'jada‿ɕɛ ɕɲa'daɲɛ

Ab wieviel Uhr gibt es Mittagessen?
Od której godziny można otrzymać obiad?
ɔt‿'kturɛj gɔ'dʑinɨ 'mɔʒna ɔ'tːʃɨmatɕ 'ɔbɉat

Bis wieviel Uhr bekommt man das Abendessen?
Do której godziny można otrzymać kolację?
dɔ‿'kturɛj gɔ'dʑinɨ 'mɔʒna ɔ'tːʃɨmatɕ kɔ'latsjɛ

Ich möchte etwas essen.
Chciał(a)bym coś zjeść.
'xtɕaw(a)bɨm tsɔɕ zjɛɕtɕ

Ich habe großen Hunger.
Jestem bardzo głod*ny (-na)*.
'jɛstɛm 'bardzɔ 'gwɔdnɨ (-na)

Haben Sie einen *Platz (Tisch)* frei?
Czy ma pan(i) *wolne miejsce (wolny stół)*?
tʃɨ 'ma‿pan(i) 'vɔlnɛ 'ɱɛjstsɛ ('vɔlnɨ stuw)

Hallo!
Hallo!
'xalɔ

Ist dieser *Tisch (Platz)* frei?
Czy *ten stół jest wolny (to miejsce jest wolne)*?
tʃɨ tɛn stuw jɛst 'vɔlnɨ (tɔ 'ɱɛjstsɛ jɛst 'vɔlnɛ)

Herr Ober!
Panie starszy!
'paɲɛ 'starʃɨ

Fräulein!
Proszę pani!
'prɔʃɛ 'paɲi

Wer bedient hier?
Kto tu obsługuje?
'ktɔ‿tu ɔpswu'gujɛ

Bitte sehr? Was wünschen die Herrschaften?
Proszę? Czego państwo sobie życzą?
'prɔʃɛ 'tʃɛgɔ 'paĩstfɔ 'sɔɓɛ 'ʒɨtʃɔ̃

Café und Konditorei

Wo finden wir *eine nette Konditorei (ein Tanzcafé)*?
Gdzie znajdziemy tu *przytulną cukiernię (kawiarnię z dansingiem)*?
gdʑɛ znaj'dʑɛmɨ‿tu pʃɨ'tulnɔ̃ tsu'ķɛrɲɛ (ka'ɣarɲɛ z‿dan'ɕiŋg̦ɛm)

Ich nehme ...	**Wir möchten ...**	**Bringen Sie uns ...**
Wezmę ...	Chcemy ...	Proszę nam przynieść ...
'vɛzmɛ	'xtsɛmɨ	'prɔʃɛ nam pʃɨɲɛɕtɕ

Eis *(Speise-)*	lody *pl.*	'lɔdɨ
– Erdbeereis	lody truskawkowe	'lɔdɨ truskaf'kɔvɛ
– Fruchteis	lody owocowe	'lɔdɨ ɔvɔ'tsɔvɛ
– Himbeereis	lody malinowe	'lɔdɨ maḽi'nɔvɛ
– Kaffee-Eis	lody kawowe	'lɔdɨ ka'vɔvɛ
– Sahneeis	lody śmietankowe	'lɔdɨ ɕɱɛtan'kɔvɛ
– Schokoladeeis ...	lody czekoladowe	'lɔdɨ tʃɛkɔla'dɔvɛ
– Vanilleeis	lody waniliowe	'lɔdɨ vaɲil'jɔvɛ
– Zitroneneis	lody cytrynowe	'lɔdɨ tsɨtrɨ'nɔvɛ
Eisdiele..........	lodziarnia	lɔ'dʑarɲa
Eiskaffee	kawa mrożona	'kava mrɔ'ʒɔna
Früchte, kandierte..	owoce kandyzowane	ɔ'vɔtsɛ kandɨzɔ'vanɛ
Gebäck, Backwaren	pieczywo	ƥɛ'tʃɨvɔ
– süßes Gebäck	ciastka *pl.*	'tɕastka
– Teegebäck.......	herbatniki *pl.*	xɛrbat'ɲiķi
– Mürbegebäck	pieczywo kruche	ƥɛ'tʃɨvɔ 'kruxɛ
Kakao............	kakao	ka'kaɔ
Kuchen	placek, ciastko	'platsɛk / 'tɕastkɔ
– Käsekuchen......	sernik	'sɛrɲik
– Mohnkuchen	makowiec	ma'kɔɣɛts
– Apfelkuchen	szarlotka	ʃar'lɔtka

– **Pfannkuchen**	pączek	'pɔntʃɛk
– **Pfefferkuchen** ...	piernik	'p̡ɛrɲik
– **Pflaumenkuchen** .	placek ze śliwkami	'platsɛk zɛ‿ɕl̡if'kam̡i
– **Hefekuchen**......	placek drożdżowy	'platsɛk drɔʒ'dʒɔvɨ
– **Napfkuchen**	babka	'bapka
Milch	mleko	'mlɛkɔ
– **frische**	świeże	'ɕɣɛʒɛ
– **kalte / heiße**	zimne / gorące	'ʑimnɛ / gɔ'rɔntsɛ
– **Kondensmilch** ...	mleko kondensowane	'mlɛkɔ kɔndɛ̃sɔ'vanɛ
Milchbar	bar mleczny	bar 'mlɛtʃnɨ
Portion	porcja	'pɔrtsja
Sahne	śmietana	ɕm̡ɛ'tana
– **süße Sahne**	śmietanka	ɕm̡ɛ'tanka
– **Schlagsahne**	krem, śmietanka bita	krɛm / ɕm̡ɛ'tanka 'b̡ita
Süßigkeiten	słodycze	swɔ'dɨtʃɛ
Tee	herbata	xɛr'bata
– **schwacher**	słaba	'swaba
– **starker**..........	mocna	'mɔtsna
– **schwarzer**	prawdziwa	prav'dʑiva
– **mit Rum**	z rumem	z‿'rumɛm
– **mit Zitrone**	z cytryną	s‿tsɨ'trɨnɔ̃
Trinkschokolade ...	czekolada pitna	tʃɛkɔ'lada 'p̡itna
Torte	tort	tɔrt
– **Biskuitrolle**	rolada biszkoptowa	rɔ'lada b̡iʃkɔp'tɔva
– **Sahnetorte**	tort śmietankowy	tɔrt ɕm̡ɛtan'kɔvɨ
– **Sandtorte**	tort biszkoptowy	tɔrt b̡iʃkɔp'tɔvɨ
– **Schokoladentorte** .	tort czekoladowy	tɔrt tʃɛkɔla'dɔvɨ
Zucker	cukier	'tsuk̡ɛr
Zwieback	sucharek	su'xarɛk

S. auch „Frühstück“ (S. 88) und „Getränke“ (S. 106)

Frühstück

Was gibt es zum Frühstück?
Co dajecie na pierwsze śniadanie?
tsɔ da'jɛtɕɛ na‿'pɛrfʃɛ ɕɲa'daɲɛ

***Herr Ober (Fräulein),* bringen Sie uns ...**
Niech pan(i) nam przyniesie ... (*A*)
'ɲɛx‿pan(i) nam pʃɨ'ɲɛɕɛ

Kaffee	kawa*)	'kava
– Milchkaffee	kawa z mlekiem	'kava z‿'mlɛķɛm
– schwarzer Kaffee .	czarna kawa	'tʃarna 'kava
– mit Sahne	ze śmietanką	zɛ‿ɕɱɛ'tankɔ̃
Ei	jajko	'jajkɔ
– hartgekocht	na twardo	na‿'tfardɔ
– weichgekocht	na miękko	na‿'ɱɛŋkɔ
– Spiegeleier	jajka sadzone	'jajka sa'dzɔnɛ
– mit Speck	na boczku	na‿'bɔtʃku
– Eier im Glas	jajka w szklance	'jajka f‿'ʃklantsɛ
Honig	miód	ɱut
Marmelade	dżem, marmolada	dʒɛm / marmɔ'lada
Quark, Frischkäse .	twaróg, twarożek	'tfaruk / tfa'rɔʒɛk
Brot	chleb	xlɛp
– Schwarzbrot	chleb razowy	xlɛp ra'zɔvɨ
– Weißbrot	chleb biały	xlɛp 'ɓawɨ
– Roggenfeinbrot ..	chleb pytlowany	xlɛp pɨtlɔ'vanɨ
– altbacken	czerstwy	'tʃɛrstfɨ
– Schnitte	kromka	'krɔmka
Brötchen, Semmel .	bułeczka	bu'wɛʃtka
– belegtes Brötchen .	kanapka	ka'napka
– Milchbrötchen ...	bułka maślana	'buwka ma'ɕlana
Hörnchen	rogalik	rɔ'gaļik
Toast	grzanki z bułki	'gʒanķi z‿'buwķi

*) *Die Wörter stehen im Nominativ. Die für die Bestellung benötigte Akkusativform findet man mit Hilfe der gramm. Hinweise auf S. 181—184*

Mittag- und Abendessen

Was gibt es heute?
Co macie dziś?
tsɔ 'matɕɛ dʑiɕ

Haben Sie ein Gedeck?
Czy są obiady firmowe?
tʃɨ sɔ̃ ɔ'bʲadɨ f̡ir'mɔvɛ

Die Speisekarte, bitte!
Proszę jadłospis!
'prɔʃɛ jad'wɔsp̡is

Ich habe es sehr eilig.
Bardzo mi się spieszy.
'bardzɔ‿m̡i‿ɕe'ɕp̡ɛʃɨː

Was empfehlen Sie *mir (uns)?*
Co pan(i) *mnie (nam)* poleca?
tsɔ‿'pan(i) mɲɛ (nam) pɔ'lɛtsa

Ich esse lieber nach der Karte.
Wolę zjeść coś z karty.
'vɔlɛ zjɛɕtɕ tsɔɕ s‿'kartɨ

Bringen Sie mir bitte ...
Proszę przynieść mi ...
'prɔʃɛ 'pʃɨɲeɕtɕ‿m̡i

Was können Sie sofort bringen?
Co pan(i) może dać mi na poczekaniu?
'tsɔ‿pan(i) 'mɔʒɛ 'datɕ‿m̡i na‿pɔtʃɛ-'kaɲu

Ich möchte nur eine Kleinigkeit essen.
Chiał(a)bym tylko coś przekąsić.
'xtɕaw(a)bɨm 'tɨlkɔ tsɔɕ pʃɛ'kɔ̃ɕitɕ

Ich esse kein Fleisch.
Nie jem mięsa.
'ɲe‿jɛm 'm̡ɛ̃sa

Mögen Sie ...?
Lubi pan(i)...?
'lub̡i 'pan(i)

Wollen Sie ...?
Chce pan(i) ...?
xtsɛ‿'pan(i)

Wollen Sie vielleicht lieber ...?
Woli pan(i) może raczej ...?
'vɔl̡i‿pan(i) 'mɔʒɛ 'ratʃɛj

Sie können ... bekommen.
Może pan(i) otrzymać ...
'mɔʒɛ 'pan(i) ɔ'tːʃɨmatɕ

Haben Sie vegetarische Gerichte?
Czy macie potrawy jarskie?
tʃɨ 'matɕɛ pɔ'travɨ 'jarsk̡ɛ

Wird es lange dauern?
Czy to długo potrwa?
tʃɨ‿tɔ 'dwugɔ 'pɔtrva

... ist leider nicht mehr da.
... niestety zabrakło.
ɲɛ'stɛtɨ za'brakwɔ

Ich kann Ihnen dafür ... bringen.
Mogę wzamian przynieść *panu (pani)* ...
'mɔgɛ 'vzaman 'pʃɨɲeɕtɕ 'panu ('paɲi)

Nehmen Sie noch etwas?
Czy weźmie pan(i) coś jeszcze?
tʃɨ 'vɛʑmɛ 'pan(i) tsɔɕ 'jɛʃtʃɛ

Die Rechnung, bitte!
Proszę o rachunek!
'prɔʃɛ ɔ‿ra'xunɛk

Wieviel macht es?
Ile to wynosi?
'ilɛ‿tɔ vɨ'nɔɕi

Alles zusammen?
Wszystko razem?
'fʃɨstkɔ 'razɛm

Jeder zahlt für sich.
Każdy płaci za siebie.
'kaʒdɨ 'pwatɕi za‿'ɕeb̡ɛ

Tischgespräch

Guten Appetit!
Smacznego!
smatʃ'nɛgɔ

Danke, gleichfalls!
Dziękuję, nawzajem!
dʑeŋ'kujɛ na'vzajɛm

Probieren Sie etwas davon.
Proszę spróbować tego.
'prɔʃɛ spru'bɔvatɕ 'tɛgɔ

Wie heißt dieses Gericht?
Jak się nazywa ta potrawa?
'jak‿ɕɛ na'zɨva ta pɔ'trava

Lassen Sie sich nicht nötigen!
Proszę się nie krępować!
'prɔʃɛ‿ɕe ɲɛ‿krɛm'pɔvatɕ

Bemühen Sie sich nicht!
Niech się pan(i) nie trudzi!
'ɲɛx‿ɕɛ 'pan(i) ɲɛ‿'trudʑi

Wie schmeckt Ihnen das?
Jak *panu (pani)* to smakuje?
jak 'panu ('paɲi) tɔ sma'kujɛ

Dieses Gericht ist ausgezeichnet!
Ta potrawa jest wyśmienita!
ta pɔ'trava jɛst vɨɕɱe'ɲita

Würden Sie mir bitte ... reichen?
Proszę łaskawie podać mi ...
'prɔʃɛ was'kaɣɛ 'pɔdatɕ‿ɱi

Ich bin fertig.
Skończy*łem (-łam)*.
skɔŋ'tʃɨwɛm (-wam)

Darf ich Ihnen etwas Wein einschenken?
Czy mogę nalać *panu (pani)* trochę wina?
tʃɨ 'mɔgɛ 'nalatɕ 'panu ('paɲi) trɔxɛ 'ɣina

Nur ein wenig.
Tylko trochę.
'tɨlkɔ 'trɔxɛ

Ich trinke keinen Alkohol.
Nie piję alkoholu.
ɲɛ‿'ƥijɛ alkɔ'xɔlu

Danke, gern.
Dziękuję, owszem.
dʑeŋ'kujɛ 'ɔfʃɛm

Trinken Sie Ihr Glas aus!
Proszę wypić do dna!
'prɔʃɛ 'viƥitɕ 'dɔ‿dna

Schmeckt Ihnen dieser Wein?
Smakuje *panu (pani)* to wino?
sma'kujɛ 'panu ('paɲi) tɔ‿'ɣinɔ

Auf Ihr Wohl!
Zdrowie *pana (pani)*!
'zdrɔɣɛ 'pana ('paɲi)

Auf das Ihre! Prost!
Na zdrowie!
na‿'zdrɔɣɛ

Danke, es ist mir unmöglich.
Dziękuję, więcej nie mogę.
dʑeŋ'kujɛ 'ɣɛntsɛj ɲɛ‿'mɔgɛ

Nichts mehr, danke.
Dziękuję, nic więcej.
dʑeŋ'kujɛ ɲits 'ɣɛntsɛj

Tischgerät

Becher	kubek	ˈkubɛk
Besteck	sztućce *Pl.*	ˈʃtutɕsɛ
Brotkorb	koszyczek na chleb	kɔˈʃɨtʃɛk na xlɛp
Butterdose	maselniczka	masɛlˈɲitʃka
Eierbecher	kieliszek do jaj	kʲɛˈlʲiʃɛk dɔ‿jaj
Flasche	butelka	buˈtɛlka
Gabel	widelec	vʲiˈdɛlɛts
Gedeck	nakrycie	naˈkrɨtɕɛ
Glas ***(Trink-)***	szklanka	ˈʃklanka
Kanne	dzbanek	ˈdzbanɛk
– Kaffeekanne	dzbanek do kawy	ˈdzbanɛk dɔ‿ˈkavɨ
– Milchkännchen ..	dzbanuszek do mleka	dzbaˈnuʃɛk dɔ‿ˈmlɛka
– Teekanne	czajnik	ˈtʃajɲik
Karaffe	karafka	kaˈrafka
Korkenzieher	korkociąg	kɔrˈkɔtɕɔŋk
Löffel	łyżka	ˈwɨʃka
– Teelöffel	łyżeczka do herbaty	wɨˈʒɛtʃka dɔ‿xɛrˈbatɨ
Messer	nóż (*G* noża)	nuʃ (ˈnɔʒa)
Nußknacker	dziadek do orzechów	ˈdʑadɛk dɔ‿ɔˈʒɛxuf
Platte	półmisek	puwˈmʲisɛk
Salznapf	solniczka	sɔlˈɲitʃka
Sauciere	sosjera	sɔˈsjɛra
Schüssel	miska	ˈmʲiska
– Salatschüssel	salaterka	salaˈtɛrka
– Terrine	waza	ˈvaza
Senfnäpfchen	musztardniczka	muʃtardˈɲitʃka
Serviette	serweta	sɛrˈvɛta
Sieb ***(Tee-)***	sitko	ˈɕitkɔ
Tablett	taca	ˈtatsa
Tasse	filiżanka	fʲilʲiˈʒanka
– eine Tasse Kaffee .	filiżanka kawy	fʲilʲiˈʒanka ˈkavɨ
– Untertasse	spodek	ˈspɔdɛk
Teller	talerz	ˈtalɛʃ
– Suppenteller	talerz głęboki	ˈtalɛʒ gwɛmˈbɔkʲi
– Dessertteller	talerzyk deserowy	taˈlɛʒɨk dɛsɛˈrɔvɨ

Tischtuch	serweta, obrus	sɛr'vɛta / 'ɔbrus
Zahnstocher	wykałaczka	vɨka'watʃka
Zuckerdose	cukierniczka	tsukɛr'ɲitʃka

Zubereitung

Wie möchten Sie das Fleisch haben?
Jak pan(i) życzy sobie pieczeń?
jak pan(i) 'ʒɨtʃɨ 'sɔbʲɛ 'pʲɛtʃɛɲ

Gut durchgebraten.
Dobrze upieczoną.
'dɔbʒɛ upʲɛ'tʃɔnɔ̃

Wenig gebraten.
Słabo upieczoną.
'swabɔ upʲɛ'tʃɔnɔ̃

Fett.
Tłustą.
'twustɔ̃

Mager.
Chudą.
'xudɔ̃

***Mit (Ohne)* Soße.**
Z sosem (Bez sosu).
s‿'sɔsɛm (bɛs‿'sɔsu)

eingemacht	konserwowany	kɔnsɛrvɔ'vanɨ
frisch	świeży	'ɕvʲɛʒɨ
gebacken, gebraten.	(u)pieczony	(u)pʲɛ'tʃɔnɨ
– *(in der Pfanne)*...	smażony	sma'ʒɔnɨ
– am Spieß	z rożna	z‿'rɔʒna
– auf dem Grill	z rusztu	z‿'ruʃtu
gedämpft	duszony	du'ʃɔnɨ
gefüllt	nadziewany	nadʑɛ'vanɨ
gekocht	gotowany	gɔtɔ'vanɨ
gepökelt	peklowany	pɛklɔ'vanɨ
geräuchert	wędzony	vɛn'dzɔnɨ
geröstet	prażony, osmażony	pra'ʒɔnɨ / ɔsma'ʒɔnɨ
gesalzen	solony	sɔ'lɔnɨ
geschmort	duszony	du'ʃɔnɨ
gespickt	szpikowany	ʃpʲikɔ'vanɨ
getrocknet	suszony	su'ʃɔnɨ
gewürzt	przyprawiony	pʃɨpra'vʲɔnɨ
hart / weich	twardy / miękki	'tfardɨ / 'mʲɛŋkʲi
heiß / kalt	gorący / zimny	gɔ'rɔntsɨ / 'ʑimnɨ
mürbe / reif	kruchy / dojrzały	'kruxɨ / dɔj'ʒawɨ
roh	surowy	su'rɔvɨ
saftig	soczysty	sɔ'tʃɨstɨ
zähe	łykowaty	wɨkɔ'vatɨ
zart	delikatny	dɛlʲi'katnɨ

Zutaten

Butter	masło	'maswɔ
– Sardellenbutter	masło sardelowe	'maswɔ sardɛ'lɔvɛ
Creme	krem	krɛm
Dill	koper(ek)	'kɔpɛr (kɔ'pɛrɛk)
Essig	ocet	'ɔtsɛt
Fett	tłuszcz	'twuʃtʃ
Gelee	galaret(k)a	gala'rɛt(k)a
Gewürz	przyprawa	pʃɨ'prava
Gurke	ogurek	ɔ'gurɛk
– Gewürzgurken	korniszony	kɔrɲi'ʃɔnɨ
– Essiggurken	pikle	'ɲiklɛ
– saure Gurken	ogórki kiszone	ɔ'gurki ki'ʃɔnɛ
– Senfgurken	ogórki gorczyczne	ɔ'gurki gɔr'tʃɨtʃnɛ
Kapern	kaperki	ka'pɛrki
Knoblauch	czosnek	'tʃɔsnɛk
Kümmel	kmin(ek)	'kmɲin(ɛk)
Lorbeerblätter	liście bobkowe	'ʎiɕtɕɛ bɔp'kɔvɛ
Mayonnaise	majonez	ma'jɔnɛs
Meerrettich	chrzan	xʃan
Muskatnuß	gałka muszkatołowa	'gawka muʃkatɔ-'wɔva
Nelken	goździki	gɔʑ'dʑiki
Öl	olej	'ɔlɛj
– Olivenöl	oliwa	ɔ'ʎiva
Petersilie	pietruszka	ɲɛ'truʃka
Pfeffer	pieprz	ɲɛpʃ
Rosinen	rodzynki	rɔ'dzɨnki
Salz	sól (*G* soli) *f*	sul ('sɔʎi)
Schmalz	smalec	'smalɛts
Schnittlauch	szczypiorek	ʃtʃɨ'ɲɔrɛk
Senf	musztarda	mu'ʃtarda
Soße	sos	sɔs
– Rahmsoße	sos śmietanowy	sɔs ɕmɲɛta'nɔvɨ
– Meerrettichsoße	sos chrzanowy	sɔs xʃa'nɔvɨ
– Tomatensoße	sos pomidorowy	sɔs pɔmɲidɔ'rɔvɨ

Speck	słonina	swɔ'ɲina
Zimt	cynamon	tsɨ'namɔn
Zitrone	cytryna	tsɨ'trɨna
Zwiebel	cebul(k)a	tsɛ'bul(k)a

SPEISEKARTE

ZAKĄSKI	za'kɔ̃skʝi	**Vorspeisen**
Befsztyk tatarski	'bɛfʃtɨk ta'tarskʝi	**Tatar(beefsteak)**
Galaret(k)a	gala'rɛt(k)a	**Sülze**
Kawior	'kaɣɔr	**Kaviar**
Kiełbasa	ķɛw'basa	**Wurst**
Łosoś wędzony	'wɔsɔɕ vɛn'dzɔnɨ	**Räucherlachs**
Ozorek w auszpiku	ɔ'zɔrɛk v‿aŭ'ʃpiku	**Zunge in Aspik**
Pasztet	'paʃtɛt	**Pastete**
Pikling	'pikʎiŋk	**Bückling**
Polędwica wędzona	pɔlɛnd'ɣitsa vɛn'dzɔna	**Lachsschinken**
Półmisek szwedzki	puw'mʝisɛk 'ʃvɛtskʝi	**Schwedenplatte**
Ryba w galarecie	'rɨba v‿gala'rɛtɕɛ	**Fisch in Aspik**
Sałatka rybna	sa'watka 'rɨbna	**Fischsalat**
Sałatka włoska	sa'watka 'vwɔska	**italienischer Salat**
Sałatka z drobiu	sa'watka z‿'drɔbʝu	**Geflügelsalat**
Sałatka z pomidorów	sa'watka s‿pɔmʝi'dɔruf	**Tomatensalat**
Sałatka z szyjek rakowych	sa'watka s‿'ʃɨjɛk ra'kɔvɨx	**Krebsschwanzsalat**
Salceson	sal'tsɛsɔn	**Preßwurst**
Sardynki w oliwie	sar'dɨnkʝi v‿ɔ'ʎiɣɛ	**Ölsardinen**
Ser	sɛr	**Käse**
Szynka	'ʃɨnka	**Schinken**
Śledź w majonezie	ɕlɛdʑ v‿majɔ'nɛʑɛ	**Hering in Mayonnaise**
Śledź w oliwie	ɕlɛdʑ v‿ɔ'ʎiɣɛ	**Hering in Öl**
Węgorz wędzony	'vɛŋgɔʒ vɛn'dzɔnɨ	**Räucheraal**
Zimne mięso	'ʑimnɛ 'mʝɛ̃sɔ	**kaltes Fleisch**

ZUPY	'zupɨ	**Suppen**
Barszcz czerwony	barʃtʃ tʃɛr'vonɨ	**Roterübensuppe**
– z uszkami	z‿uʃ'kaɱi	**mit Klößchen**
– z pasztecikiem	s‿paʃtɛ'tɕiķɛm	**mit Pastetchen**
Boulion	'buljɔn	**Brühe, Bouillon**
Chłodnik	'xwɔdɲik	**Rote-Rüben-Kaltschale mit Eiern und Gurken**
Fla(cz)ki *pl.*	'fla(tʃ)ķi	**Kuttelflecksuppe**
Grochówka	grɔ'xufka	**Erbsensuppe**
Grysik	'grɨɕik	**Grießsuppe, -brei**
Kapuśniak	ka'puɕɲak	**Sauerkohlsuppe**
Krupnik	'krupɲik	**Graupensuppe**
Rosół	'rɔsuw	**(Fleisch-)Brühe**
– z grzankami	z‿gʒan'kaɱi	**mit Croutons**
– z kury	s‿'kurɨ	**Hühnerbrühe**
– z makaronem	z‿maka'rɔnɛm	**mit Nudeleinlage**
– z ryżem	z‿'rɨʒɛm	**mit Reiseinlage**
Zupa	'zupa	**Suppe**
– z. fasolowa	z. fasɔ'lɔva	**Bohnensuppe**
– z. grzybowa	z. gʒɨ'bɔva	**Pilzsuppe**
– z. jarzynowa	z. jaʒɨ'nɔva	**Gemüsesuppe**
– z. kalafiorowa	z. kalafjɔ'rɔva	**Blumenkohlsuppe**
– z. koprowa	z. kɔ'prɔva	**Dillsuppe**
– z. ogórkowa	z. ɔgur'kɔva	**Gurkensuppe**
– z. owocowa	z. ɔvɔ'tsɔva	**Fruchtsuppe**
– z. pomidorowa	z. pɔɱidɔ'rɔva	**Tomatensuppe**
– z. przecierana	z. pʃɛtɕɛ'rana	**Püreesuppe**
– z. rybna	z. 'rɨbna	**Fischsuppe**
– z. ryżowa	z. rɨ'ʒɔva	**Reissuppe**
– z. szparagowa	z. ʃpara'gɔva	**Spargelsuppe**
– z. szczawiowa	z. ʃtʃa'ɣɔva	**Sauerampfersuppe**
– z. ziemniaczana	z. ʑɛmɲa'tʃana	**Kartoffelsuppe**
Żurek	'ʒurɛk	**saure Mehlsuppe**

POTRAWY MĄCZNE I Z JARZYN	pɔ'travɨ m'ɔntʃnɛ i z‿'jaʒɨn	Mehlspeisen und Gemüsegerichte
Bigos	'bigɔs	Sauerkraut mit Fleisch, gedünstet
Gołąbki	gɔ'wɔmpki	Kohlrouladen
Kasza gryczana	'kaʃa grɨ'tʃana	Buchweizengrütze
Kluski	'kluski	Nudeln, Klößchen
Knedle	'knɛdlɛ	Knödel
Makaron	ma'karɔn	Makkaroni
– z masłem	z‿'maswɛm	mit Butter
– m. zapiekany	m. zapɛ'kanɨ	überbackene Nudeln
Naleśniki	nalɛɕ'ɲiki	Palatschinken
– z serem	s‿'sɛrɛm	mit Quark
Pierogi, pierożki	pɛ'rɔgi / pɛ'rɔʃki	gefüllte Teigtäschchen
– z borówkami	z‿bɔruf'kami	mit Blaubeeren
– z kapustą	s‿ka'pustɔ̃	mit Kraut
– z mięsem	z‿'mjɛ̃sɛm	mit Fleisch
– z serem	s‿'sɛrɛm	mit Quark
Ryż na mleku	rɨʒ na‿'mlɛku	Milchreis
Ryż zapiekany	rɨʒ zapɛ'kanɨ	Reisauflauf
Uszka z mięsem	'uʃka z‿'mjɛ̃sɛm	Fleischpastetchen

RYBY SKORUPIAKI	'rɨbɨ, skɔru'pjaki	Fische Schalentiere
Dorsz	dɔrʃ	Dorsch, Kabeljau
Gładzica	gwa'dzitsa	Scholle
Homar	'xɔmar	Hummer
Jesiotr	'jɛɕɔtr	Stör
Karmazyn	kar'mazɨn	Rotbarsch
Karp	karp	Karpfen
Kraby	'krabɨ	Krabben
Krewetki	krɛ'vɛtki	Garnelen
Lin	lin	Schleie
Łosoś *m*	'wɔsɔɕ	Lachs
Okoń *m*	'ɔkɔɲ	Barsch

Pstrąg	pstrɔŋk	**Forelle**
Sandacz	'sandatʃ	**Zander**
Sielawa	ɕɛ'lava	**Felchen, Maräne**
Szczupak	'ʃtʃupak	**Hecht**
Śledź	ɕlɛdʑ	**Hering**
– śledź zawijany	ɕlɛdʑ zaɣi'janɨ	**Rollmops**
Tuńczyk	'tuɲtʃɨk	**Thunfisch**
Turbot	'turbɔt	**Steinbutt**
Węgorz	'vɛŋgɔʃ	**Aal**

DZICZYZNA I DRÓB	dʑi'tʃɨzna i‿drup	**Wild und Geflügel**
Comber jeleni	'tsɔmbɛr jɛ'lɛɲi	**Hirschziemer**
Dzik	dʑik	**Wildschwein**
Gęś pieczona	gɛ̃ɕ pɛ'tʃɔna	**Gänsebraten**
Indyk	'indɨk	**Truthahn**
– indyk pieczony	'indɨk pɛ'tʃɔnɨ	**Putenbraten**
Jarząbek	ja'ʒɔmbɛk	**Haselhuhn**
Kaczka pieczona	'katʃka pɛ'tʃɔna	**Entenbraten**
Królik	'kruʎik	**Kaninchen**
Kura	'kura	**Huhn**
– kura pieczona	'kura pɛ'tʃɔna	**Backhuhn**
– kura w rosole	'kura v‿rɔ'sɔlɛ	**Huhn im Topf**
Kurczę	'kurtʃɛ	**Hähnchen, Hühnchen**
Kuropatwa	kurɔ'patfa	**Rebhuhn**
Podróbki gęsie	pɔd'rupki 'gɛ̃ɕɛ	**Gänseklein**
Potrawka z kury	pɔ'trafka s‿'kurɨ	**Hühnerfrikassee**
Półgęsek	puw'gɛ̃sɛk	**Gänsebrust**
Pularda	pu'larda	**Poularde**
Sarna	'sarna	**Reh**
Zając	'zajɔnts	**Hase**
– pieczeń zajęcza	'pɛtʃɛɲ za'jɛntʃa	**Hasenbraten**

POTRAWY MIĘSNE	pɔ'travɨ 'm̡ɛ̃snɛ	**Fleischgerichte**
Antrykot	ant'rɨkɔt	**Entrecote**
Baranina	bara'ɲina	**Hammelfleisch**
– comber barani	'tsɔmbɛr ba'raɲi	**Hammelrücken**
– pieczeń barania	'p̡ɛtʃɛɲ ba'raɲa	**Hammelbraten**
– udziec barani	'udʑɛts ba'raɲi	**Hammelkeule**
Befsztyk	'bɛfʃtɨk	**Beefsteak**
– b. z polędwicy	b. s‿pɔlɛnd'ɣitsɨ	**Filetsteak**
Bryzol schabowy	'brɨzɔl sxa'bɔvɨ	**Schweinsschnitzel**
Cielęcina	tɕɛlɛŋ'tɕina	**Kalbfleisch**
– c. w potrawce	tɕ. f‿pɔ'traftsɛ	**Kalbsfrikassee**
– dyszek cielęcy	'diʃɛk tɕɛ'lɛntsɨ	**Kalbskeule**
– medalion cielęcy	mɛ'daljɔn tɕɛ'lɛntsɨ	**Kalbsmedaillon**
– mostek cielęcy	'mɔstɛk tɕɛ'lɛntsɨ	**Kalbsbrust**
Cynaderki wieprzowe	tsɨna'dɛrk̡i ɣɛ'pʃɔvɛ	**Schweinsnieren**
Golonka	gɔ'lɔnka	**Eisbein**
Gulasz	'gulaʃ	**Gulasch**
Kiełbasa smażona	k̡ɛw'basa sma'ʒɔna	**Bratwurst**
Klops	klɔps	**Klops**
Kotlet	'kɔtlɛt	**Kotelett**
– kotlet pożarski	'kɔtlɛt pɔ'ʒarsk̡i	**Bulette,**
– kotlet poznański	'kɔtlɛt pɔ'znaĩsk̡i	**Fleischkloß**
– kotlet schabowy	'kɔtlɛt sxa'bɔvɨ	**Schweinskotelett**
Mięso	'm̡ɛ̃sɔ	**Fleisch**
Móżdżek	'muʒdʒɛk	**Hirn**
Nerka cielęca	'nɛrka tɕɛ'lɛntsa	**Kalbsniere**
Ozór, ozorek	'ɔzur / ɔ'zɔrɛk	**Zunge**
– ozór peklowany	'ɔzur pɛklɔ'vanɨ	**Pökelzunge**
Paprykarz	pa'prɨkaʃ	**Paprikabraten**

Parówki *pl.*	pa'rufk̡i	**Würstchen**
Pieczeń *f*	'p̡ɛtʃɛɲ	**Braten**
– p. na dziko	p̡. na‿'dʑikɔ	**Sauerbraten**
Polędwica	pɔlɛnd'ɣitsa	**Filet**
Potrawka	pɔ'trafka	**Ragout**
Rostbef	'rɔstbɛf	**Roastbeef**
Rozbratel	rɔz'bratɛl	**Rostbraten**
Rulada	ru'lada	**Roulade**
Rumsztyk	'rumʃtɨk	**Rumpsteak**
Schab peklowany	sxap pɛklɔ'vanɨ	**Rippenspeer**
Schab pieczony	sxap p̡ɛ'tʃɔnɨ	**Schweinskarree**
Stek	stɛk	**Steak**
Szaszłyk	'ʃaʃwɨk	**Schaschlik**
Sznycel po wiedeńsku	'ʃnɨtsɛl pɔ‿ɣɛ'dɛĩsku	**Wiener Schnitzel**
Sztufada wołowa	ʃtu'fada vɔ'wɔva	**Rinderschmorbraten**
Sztuka mięsa	'ʃtuka 'm̡ɛ̃sa	**(gekochtes) Rindfleisch**
Szynka pieczona w cieście	'ʃɨnka p̡ɛ'tʃɔna f‿'tɕɛɕtɕɛ	**Prager Schinken**
Świnina	ɕɣi'ɲina	**Schweinefleisch**
– wieprzowy	ɣɛ'pʃɔvɨ	**Schweine-, Schweins-**
Wątróbka	vɔnt'rupka	**Leber**
Wołowina	vɔwɔ'ɣina	**Rindfleisch**
– pieczeń wołowa	'p̡ɛtʃɛɲ vɔ'wɔva	**Rindsbraten**
Zrazy, zraziki	'zrazɨ / zra'ʑik̡i	**Lendenschnitten**
– zrazy siekane	'zrazɨ ɕɛ'kanɛ	**Brisoletten**
Żeberka *pl.*	ʒɛ'bɛrka	**Rippchen**
JARZYNY, DODATKI	ja'ʒɨnɨ/dɔ'datk̡i	**Gemüse, Beilagen**
Borowiki	bɔrɔ'ɣik̡i	**Steinpilze**
Brukselka	bruk'sɛlka	**Rosenkohl**
Buraczki	bu'ratʃk̡i	**rote Rüben**

Cebulka smażona	tsɛˈbulka smaˈʒɔna	Röstzwiebeln
Chrzan	xʃan	Meerrettich
Ćwikła	ˈtɕvikwa	Rote-Rüben-Salat
Fasola	faˈsɔla	Bohnen
Fasolka szparagowa	faˈsɔlka ʃparaˈgɔva	Schnittbohnen
Fasolka zielona	faˈsɔlka ʑɛˈlɔna	grüne Bohnen
Frytki	ˈfrɨtki	Pommes frites
Groch	grɔx	Erbsen
Groszek zielony	ˈgrɔʃɛk ʑɛˈlɔnɨ	grüne Erbsen
Grzyby	ˈgʒɨbɨ	Pilze
Kalafior	kaˈlafjɔr	Blumenkohl
Kapusta	kaˈpusta	Kohl
– k. biała	k. ˈbʲawa	Weißkohl
– k. czerwona	k. tʃɛrˈvɔna	Rotkohl
– k. kiszona	k. kiˈʃɔna	Sauerkraut
– k. włoska	k. ˈvwɔska	Wirsingkohl
Kartofle *s. ziemniaki*		
Kurki	ˈkurki	Pfifferlinge
Marchewka	marˈxɛfka	Mohrrüben
Mizeria	mʲiˈzɛrja	Gurkensalat
Ogórki	ɔˈgurki	Gurken
Papryka	ˈpaprɨka	Paprika(schoten)
Pieczarki	pʲɛˈtʃarki	Champignons
Pomidory	pɔmʲiˈdɔrɨ	Tomaten
Pory *pl.*	ˈpɔrɨ	Porree
Rzodkiewka	ʒɔtˈkɛfka	Radieschen
Sałata z cykorii	saˈwata s‿tsɨˈkɔrji	Chicoréesalat
Sałata zielona	saˈwata ʑɛˈlɔna	grüner Salat
Seler(y)	ˈsɛlɛr (-ˈlɛrɨ)	Sellerie
Surówka	suˈrufka	Rohkostspeise
Szczypiorek	ʃtʃɨˈpʲɔrɛk	Schnittlauch
Szparagi *pl.*	ʃpaˈragʲi	Spargel
Szpinak	ˈʃpʲinak	Spinat

Ziemniaki	zɛm'ŋaki	Kartoffeln
– z. purée	z. pu'rɛ	Kartoffelpüree
– z. smażone	z. sma'ʒɔnɛ	Bratkartoffeln
– z. z wody	z. z‿'vɔdɨ	Salzkartoffeln

POTRAWY Z JAJ	pɔ'travɨ z‿jaj	Eierspeisen
Jajecznica	jajɛtʃ'ŋitsa	Rühreier
– j. na boczku	j. na‿'bɔtʃku	Rührei mit Speck
Jajko	'jajkɔ	Ei
– na miękko	na‿'mɛŋkɔ	weichgekocht
– na twardo	na‿'tfardɔ	hartgekocht
– jajko sadzone	'jajkɔ sa'dzɔnɛ	Setzei
– jajko w szklance	'jajkɔ f‿'ʃklantsɛ	Ei im Glas
Omlet	'ɔmlɛt	Omelette
– z szynką	s‿'ʃɨnkɔ̃	mit Schinken
– z pieczarkami	s‿pɛtʃar'kaŋi	mit Champignons
– z dżemem	z‿'dʒɛmɛm	mit Marmelade

SERY	'sɛrɨ	Käse
Bryndza, bundz	'brɨndza / bundz	Schafkäse
Ser	sɛr	Käse
– edamski	ɛ'damski	Edamer
– holenderski	xɔlɛn'dɛrski	Holländer
– s. miękki	sɛr 'mɛŋki	Weich-, Streichkäse
– szwajcarski	ʃvaj'tsarski	Schweizer
– tylżycki	tɨl'ʒɨtski	Tilsiter
Serek	'sɛrɛk	Frischkäse
– s. harceński	s. xar'tsɛĩski	Harzer Käse
– s. kremowy	s. krɛ'mɔvɨ	Frischrahmkäse
– s. ziołowy	s. zɔ'wɔvɨ	Kräuterkäse
Twaróg	'tfaruk	Quark, Topfen
– krem twarogowy	krɛm tfarɔ'gɔvɨ	Quarkspeise

DESERY	dɛ'sɛrɨ............	**Nachspeisen**
Budyń *m*	'budɨŋ............	**Pudding**
Galaretka owocowa	gala'rɛtka ɔvɔ'tsɔva	**Obstgelee**
Kompot..........	'kɔmpɔt	**Kompott**
– k. ze śliwek	k. zɛ‿'ɕl̦ivɛk	**Pflaumenkompott**
Krem	krɛm	**Creme, Krem**
Owoce	ɔ'vɔtsɛ	**Obst, Früchte**
Suflet owocowy ...	'suflɛt ɔvɔ'tsɔvɨ	**Obstauflauf**
Surówka owocowa.	su'rufka ɔvɔ'tsɔva .	**Obstsalat**

vgl. auch „Café und Konditorei" S. 86, 87.

OWOCE	ɔ'vɔtsɛ	**Obst**
Agrest	'agrɛst	**Stachelbeeren**
Ananas..........	a'nanas..........	**Ananas**
Arbuz	'arbus...........	**Wassermelone**
Banan...........	'banan	**Banane**
Borówki	bɔ'rufk̦i	**Blaubeeren**
Brzoskwinie.......	bʒɔsk'f̦iɲɛ........	**Pfirsiche**
Czereśnie	tʃɛ'rɛɕɲɛ.........	**Süßkirschen**
Daktyle	da'ktɨlɛ	**Datteln**
Figi	'f̦ig̦i	**Feigen**
Gruszka.........	'gruʃka..........	**Birne**
Jabłko	'japkɔ	**Apfel**
Kawon *s.* ***arbuz***		
Maliny	ma'l̦inɨ	**Himbeeren**
Mandarynki	manda'rɨnk̦i......	**Mandarinen**
Melon	'mɛlɔn	**Melone**
Morele	mɔ'rɛlɛ	**Aprikosen**
Orzechy.........	ɔ'ʒɛxɨ	**Nüsse**
Pomarańcza	pɔma'raɲtʃa	**Apfelsine**

Porzeczki	pɔ'ʒɛtʃk̡i	**Johannisbeeren**
Poziomki	pɔ'ʑɔmk̡i	**Walderdbeeren**
Śliwki	'ɕl̡ifk̡i	**Pflaumen**
Truskawki	trus'kafk̡i	**Erdbeeren**
Winogrona	ɣinɔ'grɔna	**Weintrauben**
Wiśnie	'ɣiɕɲɛ	**(Sauer-)Kirschen**

Beanstandungen

Hier fehlt noch eine Portion.
Tu brak jest jeszcze jednej porcji.
tu 'brak‿jɛst 'jɛʃtʃɛ 'jɛdnɛj 'pɔrtsji

Sie hatten mich nicht richtig verstanden.
Pan(i) mnie źle zrozumiał(a).
pan(i) mɲe ʑlɛ zrɔ'zuɱaw (zrɔzu'ɱawa)

Hier fehlt ...
Tu brakuje ... (*G*)
tu bra'kujɛ

Bringen Sie mir ein anderes Messer.
Proszę mi przynieść inny nóż.
'prɔʃɛ‿ɱi 'pʃɨɲeɕtɕ 'inːɨ nuʃ

Das kann ich leider nicht essen.
Tego, niestety, nie mogę jeść.
'tɛgɔ ɲɛ'stɛtɨ ɲɛ‿'mɔgɛ jɛɕtɕ

Das habe ich nicht bestellt.
Tego nie zamawia*łem (-łam)*.
'tɛgɔ ɲɛ‿zama'ɣawɛm (-wam)

Nehmen Sie es bitte zurück.
Proszę to wziąć z powrotem.
'prɔʃɛ‿tɔ vʑɔɲtɕ s‿pɔ'vrɔtɛm

Das haben wir nicht gehabt.
Tego nie mieliśmy.
'tɛgɔ ɲe‿'ɱel̡iɕmɨ

... ist zu	**sauer**	**scharf**	**salzig**	**kalt**	**hart**
... jest za	kwaśne	ostre	słone	zimne	twarde
jɛst za	'kvaɕnɛ	'ɔstrɛ	'swɔnɛ	'ʑimnɛ	'tfardɛ

Ich glaube, die Rechnung stimmt nicht.
Zdaje mi się, że rachunek się nie zgadza.
'zdajɛ‿ɱi‿ɕɛ ʒɛ ra'xunɛk ɕɛ‿ɲɛ‿'zgadza

Sie haben sich geirrt.
Pan się omylił.
pan‿ɕɛ ɔ'mɨl̡iw

Rufen Sie bitte den Chef.
Niech pan(i) zawoła szefa.
'ɲɛx‿pan(i) za'vɔwa 'ʃɛfa

TRINKEN

Bestellung

Ich möchte etwas trinken.
Chciał(a)bym się czegoś napić.
'xtɕaw(a)bɨm‿ɕɛ 'tʃɛgɔɕ 'nap̡itɕ

Wollen Sie etwas zu trinken haben?
Czy życzy pan(i) sobie coś do picia?
tʃɨ 'ʒɨtʃɨ 'pan(i) 'sɔb̡ɛ tsɔɕ dɔ‿'p̡itɕa

Geben Sie mir bitte die Weinkarte.
Proszę o kartę win.
'prɔʃɛ ɔ‿'kartɛ v̡in

Bringen Sie mir ...
Proszę mi przynieść ...
'prɔʃɛ‿m̡i 'pʃɨɲɛɕtɕ

***eine Flasche (ein Glas)* Rotwein.**
butelkę (kieliszek) czerwonego wina.
bu'tɛlkɛ (k̡e'l̡iʃɛk) tʃɛrvɔ'nɛgɔ 'v̡ina

ein (helles) Bier.
jedno (jasne) piwo.
'jɛdnɔ ('jasnɛ) 'p̡ivɔ

einen *Kognak (Wodka)*.
kieliszek *koniaku (wódki)*.
k̡e'l̡iʃɛk kɔ'n̡aku ('vutk̡i)

eine Tasse Kaffee.
filiżankę kawy.
f̡il̡i'ʒankɛ 'kavɨ

Beachten Sie:	**eine Flasche Wein** butelka wina bu'tɛlka 'v̡ina	*aber*	**eine Weinflasche** butelka od wina bu'tɛlka ɔd‿'v̡ina
	ein Glas Wodka kieliszek wódki k̡e'l̡iʃɛk 'vutk̡i		**ein Wodkaglas** kieliszek do wódki k̡e'l̡iʃɛk dɔ‿'vutk̡i

Etwas kaltes Wasser bitte!
Proszę trochę zimnej wody!
'prɔʃɛ 'trɔxɛ 'z̡imnɛj 'vɔdɨ

Noch ein *(Wasser-)*Glas.
Jeszcze jedną szklankę.
'jɛʃtʃɛ 'jɛdnɔ̃ 'ʃklankɛ

Welchen Wein können Sie uns empfehlen?
Jakie wino może pan(i) nam polecić?
'jak̡e 'v̡inɔ 'mɔʒɛ‿pan(i) nam pɔ'lɛtɕitɕ

Wein

Champagner	szampan	'ʃampan
Wein	wino	'y̡inɔ
– Rotwein	wino czerwone	'y̡inɔ tʃɛr'vɔnɛ
– Weißwein	wino białe	'y̡inɔ 'b̡awɛ
– einheimischer Wein	wino krajowe	'y̡inɔ kra'jɔvɛ
– Dessertwein	wino deserowe	'y̡inɔ dɛsɛ'rɔvɛ
– Schaumwein	wino musujące	'y̡inɔ musu'jɔntsɛ
leicht / schwer	lekkie / mocne	'lɛkk̡ɛ / 'mɔtsnɛ
(halb)trocken	(pół)wytrawne	(puw)vɨ'travnɛ
süß / sauer	słodkie / kwaśne	'swɔtk̡ɛ / 'kvaɕnɛ

Bier

Bier	piwo	'p̡ivɔ
– dunkles Bier	piwo ciemne	'p̡ivɔ 'tɕɛmnɛ
– helles Bier	piwo jasne	'p̡ivɔ 'jasnɛ
– Malzbier	piwo słodowe	'p̡ivɔ swɔ'dovɛ
Pilsner Bier	piwo pilzneńskie	'p̡ivɔ p̡il'znɛ̃ɕk̡ɛ
Starkbier	piwo mocne	'p̡ivɔ 'mɔtsnɛ

Spirituosen

Branntwein, Wodka	wódka	'vutka
Kümmel	kminkówka	km̡in'kufka
Fruchtlikör	ratafia	ra'tafja
Kirsch	wiśniówka	viɕ'ɲufka
Likör	likier	'l̡ik̡ɛr
– Kakaolikör	likier kakaowy	'l̡ik̡ɛr kaka'ɔvɨ
– Kirschlikör	likier wiśniowy	'l̡ik̡ɛr y̡iɕ'ɲɔvɨ
– Kümmellikör	alasz	'alaʃ

– Pfefferminzlikör . .	likier miętowy	'ļiķɛr ɱɛn'tɔvɨ
Weinbrand	winiak	'ɣiɲak
Kognak	koniak	'kɔɲak

Andere alkoholische Getränke

Glühwein	grzane wino	'gʒanɛ 'ɣinɔ
Grog, Punsch	poncz	pɔntʃ
Magenbitter	gorzka wódka	'gɔʃka 'vutka
Met, Honigwein . . .	miód pitny	ɱut 'ƥitnɨ
Obstwein	wino owocowe	'ɣinɔ ɔvɔ'tsɔvɛ
Rum	rum	rum

Alkoholfreie Getränke

alkoholfreies Getränk	napój bezalkoholowy	'napuj bɛzalkɔxɔ'lɔvɨ
Buttermilch	maślanka	maɕ'lanka
Fruchtsaft	sok owocowy	sɔk ɔvɔ'tsɔvɨ
– Apfelsaft	napój jabłeczny	'napuj ja'bwɛtʃnɨ
– Himbeersaft	sok malinowy	sɔk maļi'nɔvɨ
– Kirschsaft	sok wiśniowy	sɔk ɣiɕ'ɲɔvɨ
– Johannisbeersaft .	sok porzeczkowy	sɔk pɔʒɛtʃ'kɔvɨ
– Orangensaft	sok pomarańczowy	sɔk pɔmaraɲ'tʃɔvɨ
– Tomatensaft	sok pomidorowy	sɔk pɔɱidɔ'rɔvɨ
– Traubensaft	sok winogronowy	sɔk ɣinɔgrɔ'nɔvɨ
Joghurt	jogurt	'jɔgurt
Limonade	lemoniada	lɛmɔ'ɲada
– Brauselimonade . .	lemoniada musująca	lɛmɔ'ɲada musu'jɔntsa
Milchmischgetränk .	coctail mleczny	'kɔktɛjl 'mlɛtʃnɨ
Orangeade	oranżada	ɔrã'ʒada
Wasser	woda	'vɔda
– Minerwalasser . . .	woda mineralna	'vɔda ɱinɛ'ralna
– Soda	woda sodowa	'vɔda sɔ'dɔva
– mit Eis	z lodem	z‿'lɔdɛm

IN DER STADT

Fragen nach dem Weg

Können Sie mir den kürzesten Weg *nach (zum, zur)* ... zeigen?
Czy może mi pan(i) wskazać najkrótszą drogę do ...?
tʃɨ ˈmɔʒɛ‿ᶆi pan(i) ˈfskazatɕ najˈkrutːʃɔ̃ ˈdrɔgɛ dɔ

Wo ist ...?
Gdzie jest ...?
gdʑe jɛst

Wie komme ich *nach (zum, zur)* ...?
Jak się dostanę do ...?
ˈjak‿ɕɛ dɔˈstanɛ dɔ

Wohin führt diese Straße?
Dokąd prowadzi ta ulica?
dɔˈkɔnt prɔˈvadʑi ta uˈᶅitsa

Wo ist die ...-Straße?
Gdzie znajduje się ulica ...?
gdʑɛ znajˈdujɛ‿ɕɛ uˈᶅitsa

In welcher Richtung muß ich *gehen (fahren)*?
W jakim kierunku muszę *iść (jechać)*?
v‿ˈjaᶄim ᶄɛˈrunku ˈmuʃɛ iɕtɕ (ˈjɛxatɕ)

Wie weit ist es bis *zum (zur)* ...?
Jak daleko jest do ...?
jak daˈlɛkɔ jɛst dɔ

Ist es weit?
Czy to daleko?
tʃɨ‿tɔ‿daˈlɛkɔ

Wie viele Minuten zu Fuß?
Ile minut drogi pieszo?
ˈilɛ ˈᶆinut ˈdrɔᶃi ˈᶈɛʃɔ

Wieviel Haltestellen?
Ile przystanków?
ˈilɛ pʃɨˈstankuf

Kann man zu Fuß gehen oder muß man fahren?
Czy można tam dojść pieszo, czy muszę jechać?
tʃɨ ˈmɔʒna‿tam dɔjɕtɕ ˈᶈɛʃɔ tʃɨ ˈmuʃɛ ˈjɛxatɕ

Ich finde ... nicht.
Nie mogę znaleźć ... *(G)*
ɲɛˈ‿mɔgɛ ˈznalɛɕtɕ

Ich habe mich verlaufen.
Zbłądził*em* (*-łam*).
zbwɔnˈdʑiwɛm (-wam)

Sie müssen immer geradeaus gehen.
Musi pan(i) stale iść prosto.
ˈmuɕi ˈpan(i) ˈstalɛ iɕtɕ ˈprɔstɔ

Nach links.
Na lewo.
na‿ˈlɛvɔ

Nach rechts.
Na prawo.
na‿ˈpravɔ

Wohin wollen Sie?
Dokąd pan(i) chce?
ˈdɔkɔnt ˈpan(i) xtsɛ

In entgegengesetzter Richtung.
W przeciwnym kierunku.
f‿pʃɛˈtɕivnɨm ᶄɛˈrunku

Gehen Sie die erste Straße *rechts (links).*
Proszę skręcić w pierwszą ulicę na *prawo (lewo).*
'prɔʃɛ 'skrɛŋtɕitɕ f‿'ɲɛrfʃɔ̃ u'ʎitsɛ na‿'pravo ('lɛvɔ)

Biegen Sie an der nächsten Kreuzung nach links ab.
Niech pan(i) skręci na następnym skrzyżowaniu w lewo.
'ɲɛx‿pan(i) 'skrɛŋtɕi na‿na'stɛmpnɨm skʃɨʒɔ'vaɲu v‿'lɛvɔ

Sie können zu Fuß hingehen.
Może pan(i) dojść pieszo.
'mɔʒɛ 'pan(i) dɔjɕtɕ 'pɛʃɔ

Sie müssen fahren mit ...
Pan(i) musi jechać ... *(I)*
'pan(i) 'muɕi 'jɛxatɕ

Es ist nicht weit von hier.
To niedaleko stąd.
tɔ ɲɛda'lɛkɔ stɔnt

Es ist ziemlich weit.
To dość daleko.
tɔ dɔɕtɕ da'lɛkɔ

Überqueren Sie *die Brücke (den Platz, die Straße).*
Niech pan(i) przejdzie przez *most (plac, ulicę).*
'ɲɛx‿pan(i) 'pʃɛjdʑɛ pʃɛz‿mɔst (pʃɛs‿'plats / pʃɛz‿u'ʎitsɛ)

Fragen Sie dann noch einmal.
Proszę tam zapytać jeszcze raz.
'prɔʃɛ tam za'pɨtatɕ 'jɛʃtʃɛ ras

Ich weiß es nicht.
Nie wiem.
'ɲe‿vʲɛm

Verkehrsmittel

Welche Straßenbahn muß ich zum Bahnhof nehmen.
Jakim tramwajem muszę jechać do dworca.
'jaķim tram'vajɛm 'muʃɛ 'jɛxatɕ dɔ‿'dvɔrtsa

Fährt hier der Autobus Nr. ...?
Czy przejeżdża tędy autobus numer ...
tʃɨ pʃɛ'jɛʒdʒa tɛndɨ aŭ'tɔbus 'numɛr

Wo ist die Haltestelle?
Gdzie jest przystanek?
'gdʑe‿jɛst pʃɨ'stanɛk

Verzeihung, wo hält der Obus *nach (zum, zur)* ...
Przepraszam, gdzie się zatrzymuje trolejbus do ...?
pʃɛ'praʃam 'gdʑe‿ɕɛ zatːʃɨ'mujɛ trɔ'lɛjbus dɔ

Kann ich mit diesem Omnibus *zum (zur)* ... fahren?
Czy mogę dojechać tym autobusem do ...?
tʃɨ 'mɔgɛ dɔ'jɛxatɕ tɨm aŭtɔ'busɛm dɔ

Sie können mit dem Achter fahren.
Może pan(i) jechać ósemką.
'mɔʒɛ 'pan(i) 'jɛxatɕ u'sɛmkɔ̃

Sie müssen in ... umsteigen und die Nummer ... nehmen.
Musi pan(i) przesiąść się w ... na numer ...
'muɕi 'pan(i) 'pʃɛɕɔ̃ɕtɕ‿ɕɛ v ... na‿'numɛr

Einen *einfachen (Umsteige-)*Fahrschein nach ..., bitte.
Proszę bilet *normalny (z przesiadaniem)* do ...
'prɔʃɛ 'ɓilɛt nɔr'maɭnɨ (s‿pʃɛɕa'daɲɛm) dɔ

Muß ich umsteigen?
Czy muszę się przesiąść?
tʃɨ 'muʃɛ‿ɕɛ 'pʃɛɕɔ̃ɕtɕ

Wo muß ich *aussteigen (umsteigen)*?
Gdzie mam *wysiąść (przesiąść się)*?
'gdzɛ‿mam 'vɨɕɔ̃ɕtɕ ('pʃɛɕɔ̃ɕtɕ‿ɕɛ)

Sagen Sie mir bitte, wenn wir dort sind.
Proszę mi powiedzieć, gdy tam dojedziemy.
'prɔʃɛ‿ɱi pɔ'ɣedʑetɕ gdɨ tam dɔjɛ'dʑɛmɨ

Es ist die *nächste (übernächste)* Haltestelle.
Na *nastepnym (drugim)* przystanku.
na‿na'stɛmpnɨm ('drugʲim) pʃɨ'stanku

Hier müssen Sie aussteigen.
Tu musi pan(i) wysiąść.
tu 'muɕi 'pan(i) 'vɨɕɔ̃ɕtɕ

Vorn aussteigen!
Wyjście z przodu!
'vɨjɕtɕɛ s‿'pʃɔdu

Wo ist der nächste Taxihalteplatz?
Gdzie jest najbliższy postój taksówek?
'gdʑe‿jɛst naj'bʎiʃʃɨ 'pɔstuj tak'suvɛk

Sind Sie frei?
Czy pan jest wolny?
tʃɨ‿pan‿jɛst 'vɔlnɨ

Nein, ich bin besetzt.
Nie, jestem zajęty.
ɲe 'jɛstɛm za'jɛntɨ

Wohin?
Dokąd?
'dɔkɔnt

Zum Bahnhof, bitte!
Na dworzec, proszę!
na‿'dvɔʒɛts 'prɔʃɛ

Fahren Sie mich *zum (zur)* ...
Proszę mnie zawieźć do ...
'prɔʃɛ mɲɛ 'zaɣeɕtɕ dɔ

Halten Sie hier bitte einen Augenblick.
Proszę się tu na chwilę zatrzymać.
'prɔʃɛ‿ɕɛ‿tu na‿'xfʲilɛ za'tːtʃɨmatɕ

Halten Sie!
Niech pan stanie!
'ɲɛx‿pan 'staɲɛ

Sehenswürdigkeiten

Was gibt es hier zu sehen?
Co jest tu do obejrzenia?
'tsɔ‿jɛst tu dɔ‿ɔbɛj'ʒɛɲa

Welche Sehenswürdigkeiten gibt es hier?
Jakie są tu *osobliwości (zabytki)*?
'jakɛ sɔ̃‿tu ɔ'sɔbʎivɔɕtɕi (za'bɨtki)

Was für ein Gebäude ist das?
Co to za *budynek (budowla)*?
'tsɔ‿tɔ za‿bu'dɨnɛk (bu'dɔvla)

Was möchten Sie besichtigen?
Co pan(i) chce zwiedzić?
'tsɔ‿pan(i) xtsɛ 'zɣedʑitɕ

Ich möchte ... sehen.
Chciał(a)bym zobaczyć ...
'xtɕaw(a)bɨm zɔ'batʃɨtɕ

Kann man ... besichtigen?
Czy można zwiedzić ...
tʃɨ 'mɔʒna 'zɣedʑitɕ

Zeigen Sie mir bitte (zuerst) ...
Proszę mi (wpierw) pokazać ...
'prɔʃɛ‿mʲi (fpʲɛrf) pɔ'kazatɕ

die Altstadt	stare miasto	'starɛ 'mʲastɔ
die Ausstellung	wystawę	vɨ'stavɛ
die Bibliothek	bibliotekę	bʲibʎiɔ'tɛkɛ
die Brücke	most	mɔst
den Brunnen	studnię	'studɲɛ
das Denkmal	pomnik	'pɔmɲik
den Friedhof	cmentarz	'tsmɛntaʃ
die Galerie	galerię	ga'lɛrʲjɛ
das Grab	grób	grup
den Hafen	port	pɔrt
die Kapelle	kapelę	ka'pɛlɛ
die Kirche	kościół	'kɔɕtɕuw
den Kirchturm	wieżę kościelną	'ɣɛʒɛ kɔɕ'tɕɛʎnɔ̃
den Marktplatz	rynek	'rɨnɛk
das Museum	muzeum *n*	mu'zɛŭm
den Palast	pałac	'pawats
den Park	park	park
das Rathaus	ratusz	'ratuʃ
das Schloß	zamek	'zamɛk
das Tor	bramę	'bramɛ
den Turm	wieżę	'ɣɛʒɛ

Museen und Paläste

Wir möchten dieses Museum besichtigen.
Chcielibyśmy zwiedzić to muzeum.
'xtɕeʝibɨɕmɨ 'zɣedʑitɕ tɔ mu'zɛŭm

Wann ist es geöffnet?
Kiedy ono jest otwarte?
'ķɛdɨ 'ɔnɔ jɛst ɔt'fartɛ

Wieviel kostet der Eintritt?
Ile kosztuje wstęp?
'ilɛ kɔʃ'tujɛ fstɛmp

Wo ist der Haupteingang?
Gdzie jest główne wejście?
'gdʑe jɛst 'gwuvnɛ 'vɛjɕtɕɛ

Wieviel kostet die Führung?
Ile kosztuje oprowadzanie?
'ilɛ koʃ'tujɛ ɔprɔva'dzaɲɛ

Wann kann man ... besichtigen?
Kiedy można zwiedzić ...?
'ķɛdɨ 'mɔʒna 'zɣedʑitɕ

Ist der Eintritt frei?
Czy wstęp jest wolny?
tʃɨ fstɛmp jɛst 'vɔlnɨ

Wann wird geschlossen?
Kiedy zamykacie?
'ķɛdi zamɨ'katɕɛ

Gibt es einen Führer, der deutsch spricht?
Czy macie przewodnika, mówiącego po niemiecku?
tʃɨ 'matɕɛ pʃɛvɔd'ɲika muɣɔntsɛgɔ pɔ ɲe'mɛtsku

Zeigen Sie uns bitte alles Sehenswerte?
Proszę nam pokazać wszystko co jest godne zobaczenia.
'prɔʃɛ nam pɔ'kazatɕ 'fʃɨstkɔ tsɔ jɛst 'gɔdnɛ zɔba'tʃɛɲa

Wer malte dieses Bild?
Kto namalował ten obraz?
ktɔ nama'lɔvaw tɛn 'ɔbras

Aus welchem Jahrhundert?
Z którego wieku?
s‿ktu'rɛgɔ 'ɣɛku

Welcher Stil?
W jakim stylu?
v‿'jaķim 'stɨlu

Wie ist der Name des *Bildhauers (Architekts)*?
Jak brzmi nazwisko *rzeźbiarza (architekta)*?
jak bʒmi na'zɣiskɔ ʒɛz'ɓaʒa (arχi'tɛkta)

Wo befindet sich *der (die, das)* berühmte ...?
Gdzie znajduje się *znany (znana, znane)* ...?
gdʑɛ znaj'dujɛ‿ɕɛ 'znanɨ ('znana/ 'znanɛ)

Kirchen

Wo ist die Kirche des Hl. ...?
Gdzie znajduje się kościół Św. ... *(G)*
gdʑɛ znaj'dujɛ‿ɕɛ 'kɔɕtɕuw ɕɣɛn'tɛgɔ

Wann *ist sie geöffnet (wird sie geschlossen)*?
Kiedy kościół *jest otwarty (się zamyka)*?
'ķɛdɨ 'kɔɕtɕuw jɛst ɔt'fartɨ (ɕɛ za'mɨka)

Wer ist hier beigesetzt?
Kto tu jest pochowany?
'ktɔ‿tu‿jɛst pɔxɔ'vanɨ

Kann man den Turm besteigen?
Czy można wejść na wieżę?
tʃɨ 'mɔʒna vɛjɕtɕ na‿'ɣɛʒɛ

Wann finden die *Gottesdienste (Führungen)* statt?
Kiedy odbywają się *nabożeństwa (oprowadzania zwiedzających)*?
'ķɛdɨ ɔdbɨ'vajɔ̃‿ɕɛ nabɔ'ʒɛĩstfa (ɔprɔva'dzaɲa zɣɛdza'jɔntsɨx)

Abtei	opactwo	ɔ'patstfɔ
Altar	ołtarz	'ɔwtaʃ
– Hauptaltar	ołtarz główny	'ɔwtaʒ 'gwuvnɨ
Apsis	apsyda	ap'sɨda
Aufseher	dozorca	dɔ'zɔrtsa
Ausgrabungen	wykopaliska *pl.*	vɨkɔpa'ʎiska
barock	barokowy	barɔ'kɔvɨ
Bogen	łuk	wuk
Bogengang	arkady *pl.*	ar'kadɨ
Chor	chór, prezbiterium	xur / prɛzbi'tɛrjum
Chorgestühl	stalle *pl.*	'stalːɛ
Fassade	elewacja	ɛlɛ'vatsja
Flachrelief	płaskorzeźba	pwaskɔ'ʒɛʑba
Fresko	fresk	frɛsk
Friedhof	cmentarz	'tsmɛntaʃ
Fries	fryz	frɨs
Gewölbe	sklepienie	sklɛ'pɛɲɛ
Giebel	szczyt	ʃtʃɨt
Glocke	dzwon	dzvɔn

Glockenturm	dzwonnica	dzvɔn'ɲitsa
gotisch	gotycki	gɔ'tɨtsḱi
Grab	grób	grup
Grabmal	grobowiec	grɔ'bɔɣɛts
Grabstein	nagrobek	na'grɔbɛk
Holzschnitzerei	rzeźba w drzewie	'ʒɛʑba v‿'dːʒɛɣɛ
Kanzel	ambona	am'bɔna
Kirche............	kościół	'kɔɕtɕuw
– katholische	katolicki	katɔ'ʎitsḱi
– protestantische ...	protestancki	prɔtɛ'stantsḱi
– orthodoxe	prawosławny	pravɔ'swavnɨ
Kirchendiener	kościelny *m*	kɔɕ'tɕɛlnɨ
Kirchenfenster	witraż	'ɣitraʃ
Kloster	klasztor	'klaʃtɔr
Klosterkirche	kościół klasztorny	'kɔɕtɕuw klaʃ'tɔrnɨ
Kreuz	krzyż	kʃɨʃ
Kreuzgang	krużganek	kruʒ'ganɛk
Krypta	krypta	'krɨpta
Kuppel	kopuła	kɔ'puwa
Küster............	kościelny *m*	kɔɕ'tɕɛlnɨ
Leuchter	lichtarz	'ʎixtaʃ
Messe............	msza	mʃa
Mosaik	mozaika	mɔ'zaĭka
Pastor............	pastor	'pastɔr
Pfarrer	proboszcz	'prɔbɔʃtʃ
Pfarrkirche	kościół parafialny	'kɔɕtɕuw para'fjalnɨ
Pfeiler	filar	'ʄilar
Portal............	portal	'pɔrtal
Predigt	kazanie	ka'zaɲɛ
Priester	kapłan	'kapwan
romanisch.........	romański	rɔ'maĭsḱi
Sakristei..........	zakrystia	za'krɨsʈja

Sarkophag	sarkofag	sar'kɔfak
Säule	kolumna	kɔ'lumna
Schiff	nawa	'nava
Statue	statua, posąg	'statŭa / 'pɔsɔŋk
Stuhl	krzesło	'kʃɛswɔ
– Betstuhl	klęcznik	'klɛntʃɲik
– Beichtstuhl	konfesjonał	kɔnfɛs'jɔnaw
Taufbecken	chrzcielnica	xʃtɕɛl'ɲitsa
Urne	urna	'urna
Vorhalle	kruchta	'kruxta

Ich suche *das Grab (die Gräber)* des/der ...
Szukam *grobu (grobów) ... (G)*
'ʃukam 'grɔbu ('grɔbuf)

Ich würde gern *das Grab (die Gräber)* in Ordnung bringen.
Chciał(a)bym uporządkować *ten grób (te groby).*
'xtɕaw(a)bɨm upɔʒɔnt'kɔvatɕ tɛn grup (tɛ 'grɔbɨ)

Wörter

(soweit nicht auf den vorhergehenden Seiten aufgeführt)

Allee	aleja	a'lɛja
Amt	urząd	'uʒɔnt
– Finanzamt	urząd skarbowy	'uʒɔnt skar'bɔvɨ
Anstalt	zakład	'zakwat
– Bedürfnisanstalt .	ustęp publiczny	'ustɛmp pub'ʎitʃnɨ
– Heilanstalt	zakład leczniczy	'zakwat lɛtʃ'ɲitʃɨ
– Lehranstalt	uczelnia	u'tʃɛlɲa
Baude, Berghütte ..	schronisko	sxrɔ'ɲiskɔ
Botschaft	ambasada	amba'sada
Bürgermeister	burmistrz	'burmʲiʃtʃ
Bürgersteig	chodnik	'xɔdɲik
Chaussee	szosa	'ʃɔsa
Dorf	wieś *f*, wioska	vʲɛɕ / 'vʲɔska
Durchfahrt	przejazd	'pʃɛjast

Durchgang	przejście	'pʃɛjɕtɕɛ
Ecke (an der Ecke).	róg (na rogu)	ruk (na‿'rɔgu)
Endhaltestelle	przystanek końcowy	pʃɨ'stanɛk kɔɲ'tsɔvɨ
Einkaufszentrum ..	dzielnica handlowa	dʑɛl'ɲitsa xand'lɔva
Fabrik	fabryka	'fabrɨka
Feuerwehr	straż pożarna	straʃ pɔ'ʒarna
Fluß	rzeka	'ʒɛka
Fundbüro	biuro rzeczy znalezionych	'b̡urɔ 'ʒɛtʃɨ znalɛ'ʑɔnɨx
Fußgänger	pieszy *m*	'p̡ɛʃɨ
Fußgängerübergang.	przejście dla pieszych	'pʃɛjɕtɕɛ dla 'p̡ɛʃɨx
Garten	ogród	'ɔgrut
– botanischer	botaniczny	bɔta'ɲitʃnɨ
– zoologischer	zoologiczny	zɔːlɔ'g̡itʃnɨ
Gasse	uliczka	u'ȴitʃka
– Sackgasse	ślepa uliczka	'ɕlɛpa u'ȴitʃka
Gericht(sgebäude) .	sąd	sɔnt
Geschäft, Laden ...	sklep	sklɛp
Hauptstraße	główna ulica	'gwuvna u'ȴitsa
Haus	dom	dɔm
– Hochhaus	wysokościowiec	vɨsɔkɔɕ'tɕɔɣɛts
– Krankenhaus.....	szpital	'ʃp̡ital
– Warenhaus	dom towarowy	dɔm tɔva'rɔvɨ
Hof	dziedziniec	dʑe'dʑiɲɛts
– Bauernhof	zagroda	za'grɔda
Kanal	kanał	'kanaw
Kaserne	koszary *pl.*	kɔ'ʃarɨ
Klinik	klinika	'kȴiɲika
Konsulat	konsulat	kɔ̃'sulat

Kraftwerk	elektrownia	ɛlɛkt'rɔvɲa
Markt	targ	tark
– Jahrmarkt	jarmark	'jarmark
Markthalle	hale targowe	'xalɛ tar'gɔvɛ
Ministerium	ministerstwo	ɱiɲi'stɛrstfɔ
Mauer	mur	mur
Passage	pasaż	'pasaʃ
Platz	plac	plats
Polizist	milicjant	ɱi'ʎitsjant
Querstraße	przecznica	pʃɛtʃ'ɲitsa
Rettungsstation	stacja pogotowia	'statsja pɔgɔ'tɔɣa
Schule	szkoła	'ʃkɔwa
– Hochschule	wyższa uczelnia	'vɨʃːa u'tʃɛlɲa
– Abendschule	szkoła wieczorowa	'ʃkɔwa ɣɛtʃɔ'rɔva
Stadt	miasto	'ɱastɔ
Stadtmauer	miejski mur	'ɱɛjsķi mur
Stadtteil, Stadtviertel	dzielnica	dʑɛl'ɲitsa
Stadtzentrum	centrum miasta	'tsɛntrum 'ɱasta
Sternwarte	obserwatorium *n*	ɔpsɛrva'tɔrjum
Rummelplatz	wesołe miasteczko	vɛ'sɔwɛ ɱas'tɛtʃkɔ
Straßenecke	róg ulicy	ruk u'ʎitsɨ
Synagoge	synagoga	sɨna'gɔga
Tal	dolina	dɔ'ʎina
Umgebung	okolica	ɔkɔ'ʎitsa
Universität	uniwersytet	uɲi'vɛrsɨtɛt
Verkehrsinsel	wysepka przystankowa	vɨ'sɛpka pʃɨstan'kɔva
Vorort	przedmieście	pʃɛd'ɱɛɕtɕɛ

POST, TELEGRAF UND TELEFON

Auskunft

Wo ist das nächste Postamt?
Gdzie jest najbliższy urząd pocztowy?
'gdʑe‿jɛst naj'bʝiʃʃɨ 'uʒɔnt pɔtʃ'tɔvɨ

Wo ist hier ein Briefkasten?
Gdzie tu jest skrzynka pocztowa?
'gdʑɛ‿tu‿jɛst 'skʃɨnka pɔtʃ'tɔva

Wo ist der Schalter für *Postanweisungen (Einschreibebriefe)*?
Gdzie jest okienko do *przekazów pocztowych (listów poleconych)*?
'gdʑe‿jɛst ɔ'ʞɛnkɔ dɔ‿przɛ'kazuf pɔtʃ'tɔvɨx ('ʝistuf pɔlɛ'tsɔnɨx)

Wo ist die Ausgabe postlagernder Sendungen?
Gdzie się wydaje przesyłki na poste-restante?
'gdʑe‿ɕɛ vɨ'dajɛ pʃɛ'sɨwʞi na‿'pɔst‿rɛ'stant

An welchem Schalter werden Briefmarken verkauft?
W którym okienku sprzedaje się znaczki pocztowe?
f‿'kturɨm ɔ'ʞɛnku spʃɛ'dajɛ‿ɕɛ 'znatʃʞi pɔtʃ'tɔvɛ

Postwertzeichen

Wieviel beträgt das Porto für ...?
Ile wynosi opłata za ...?
'ilɛ vɨ'nɔɕi ɔ'pwata za

diesen (Luftpost-)

Brief	ten list (lotniczy)	tɛn ʝist (lɔt'ɲitʃɨ)
eine Ansichtskarte .	widokówkę	ɣidɔ'kufkɛ
einen Eilbrief	list ekspresowy	ʝist ɛksprɛ'sɔvɨ
einen eingeschriebenen Brief	list polecony	ʝist pɔlɛ'tsɔnɨ
diese Drucksachen .	te druki	tɛ‿'druʞi
einen Auslandsbrief.	list zagraniczny	ʝist zagra'ɲitʃnɨ
eine Postkarte	pocztówkę	pɔtʃ'tufkɛ

Geben Sie mir bitte eine Briefmarke zu ...
Proszę mi dać znaczek pocztowy za ...
'prɔʃɛ‿ɱi‿datɕ 'znatʃɛk pɔtʃ'tɔvɨ za

Frankieren Sie bitte diesen Brief.
Proszę ofrankować ten list.
'prɔʃɛ ɔfraŋ'kɔvatɕ tɛn ʎist

Wieviel wiegt er?
Ile on waży?
'ilɛ‿ɔn 'vaʒɨ

Kann man hier Briefmarken für Sammelzwecke kaufen?
Czy można tu nabyć znaczki w celu filatelistycznym?
tʃɨ 'mɔʒna‿tu 'nabɨtɕ 'znatʃķi f‿'tsɛlu ƒilatɛʎi'stɨtʃnɨm

Kann ich dies als Drucksache schicken?
Czy mogę nadać to jako druki?
tʃɨ 'mɔgɛ 'nadatɕ‿tɔ 'jakɔ 'druķi

Was zahle ich?
Ile płacę?
'ilɛ 'pwatsɛ

Absender	nadawca *m*	na'daftsa
Adresse	adres	'adrɛs
Ansichtskarte	widokówka	ʋidɔ'kufka
Bestimmungsort	miejsce przeznaczenia	'ɱejstsɛ pʃɛzna'tʃɛɲa
Brief	list	ʎist
– Eilbrief	ekspres	'ɛksprɛs
– Einschreibebrief ..	list polecony	ʎist pɔlɛ'tsɔny
– Wertbrief	list wartościowy	ʎist vartɔ'ɕtɕɔvɨ
Briefkasten	skrzynka pocztowa	'skʃɨnka pɔtʃ'tɔva
Briefmarke	znaczek pocztowy	'znatʃɛk pɔtʃ'tɔvɨ
– Gedenkmarke	znaczek okolicznościowy	'znatʃɛk ɔkɔʎitʃnɔ'ɕtɕɔvɨ
Briefumschlag	koperta	kɔ'pɛrta
Drucksache	druki *m/pl.*	'druķi
Empfänger	odbiorca *m*	ɔd'ɓɔrtsa
Gebühr	opłata	ɔ'pwata
Nachnahme	pobranie	pɔ'braɲɛ
Postkarte	pocztówka	pɔtʃ'tufka
Reklamation	reklamacja	rɛkla'matsja
Rückporto	porto powrotne	'pɔrtɔ pɔ'vrɔtnɛ
Zuschlag	dopłata	dɔ'pwata

Einschreiben und Zahlungen

Ich möchte diesen Brief einschreiben lassen.
Chcę nadać ten list jako polecony.
xtsɛ 'nadatɕ tɛn ʎist 'jakɔ pɔlɛ'tsɔny

Geben Sie mir bitte einen Einlieferungsschein!
Proszę o blankiet dowodu nadania!
'prɔʃɛ ɔ‿'blaŋkɛt dɔ'vɔdu na'daɲa

Kann ich Geld ins Ausland schicken?
Czy mogę posłać pieniądze za granicę?
tʃɨ‿'mɔgɛ pɔ'swatɕ pe'ɲɔndzɛ za‿gra'ɲitsɛ

Geben Sie mir bitte eine Postanweisung!
Proszę mi dać blankiet na przekaz pocztowy!
'prɔʃɛ‿mi‿datɕ 'blaŋkɛt na‿'pʃɛkas pɔtʃ'tɔvɨ

Eine Zahlkarte, bitte!
Proszę o blankiet nadawczy PKO!
'prɔʃɛ ɔ‿'blaŋkɛt na'daftʃɨ pɛka'ɔ

Können Sie mir diese Postanweisung auszahlen?
Czy może mi pan(i) wypłacić ten przekaz?
tʃɨ 'mɔʒɛ‿mi 'pan(i) vɨ'pwatɕitɕ tɛn 'pʃɛkas

Das Geld bekommen Sie am Schalter nebenan.
Pieniądze otrzyma pan(i) w sąsiednim okienku.
pe'ɲɔndzɛ ɔ't:ʃɨma 'pan(i) f‿sɔ̃'ɕɛdɲim ɔ'kɛnku

Postlagernd

Ist Post auf diesen Namen da?
Czy jest poczta na to nazwisko?
tʃɨ‿jɛst 'pɔtʃta 'na‿tɔ naz'viskɔ

Ja, es ist etwas da.
Tak, jest coś dla pana.
tak jɛst tsɔɕ dla‿'pana

Einen Augenblick, ich sehe nach.
Chwileczkę, muszę sprawdzić.
xfi'lɛtʃkɛ 'muʃɛ 'spravdʑitɕ

Es ist leider nichts da.
Niestety, nic nie ma.
ɲɛ'stɛtɨ ɲits 'ɲɛ‿ma

Würden Sie mir bitte Ihren *Paß (Ausweis)* zeigen?
Zechce pan(i) okazać swój *paszport (dowód osobisty)*.
'zɛxtsɛ 'pan(i) ɔ'kazatɕ svuj 'paʃpɔrt ('dɔvut ɔsɔ'bistɨ)

Nachsenden

Senden Sie bitte meine Post an diese Anschrift nach!
Proszę dosłać moją pocztę pod ten adres!
'prɔʃɛ 'dɔswatɕ 'mɔjɔ̃ 'pɔtʃtɛ 'pɔt‿tɛn 'adrɛs

Päckchen, Pakete

Was kann man ins Ausland schicken?
Co wolno jest wysyłać za granicę?
tsɔ 'vɔlnɔ jɛst vɨ'sɨwatɕ za‿gra'ɲitsɛ

Ich möchte dieses Paket in die Bundesrepublik schicken.
Chciał(a)bym nadać tę paczkę do RFN.
'xtɕaw(a)bɨm 'nadatɕ tɛ̃ 'patʃkɛ dɔ ɛr‿ɛf‿'ɛn

... in die Schweiz ...
... do Szwajcarii.
dɔ ʃvaj'tsarji

... nach Österreich ...
... do Austrii.
dɔ 'aŭstr̥iː

Geben Sie mir bitte eine Paketkarte (fürs Ausland).
Proszę mi dać adres pomocniczy (dla przesyłki za granicę).
'prɔʃɛ‿ᶆi‿datɕ 'adrɛs pɔmɔts'ɲitʃɨ (dla pʃɛ'sɨwᶄi za‿gra'ɲitsɛ)

Die Paketannahme ist in der Halle nebenan.
Nadawanie paczek jest w sali obok.
nada'vaɲɛ 'patʃɛk jɛst f‿'saᶅi 'ɔbɔk

Ich möchte dieses Päckchen aufgeben.
Chciał(a)bym nadać ten pakiecik.
'xtɕaw(a)bɨm 'nadatɕ tɛn pa'ᶄetɕik

Welches Gewicht ist zulässig?
Jaka waga jest dopuszczalna?
'jaka 'vaga jɛst dɔpuʃ'tʃalna

Wieviel wiegt es?
Ile waży?
'ilɛ 'vaʒɨ

Ich möchte das Paket versichern.
Chciał(a)bym ubezpieczyć tę paczkę.
'xtcaw(a)bɨm ubɛs'ᶈɛtʃɨtɕ tɛ̃ 'patʃkɛ

Wie hoch?
Na jaką sumę?
na‿'jakɔ̃ 'sumɛ

Dieses Paket ist unvorschriftsmäßig verpackt.
Ta paczka jest nieprzepisowo zapakowana.
ta 'patʃka jɛst ɲɛpʃɛᶈi'sɔvɔ zapakɔ'vana

Telegramme

Ich möchte ein Telegramm nach ... aufgeben.
Chciał(a)bym nadać telegram do ...
'xtɕaw(a)bɨm 'nadatɕ tɛ'lɛgram dɔ

Geben Sie mir bitte ein Telegrammformular.
Proszę mi dać blankiet telegraficzny.
'prɔʃɛ‿m̡i‿datɕ 'blaŋk̡ɛt tɛlɛgra'f̡itʃnɨ

Wieviel kostet ein gewöhnliches Telegramm ins Ausland?
Ile kosztuje telegram zwykły za granicę?
'ilɛ kɔʃ'tuje tɛ'lɛgram 'zvɨkwɨ za‿gra'ŋitsɛ

... ein Brieftelegramm?
... telegram listowy?
tɛ'lɛgram l̡i'stɔvɨ

Mit bezahlter Rückantwort?
Z opłaconą odpowiedzią?
z‿ɔpwa'tsɔnɔ̃ ɔtpɔ'ɣedʑɔ̃

Das Telegramm bitte als (sehr) dringend aufgeben.
Proszę nadać telegram jako (bardzo) pilny.
'prɔʃɛ 'nadatɕ tɛ'lɛgram 'jakɔ ('bardzɔ) 'p̡ilnɨ

Namen und Adresse bitte in Druckbuchstaben angeben.
Proszę podać nazwisko i adres literami drukowanymi.
'prɔʃɛ 'pɔdatɕ naz'ɣiskɔ i‿'adrɛs l̡itɛ'ram̡i drukɔva'nɨm̡i

Wieviel Worte Rückantwort wollen Sie bezahlen?
Ile słów odpowiedzi chce pan(i) opłacić?
'ilɛ swuf ɔtpɔ'ɣedʑi 'xtsɛ‿pan(i) ɔ'pwatɕitɕ

Wieviel kostet ein Schmuckblatt-Telegramm nach ...?
Ile kosztuje telegram na blankiecie ozdobnym do ...?
'ilɛ kɔ'ʃtujɛ tɛ'lɛgram na blaŋ'k̡etɕɛ ɔz'dɔbnɨm dɔ

Telefon

Wo ist hier der nächste Münzfernsprecher?
Gdzie tu jest najbliższy automat telefoniczny?
'gdzɛ‿tu‿jɛst naj'bl̡iʃʃɨ aŭ'tɔmat tɛlɛfɔ'ŋitʃnɨ

Von wo kann ich telefonieren?
Skąd mogę zatelefonować?
skɔnt 'mɔgɛ zatɛlɛfɔ'nɔvatɕ

Kann ich mal telefonieren?
Czy mogę zatelefonować?
tʃɨ‿'mɔgɛ zatɛlɛfɔ'nɔvatɕ

Wollen Sie ein Orts- oder ein Ferngespräch führen?
Ma to być rozmowa miejscowa czy zamiejscowa?
ˈma‿tɔ‿bɨtɕ rɔzˈmɔva mjejˈstsɔva tʃɨ zamjeɪˈstsɔva

Ich möchte ein Auslandsgespräch nach ... anmelden.
Chcę zamówić rozmowę zagraniczną z ... *(I)*
xtsɛ zaˈmuvitɕ rɔzˈmɔvɛ zagraˈɲitʃnɔ̃ z

Bitte die Nummer ...
Proszę numer ...
ˈprɔʃɛ ˈnumɛr

Welche Nummer?
Jaki numer?
ˈjaki ˈnumer

Leider kenne ich die Nummer nicht, hier sind Name und Adresse.
Niestety, nie znam numeru, oto nazwisko i adres.
ɲɛˈstɛtɨ ˈɲɛ‿znam nuˈmɛru ˈɔtɔ nazˈviskɔ i‿ˈadres

Könnten Sie mir ein Telefonbuch geben?
Może mi pan(i) dać książke telefoniczną?
ˈmɔʒɛ‿mji ˈpan(i) datɕ ˈkɕɔ̃ʃkɛ tɛlɛfɔˈɲitʃnɔ̃

Sie können die Nummer selbst wählen.
Pan sam (Pani sama) może wykręcić numer.
pan sam (ˈpaɲi ˈsama) ˈmɔʒɛ vɨˈkrɛɲtɕitɕ ˈnumer

Ich möchte ein Ferngespräch nach ... mit Voranmeldung anmelden
Chcę zamówić rozmowę międzymiastową z przywołaniem do ....
xtsɛ zaˈmuvitɕ rɔzˈmɔvɛ mjɛndzɨmjaˈstɔwɔ̃ s‿pʃɨvɔˈwaɲɛm dɔ ...

Ab wieviel Uhr gilt der Nachttarif?
Od której godziny obowiązuje taryfa nocna?
ɔt‿ˈkturɛj gɔˈdʑiɲɨ ɔbɔvjɔ̃ˈzujɛ taˈrɨfa ˈnɔtsna

Ihr Gespräch ist in Kabine 4, bitte melden!
Rozmowa *pana (pani)* jest w kabinie czwartej!
rɔzˈmɔva ˈpana (ˈpaɲi) jɛst f‿kaˈbjiɲɛ ˈtʃvartɛj

Wann bekomme ich die Verbindung?
Kiedy otrzymam połączenie?
ˈkjɛdɨ ɔˈtːʃɨmam pɔwɔnˈtʃɛɲɛ

Die Leitung ist besetzt.
Linia jest zajęta.
ˈljiɲja jɛst zaˈjɛnta

Teilnehmer antwortet nicht.
Numer nie odpowiada.
ˈnumɛr ɲɛ‿ɔtpɔˈvjada

Die Verbindung ist sehr schlecht.
Połączenie jest bardzo złe.
pɔwɔnˈtʃɛɲɛ jɛst ˈbardzɔ zwɛ

Bleiben Sie am Apparat!
Proszę pozostać przy aparacie!
ˈprɔʃɛ pɔˈzɔstatɕ pʃɨ apaˈratɕɛ

Sprechen Sie noch?
Mówi się?
ˈmuvi‿ɕɛ

Ich kann nicht länger warten, streichen Sie das Gespräch.
Nie mogę dłużej czekać, proszę anulować rozmowę.
ɲɛ‿'mɔgɛ 'dwuʒɛj 'tʃɛkatɕ 'prɔʃɛ anu'lɔvatɕ rɔz'mɔvɛ

Das Gespräch ist nicht zustandegekommen.
Rozmowa nie doszła do skutku.
rɔz'mɔva ɲɛ‿'dɔʃwa dɔ‿'skutku

Wieviel kostet das Gespräch?
Ile kosztuje rozmowa?
'ilɛ kɔʃ'tujɛ rɔz'mɔva

Rufen Sie noch einmal an.
Proszę zadzwonić jeszcze raz.
'prɔʃɛ za'dzvɔɲitɕ 'jɛʃtʃɛ‿ras

Hallo! Wer ist am Apparat?
Hallo! Kto jest przy aparacie?
'xalɔ 'ktɔ‿jɛst pʃɨ apa'ratɕɛ

Hier spricht ...
Tu jest ...
tu‿jɛst

Wen möchten Sie sprechen?
Z kim pan(i) chce mówić?
s‿ķim 'pan(i) xtsɛ 'muyitɕ

Rufen Sie bitte *Herrn (Frau)* ...
Proszę zawołać *pana (panią)* ...
'prɔʃɛ za'vɔwatɕ 'pana ('paɲɔ̃)

Kann ich .. sprechen?
Czy mogę mówić z ... *(I)*?
tʃɨ‿'mɔgɛ 'muyitɕ s (z)

Ist am Apparat.
Przy aparacie.
pʃɨ‿apa'ratɕɛ

Wer spricht?
Kto mówi?
ktɔ‿'muyi

Falsch verbunden!
Pomyłka!
pɔ'mɨwka

... ist nicht zu Hause.
... nie ma w domu.
'ɲɛ‿ma v‿'dɔmu

Verbinden Sie mich bitte mit ...
Proszę mnie połączyć z ... *(I)*
'prɔʃɛ‿mɲɛ pɔ'wɔntʃɨtɕ s (z)

Unterbrechen Sie nicht!
Proszę nie przerywać!
'prɔʃɛ ɲɛ‿pʃɛ'rɨvatɕ

Münzautomat

Włóż monetę 50-groszową, podnieś mikrofon, po uzyskaniu sygnału centrali wybierz żądany numer.

Stecke eine 50-Groschen-Münze hinein, hebe den Hörer und nach Ertönen des Tonzeichens wähle die gewünschte Nummer.

BANK UND GELDWECHSEL

Auskunft

Wo kann man hier Geld wechseln?
Gdzie można tu wymienić pieniądze?
gdzɛ 'moʒna tu vɨ'mʲeɲitɕ ɲe'ɲɔndzɛ

Ist hier eine Bank?
Czy jest tu bank?
tʃɨ_'jɛst_tu baŋk

Wo gibt es eine Wechselstube?
Gdzie jest kantor wymiany?
'gdze_jɛst 'kantɔr vɨ'mʲanɨ

Wo ist die Nationalbank?
Gdzie jest Bank Narodowy?
'gdze_jɛst baŋk narɔ'dɔvɨ

Geldwechsel

Kann ich hier fremde Währung in Zloty umtauschen?
Czy mogę tu wymienić obcą walutę na złote?
tʃɨ'mʲɔgɛ_tu vɨ'mʲeɲitɕ 'ɔptsɔ̃ va'lutɛ na_'zwɔtɛ

Ich möchte *Deutsche Mark (Dollar, österreichische Schillinge, Schweizer Franken)* in Zloty umtauschen.
Chciał(a)bym wymienić *niemieckie marki (dolary, austriackie szylingi, szwajcarskie franki)* na złote.
'xtcaw(a)bɨm vɨmʲeɲitɕ ɲe'mʲɛtskʲɛ 'markʲi (dɔ'larɨ / aŭstrʲi'atskʲɛ ʃɨ'lʲiŋgʲi / ʃvaj'tsarskʲɛ 'fraŋkʲi) na_'zwɔtɛ

Wie ist der Wechselkurs für ...?
Jaki jest kurs wymiany ... *(G)?*
'jakʲi_jɛst kurs vɨ'mʲanɨ

Ist das der *offizielle Kurs (Sonderkurs für Touristen)*?
Jest to *oficjalny kurs (kurs ulgowy dla turystów)?*
'jɛst_tɔ ɔfʲi'tsjalnɨ kurs (kurs ul'gɔvɨ dla tu'rɨstuf)

Wieviel Zloty bekomme ich für 300 DM?
Ile złotych otrzymam wzamian za trzysta niemieckich marek?
'ilɛ 'zwɔtix ɔ't:ʃɨmam'vzamʲan za_'t:ʃɨsta ɲe'mʲɛtskʲix 'marɛk

Wechseln Sie mir bitte 100 *DM (Dollar)* in Zloty um.
Proszę mi wymienić sto *marek (dolarów)* na złote.
'prɔʃɛ_mʲi vɨ'mʲeɲitɕ stɔ 'marɛk (dɔ'laruf) na_'zwɔtɛ

Ich möchte 100 Zloty in DM umwechseln.
Chciał(a)bym zmienić sto złotych na marki niemieckie.
'xtɕaw(a)bɨm 'zᶆeɲitɕ stɔ 'zwɔtɨx na‿'marᶄi ɲe'ᶆɛtsᶄɛ

Geben Sie mir bitte 1000 Zloty in großen Scheinen und den Rest in *Kleingeld (Münzen)*.
Proszę mi dać tysiąc złotych w dużych banknotach, a resztę *drobnymi (w bilonie)*.
'prɔʃɛ‿ᶆi‿datɕ 'tɨɕɔnts 'zwɔtɨx v‿'duʒɨx baŋk'nɔtax a‿'rɛʃtɛ drɔb'nɨᶆi (v‿ᶀi'lɔɲɛ)

Können Sie mir diesen Schein wechseln?
Czy może mi pan(i) rozmienić ten banknot na drobne?
tʃɨ‿'mɔʒɛ‿ᶆi 'pan(i) rɔz'ᶆeɲitɕ tɛn 'baŋknɔt na‿'drɔbnɛ

Ich brauche etwas Kleingeld.
Potrzebuję nieco drobnych (pieniędzy).
pɔtːʃɛ'bujɛ 'ɲɛtsɔ 'drɔbnɨx (pe'ɲɛndzɨ)

Geldverkehr

Ich möchte Geld *abheben (einzahlen)*.
Chciał(a)bym *podjąć (wpłacić)* pieniądze.
'xtɕaw(a)bɨm 'pɔdjɔŋtɕ ('fpwatɕitɕ) pe'ɲɔndzɛ

Können Sie mir bitte diesen Reisescheck einlösen?
Może mi pan(i) zrealizować ten czek podróżny?
'mɔʒɛ‿ᶆi 'pan(i) zrɛaʎi'zɔvatɕ tɛn tʃɛk pɔ'druʒnɨ

Ich möchte bei Ihnen *Geld hinterlegen (ein Konto eröffnen)*.
Chciał(a)bym u was *zdeponować pieniądze (otworzyć konto)*.
'xtɕaw(a)bɨm 'u‿vas zdɛpɔ'nɔvatɕ pe'ɲɔndzɛ (ɔt'fɔʒɨtɕ 'kɔntɔ)

Haben Sie für mich eine telegraphische Überweisung erhalten?
Czy przelew telegraficzny dla mnie już nadszedł?
tʃɨ 'pʃɛlɛf tɛlɛgra'ƒitʃnɨ 'dla‿mɲɛ juʒ 'natːʃɛt

Ich erwarte eine Banküberweisung aus ...
Oczekuję przelewu z ... *(G)*
ɔtʃɛ'kujɛ pʃɛ'lɛvu z (s)

Ihr Name?
Nazwisko?
naz'ʋiskɔ

Welche Summe?
Na jaką kwotę?
na‿'jakɔ̃ 'kfɔtɛ

Ihren Ausweis, bitte!
Proszę okazać swój dowód osobisty!
'prɔʃɛ ɔ'kazatɕ svuj 'dɔvut ɔsɔ'ᶀistɨ

Würden Sie bitte hier auf der Rückseite unterschreiben?
Proszę podpisać się tu na odwrotnej stronie (czeku).
ˈprɔʃɛ pɔtˈɲisatɕ‿ɕɛ tu na ɔdˈvrɔtnɛj ˈstrɔɲɛ (ˈtʃɛku)

Ich habe einen Kreditbrief auf Ihre Bank.
Mam akredytywę, wystawioną na wasz bank.
mam akrɛdɨˈtɨvɛ vɨstaɣɔnɔ̃ na‿vaʃ baŋk

Wie ist Ihre Adresse?
Adres *pana (pani)*?
ˈadrɛs ˈpana (ˈpaɲi)

Bitte an die Kasse!
Proszę do kasy!
ˈprɔʃɛ dɔ‿ˈkasy

auszahlen	wypłacić	vɨˈpwatɕitɕ
Bankanweisung	przekaz na bank	ˈpʃɛkaz na‿baŋk
Bankfiliale	oddział banku	ˈɔddʑaw ˈbaŋku
Bankkonto	konto w banku	ˈkɔntɔ v‿ˈbaŋku
Bargeld	gotówka	gɔˈtufka
bargeldlos	bezgotówkowy	bɛzgɔtufˈkɔvɨ
Barzahlung	wypłata w gotówce	vɨˈpwata v‿gɔˈtuftsɛ
Betrag	kwota	ˈkfɔta
Devisen	dewizy	dɛˈɣizɨ
einzahlen	wpłacić	ˈfpwatɕitɕ
Formular	blankiet	ˈblaŋkɛt
Geld	pieniądze *pl.*	ɲeˈŋɔndzɛ
– Kleingeld	drobne (pieniądze)	ˈdrɔbnɛ (ɲeˈŋɔndzɛ)
– Papiergeld	papierowe pieniądze	paɲɛˈrɔvɛ ɲeˈŋɔndzɛ
Geldschein	banknot	ˈbaŋknɔt
Gold	złoto	ˈzwɔtɔ
Kassierer	kasjer	ˈkasjɛr
Kredit	kredyt	ˈkrɛdɨt
Kreditbrief	akredytywa	akrɛdɨˈtɨva
Kurs	kurs	kurs
– Tageskurs	kurs dzienny	kurs ˈdʑɛnːɨ
Münze	moneta	mɔˈnɛta
Quittung	pokwitowanie	pɔkfitɔˈvaɲɛ
Scheck	czek	tʃɛk

– Barscheck	czek gotówkowy	tʃɛk gɔtuf'kɔvɨ
– Inhaberscheck	czek na okaziciela	tʃɛk na‿ɔkazi'tɕɛla
– Reisescheck	czek podróżniczy	tʃɛk pɔdruʒ'ɲitʃɨ
– Verrechnungsscheck	czek rozrachunkowy	tʃɛk rɔzraxun'kɔvɨ
Scheckbuch	książeczka czekowa	kɕɔ̃'ʒɛtʃka tʃɛ'kɔva
Sparbuch	książeczka oszczędnościowa	kɕɔ̃'ʒɛtʃka ɔʃtʃɛndnɔ'ɕtɕɔva
Sparkasse	kasa oszczędności	'kasa ɔʃtʃɛnd'nɔɕtɕi
Transfer	transfer	'transfɛr
Überweisung	przekaz, przelew	'pʃɛkas / 'pʃɛlɛf
Verkauf	sprzedaż *f*	'spʃɛdaʃ
Währung	waluta	va'luta
– ausländische Währung	waluta zagraniczna	va'luta zagra'ɲitʃna
– Landeswährung	waluta krajowa	va'luta kra'jɔva
Wechsel	weksel	'vɛksel
– Geldwechsel	wymiana pieniędzy	vɨ'mjana pe'ɲɛndzɨ
– annehmen	(za)akceptować	(za)aktsɛp'tɔvatɕ
– ausstellen	wystawić	vɨ'stavitɕ
– honorieren	(za)płacić	(za)'pwatɕitɕ
Wechselkurs	kurs wymiany	kurs vɨ'mjanɨ
Wert	wartość *f*	'vartɔɕtɕ
Zahlung	(za)płacenie	(za)pwa'tsɛɲɛ
Zahlungsmittel *(pl.)*	środki płatnicze	'ɕrɔtki pwat'ɲitʃɛ

Die Währung in Polen:

1 Zloty (złoty ['zwɔtɨ], *Abkürzung* zł.) = **100 Groschen** (grosz [grɔʃ], *Abkürzung* gr.).

Im Umlauf sind:

Banknoten zu **20**, **50**, **100** und **500** Zloty.

Münzen zu **1**, **2**, **5**, **10**, **20**, **50** Groschen und zu **1**, **2**, **5**, **10**, **20**, **100** und **200** Zloty.

AUF DER POLIZEI

Anmeldung

Wo ist das Polizeirevier?
Gdzie jest komisariat MO?
'gdze‿jɛst kɔmi'sarjat ɛm‿'ɔ

Wo ist das Meldeamt?
Gdzie jest biuro meldunkowe?
'gdze‿jɛst 'bʲurɔ mɛldun'kɔvɛ

Ich möchte mich anmelden.
Chciał(a)bym się zameldować.
'xtɕaw(a)bɨm‿ɕɛ zamɛl'dɔvatɕ

Woher kommen Sie?
Skąd pan(i) przybywa?
skɔnt 'pan(i) pʃɨ'bɨva

Ich komme aus ...
Przybywam z ...
pʃɨ'bɨvam z (s)

Ich bin Ausländer(in).
Jestem cudzozie*mcem (-mką)*
'jɛstɛm tsudzɔ'ʑɛmtsɛm (-mkɔ̃)

Ich komme aus *der Bundesrepublik Deutschland (Berlin)*.
Przyjechał*em (-am)* z *RFN (Berlina)*.
pʃɨjɛ'xawɛm (-am) z‿ɛr‿ɛf‿'ɛn (z‿bɛr'lʲina)

Ich bin *Österreicher(in) [Schweizer(in)]*.
Jestem *Austriakiem (-aczką) [Szwajcarem (-rką)]*.
'jɛstɛm aŭstrʲi'akʲɛm (-'atʃkɔ̃) [ʃvaj'tsarɛm (-rkɔ̃)]

Haben Sie einen Paß oder einen Personalausweis?
Ma pan(i) paszport lub dowód osobisty?
'ma‿pan(i) 'paʃpɔrt lub 'dɔvut ɔsɔ'bʲistɨ

Was ist der Zweck Ihrer Reise?
W jakim celu pan(i) przybywa?
v‿'jakim 'tsɛlu 'pan(i) pʃɨ'bɨva

Wo wohnen Sie?
Gdzie pan(i) mieszka?
'gdzɛ pan(i) 'mʲɛʃka

Wie lange bleiben Sie hier?
Jak długo pan(i) tu pozostanie?
jag‿'dwugɔ 'pan(i) tu pɔzɔ'staɲɛ

Etwa 4 Wochen.
Około czterech tygodni.
ɔ'kɔwɔ 'tʃtɛrɛx tɨ'gɔdni

Ich bin geschäftlich hier.
Jestem tu służbowo.
'jɛstɛm‿tu swuʒ'bɔvɔ

Ich besuche Verwandte.
Jestem w odwiedzinach u krewnych.
'jɛstɛm v‿ɔdvʲɛ'dʑinax u‿'krɛvnɨx

Geben Sie mir Ihre Personalien an.
Proszę mi podać personalia.
'prɔʃɛ‿mʲi 'pɔdatɕ pɛrsɔ'nalʲja

Ihr Familienname?
Nazwisko?
naz'vʲiskɔ

Ihr Vorname?
Imię?
'imʲɛ

Geburtsort und Geburtsdatum?
Miejsce i data urodzenia?
'mʲɛjstsɛ i‿'data urɔ'dzɛɲa

Ihr Beruf?
Zawód *pana (pani)*?
'zavut 'pana ('paɲi)

Wo sind Sie beschäftigt?
Gdzie pan(i) pracuje?
gdʑɛ 'pan(i) pra'tsujɛ

Familienstand?
Stan cywilny?
stan tsɨ'ɣilnɨ

Ich bin verheiratet.
Mann: Jestem żonaty 'jɛstɛm ʒɔ'natɨ
Frau: Jestem zamężna 'jɛstɛm za'mɛ̃ʒna

	Ich bin ... ledig	... verwitwet	... geschieden
Mann:	Jestem ... nieżonaty	... wdowiec	... rozwodnik
	'jɛstɛm ɲɛʒɔ'natɨ	'vdɔɣɛts	rɔz'vɔdɲik
Frau:	Jestem ... niezamężna	... wdowa	... rozwódka
	'jɛstɛm ɲɛza'mɛ̃ʒna	'vdɔva	rɔz'vutka

Anzeige

Ich möchte ... anzeigen.
Chciał(a)bym zgłosić ...
'xtɕaw(a)bɨm 'zgwɔɕitɕ

einen Diebstahl	kradzież *f*	'kradʑɛʃ
den Verlust von ...	zgubę *(G)*	'zgubɛ
einen Unfall	nieszczęśliwy wypadek	ɲɛʃtʃɛ̃'ɕlivɨ vɨ'padɛk

Mir ist meine *Brieftasche (Aktenmappe, Tasche)* gestohlen worden.
Skradziono mi *portfel (teczkę, torebkę).*
skra'dʑɔnɔ‿mʲi 'pɔrtfɛl ('tɛtʃkɛ / tɔ'rɛpkɛ)

Ich habe *meine Uhr (mein Portemonnaie, einen Ring)* verloren.
Zgubił*em (-łam) zegarek (portmonetkę, pierścionek).*
zgu'bʲiwɛm (-wam) zɛ'garɛk (pɔrtmɔ'nɛtkɛ / pɛr'ɕtɕɔnɛk)

Ich habe in ... meinen *Schirm (Koffer)* stehenlassen.
Zostawił*em (-łam)* w ... *swój parasol (swoją walizkę).*
zɔsta'ɣiwɛm (-wam) v ... svuj pa'rasɔl ('svɔjɔ̃ va'ʎiskɛ)

Wir müssen ein Protokoll aufnehmen.
Musimy sporządzić protokół.
mu'ɕimɨ spɔ'ʒɔndʑitɕ prɔ'tɔkuw

Geben Sie mir eine genaue Beschreibung.
Proszę mi dać dokładny opis.
'prɔʃɛ‿mʲi datɕ dɔ'kwadnɨ 'ɔpʲis

Wir werden Sie benachrichtigen, wenn wir ... gefunden haben.
W wypadku odnalezienia ... zostanie pan(i) powiadomio*ny* (*-na*).
v‿vɨ'patku ɔdnalɛ'zeŋa ... zɔ'staŋɛ 'pan(i) pɔɣadɔ'mɔŋɨ (-na)

Berufe

Angestellter	pracownik	pra'tsɔvŋik
Arbeiter	robotnik	rɔ'bɔtŋik
Bäcker	piekarz	'pɛkaʃ
Bauer	rolnik	'rɔlŋik
Beamter	urzędnik	u'ʒɛndŋik
Briefträger	listonosz	li'stɔnɔʃ
Dolmetscher	tłumacz	'twumatʃ
Eisenbahner	kolejarz	kɔ'lɛjaʃ
Elektriker	elektryk	ɛ'lɛktrɨk
Gärtner	ogrodnik	ɔg'rɔdŋik
Glaser	szklarz	ʃklaʃ
Industrieller	przemysłowiec	pʃɛmɨ'swɔɣɛts
Ingenieur	inżynier	ĩ'ʒɨŋɛr
Journalist	dziennikarz	dʑeŋ'ŋikaʃ
Kaufmann	kupiec	'kupɛts
Klempner	blacharz	'blaxaʃ
Koch	kucharz	'kuxaʃ
Kraftfahrer	kierowca *m*	kɛ'rɔftsa
Lehrer	nauczyciel	nau'tʃɨtɕɛl
Maler	malarz	'malaʃ
Maurer	murarz	'muraʃ
Musiker	muzyk	'muzɨk
Rechtsanwalt	adwokat	ad'vɔkat
Richter	sędzia *m*	'sɛŋdʑa
Schlosser	ślusarz	'ɕlusaʃ
Schmied	kowal	'kɔval
Schneider	krawiec	'kraɣɛts
Schuhmacher	szewc	ʃɛfts
Schüler	uczeń *m*	'utʃɛŋ
Student	student	'studɛnt
Techniker	technik	'tɛxŋik
Tischler	stolarz	'stɔlaʃ
Uhrmacher	zegarmistrz	zɛ'garmiʃtʃ
Verkäufer	sprzedawca *m*	spʃɛ'daftsa
Wissenschaftler	naukowiec	nau'kɔɣɛts

GESUNDHEIT

Apotheke

Wo ist die nächste Apotheke?
Gdzie jest najbliższa apteka?
'gdze‿jest naj'bʝiʃʃa ap'tɛka

Ich habe ein Rezept.
Mam receptę.
mam rɛ'tsɛptɛ

Können Sie mir dieses Medikament geben?
Może mi pan(i) dać *to lekarstwo (ten lek)*?
'mɔʒɛ‿mi 'pan(i) datɕ tɔ lɛ'karstfɔ (tɛn lɛk)

***Wann (Wo)* kann ich es bekommen?**
Kiedy (Gdzie) mogę je otrzymać?
'ʞɛdɨ (gdzɛ) 'mɔgɛ‿jɛ ɔ't:ʃɨmatɕ

Kann ich warten?
Czy mogę zaczekać?
tʃɨ‿'mɔgɛ za'tʃɛkatɕ

Ich möchte ...
Chciał(a)bym środek ...
'xtɕaw(a)bɨm 'ɕrɔdɛk

ein Abführmittel ...	na przeczyszczenie	na‿pʃɛtʃɨ'ʃtʃɛŋɛ
ein Beruhigungsmittel	uspokajający	uspɔkaja'jɔntsɨ
ein schmerzstillendes Mittel	uśmierzający ból	uɕmʝɛʒa'jɔntsɨ bul
ein Desinfektionsmittel	dezynfekcyjny	dɛzɨnfɛk'tsɨjnɨ
ein Schlafmittel	nasenny	na'sɛn:ɨ

Können Sie mir etwas geben gegen ...
Może mi pan(i) dać coś ...
'mɔʒɛ‿mʝi 'pan(i) datɕ tsɔɕ

Durchfall	na biegunkę	na‿bʝɛ'gunkɛ
Erkältung	na przeziębienie	na‿pʃɛʑɛm'bʝɛŋɛ
Halsschmerzen	na ból gardła	na‿bul 'gardwa
Hühneraugen	na odciski	na‿ɔt'tɕiski
Husten	od kaszlu	ɔt‿'kaʃlu
Insektenstiche	przeciw ukąszeniom owadów	'pʃɛtɕif ukɔ̃'ʃɛŋɔm ɔ'vaduf
Kopfschmerzen	na ból głowy	na‿bul 'gwɔvɨ
Schnupfen	na katar	na‿'katar
Sodbrennen	na zgagę	na‿'zgagɛ

Verstopfung	na zaparcie	na‿za'partɕɛ
Zahnschmerzen	od bólu zębów	ɔd‿'bulu 'zɛmbuf

Medikamente

Alkohol	spirytus, alkohol	sp̡i'rɨtus / al'kɔxɔl
Ampulle	ampułka	am'puwka
Antibiotikum	antybiotyk	antɨb̡ĭ'ɔtɨk
Aspirin	aspiryna	asp̡i'rɨna
Augentropfen	krople do oczu	'krɔplɛ dɔ‿'ɔtʃu
Baldriantropfen ...	krople walerianowe	'krɔplɛ valɛrja'nɔvɛ
Binde	bandaż	'bandaʃ
– **Elastikbinde**	bandaż elastyczny	'bandaʃ ɛla'stɨtʃnɨ
– **Leibbinde**	opaska brzuszna	ɔ'paska 'bʒuʃna
– **Mullbinde**	opaska z gazy	ɔ'paska z‿'gazɨ
Blutkonserve	krew konserwowana	krɛf kɔnsɛrvɔ'vana
Borsäure	kwas borny	kfas 'bɔrnɨ
Brechmittel	środek na wymioty	'ɕrɔdɛk na‿vɨ'm̡ɔtɨ
Brom	brom	brɔm
Bruchband	pasek przepuklinowy	'pasɛk pʃɛpuk̡i'nɔvɨ
Chinin	chinina	x̡i'ɲina
Einreibmittel	nacieranie	natɕɛ'raɲɛ
Gift	trucizna	tru'tɕizna
– **Gegengift**	odtrutka	ɔt'trutka
Glaubersalz	sól glauberska	sul glaŭ'bɛrska
Glyzerin	gliceryna	g̡itsɛ'rɨna
Gurgelwasser	roztwór do płukania gardła	'rɔstfur dɔ‿pwu-'kaɲa 'gardwa
Jodtinktur	jodyna	jɔ'dɨna
Kamille	rumianek	ru'm̡anɛk
Kampfer	kamfora	kam'fɔra
Karbolsäure	kwas karbolowy	kfas karbɔ'lɔvɨ
Karlsbader Salz	sól karlsbadska	sul karls'batska
Kohletabletten	węgiel aktywowany w tabletkach	'vɛŋg̡ɛl aktɨvɔ'vanɨ f‿tab'lɛtkax
Menthol	mentol	'mɛntɔl
Mittel	środek	'ɕrɔdɛk
– **fiebersenkendes** ..	przeciwgorączkowy	pʃɛtɕivgɔrɔntʃ'kɔvɨ
Natron	soda oczyszczona	'sɔda ɔtʃɨʃ'tʃɔna
Pfefferminze	mięta	'm̡ɛnta

Pflaster	plaster	'plastɛr
– Heftpflaster	przylepiec	pʃɨ'lɛpɛts
Pille	pigułka	pi'guwka
– Antibabypillen	pigułki antykoncepcyjne	pi'guwki antɨkɔn-tsɛp'tsɨjnɛ
Puder	zasypka	za'sɨpka
Pulver	proszek	'prɔʃɛk
Rizinusöl	olej rycynowy	'ɔlɛj rɨtsɨ'nɔvɨ
Salbe	maść *f*	maɕtɕ
– Borsalbe	wazelina borna	vazɛ'lina 'bɔrna
– Brandsalbe	maść na oparzenia	maɕtɕ na‿ɔpa'ʒɛɲa
– Wundsalbe	maść na rany	maɕtɕ na‿'ranɨ
– Zinksalbe	maść cynkowa	maɕtɕ tsɨn'kɔva
Salmiakgeist	roztwór amoniaku	'rɔstfur amɔ'ɲaku
Serum	surowica	surɔ'vitsa
steril	jałowy	ja'wɔvɨ
Tabletten	tabletki	tab'lɛtki
Talkum	talk	talk
Tinktur	nalewka	na'lɛfka
Traubenzucker	cukier gronowy	'tsukɛr grɔ'nɔvɨ
Tropfen *pl.*	krople	'krɔplɛ
– Magentropfen	krople Inoziemcowa	'krɔplɛ inɔ'zɛmtsɔva
Vaseline	wazelina	vazɛ'lina
Verbandpäckchen	opatrunek osobisty	ɔpa'trunɛk ɔsɔ'bisty
Verbandzeug	materiał opatrunkowy	ma'tɛrjaw ɔpatrun-'kɔvɨ
Vitamin	witamina	vita'mina
Wasserstoffsuperoxyd	woda utleniona	'vɔda utlɛ'ɲɔna
Watte	wata	'vata
Zäpfchen *pl.*	czopki	'tʃɔpki
Zellstoff	lignina	lig'ɲina
ZEWNĘTRZNE	zɛ'vnɛntʃnɛ	**ÄUSSERLICH**
WEWNĘTRZNE	vɛ'vnɛntʃnɛ	**INNERLICH**
DYŻUR NOCNY	'dɨʒur 'nɔtsnɨ	**NACHTDIENST**

Einzunehmen	zażywać	za'ʒɨvatɕ
vor dem Essen	przed jedzeniem	pʃɛt jɛ'dzɛɲɛm
nach dem Essen	po jedzeniu	pɔ‿jɛ'dzɛɲu
nüchtern	na czczo	'na‿tːʃɔ

Arzt

Ich muß einen Arzt aufsuchen.
Muszę udać się do lekarza.
'muʃɛ 'udatɕ‿ɕɛ dɔ‿lɛ'kaʒa

Ich fühle mich schlecht.
Źle się czuję.
'ʑlɛ‿ɕɛ 'tʃujɛ

Wo kann ich hier ärztliche Hilfe bekommen?
Gdzie mogę tu uzyskać pomoc lekarską?
gdʑɛ 'mɔgɛ‿tu u'ziskatɕ 'pɔmɔts lɛ'karskɔ̃

Wo ist die Poliklinik?
Gdzie jest ośrodek zdrowia?
'gdʑe‿jɛst ɔ'ɕrɔdɛk 'zdrɔv̦a

Wann ist Sprechstunde?
Kiedy są godziny przyjęć?
'ķɛdɨ sɔ̃ gɔ'dʑinɨ 'pʃɨjɛŋtɕ

Ist in der Poliklinik ein ...
Jest w ośrodku zdrowia ... (*N*)
jɛst v‿ɔ'ɕrɔtku 'zdrɔv̦a

Ich brauche einen ...
Potrzebuję ... (*A* -a *od.* -y)
pɔt:ʃɛ'bujɛ

Arzt	lekarz (*A* lekarza)	'lɛkaʃ (lɛ'kaʒa)
Internist(en)	lekarz-internista (-y)	'lɛkaʃ intɛr'ŋista
Chirurg(en)	chirurg	'x̦irurk (-ga)
Augenarzt	okulista *m* (-y)	ɔku'ļista
Frauenarzt	ginekolog	g̦inɛ'kɔlɔk (-ga)
Hals-, Nasen- und Ohrenarzt	laryngolog	larɨn'gɔlɔk (-ga)
Kinderarzt	pediatra *m* (-y)	pɛḑi'atra
Hautarzt	dermatolog	dɛrma'tɔlɔk (-ga)
Neurologe(n)	neurolog	nɛŭ'rɔlɔk (-ga)
Zahnarzt	lekarz dentysta (-y)	'lɛkaʒ‿dɛn'tɨsta
Tierarzt	weterynarz	vɛtɛ'rɨnaʃ (-ʒa)

Welche Beschwerden haben Sie?
Jakie ma pan(i) dolegliwości?
'jaķɛ 'ma‿pan(i) dɔlɛgļi'vɔɕtɕi

Ich bin krank.
Jestem *chory (-ra)*.
'jɛstɛm 'xɔrɨ (-ra)

Hier ist mein Krankenschein.
Oto moje skierowanie do lekarza.
'ɔtɔ 'mɔjɛ sķɛrɔ'vaŋɛ dɔ‿lɛ'kaʒa

Sie werden aufgerufen.
Wywołam *pana (panią)*.
vɨ'vɔwam 'pana ('paŋɔ̃)

Nehmen Sie bitte im Wartezimmer Platz.
Proszę zaczekać w poczekalni.
'prɔʃɛ za'tʃɛkatɕ f‿pɔtʃɛ'kalŋi

Labor	laboratorium	labɔra'tɔŗĭum
Schwester	siostra	'ɕɔstra
Sprechzimmer	gabinet lekarski	ga'ḇinɛt lɛ'karsķi

Untersuchung und Behandlung

Was führt Sie zu mir?
Co *pana (panią)* do mnie sprowadza?
tsɔ 'pana ('paŋɔ̃) 'dɔ‿mɲɛ sprɔ'vadza

Was fehlt Ihnen?
Co *panu (pani)* dolega?
tsɔ 'panu ('paɲi) dɔ'lɛga

Haben Sie Schmerzen?
Ma pan(i) bóle?
'ma‿pan(i) 'bule

Was tut Ihnen weh?
Co *pana (panią)* boli?
tsɔ 'pana ('paŋɔ̃) 'bɔʎi

Seit einigen Tagen fühle ich mich nicht wohl.
Od kilku dni czuję się niedobrze.
ɔt 'ķilku dɲi 'tʃujɛ‿ɕɛ ɲɛ'dɔbʒɛ

Der *Hals (Kopf)* tut mir weh.
Boli mnie *gardło (głowa)*.
'bɔʎi mɲɛ 'gardwɔ ('gwɔva)

Hier tut es weh.
Tu mnie boli.
'tu‿mɲɛ 'bɔʎi

Ich habe (hohes) Fieber.
Mam (wysoką) gorączkę.
mam (vɨ'sɔkɔ̃) gɔ'rɔntʃkɛ

Ich habe mich erkältet.
Przeziębi*łem (-łam)* się.
pʃɛʑɛm'ḃiwɛm (-wam)‿ɕɛ

Ich bin gestürzt.
Upad*łem (-łam)*.
u'padwɛm (-wam)

Ich fürchte, es ist ein Bruch.
Obawiam się, że to jest złamanie.
ɔ'baɣam‿ɕɛ ʒɛ‿tɔ‿jɛst zwa'maɲɛ

Ich habe mir den *Fuß verstaucht (Arm verrenkt)*.
Zwich*nąłem (-nęłam)* sobie *nogę (rękę)*.
zɣix'nɔwɛm (-'nɛwam) 'sɔḃɛ 'nɔgɛ ('rɛŋkɛ)

Ich kann nicht schlafen.
Nie mogę spać.
ɲɛ‿'mɔgɛ spatɕ

Ich vertrage die Hitze nicht.
Nie znoszę upału.
ɲɛ‿'znɔʃɛ u'pawu

Ich habe mir den Magen verdorben.
Zepsu*łem* (*-łam*) sobie żołądek.
zɛ'psuwɛm (-wam) 'sɔḃɛ ʒɔ'wɔndɛk

Ich habe Leibschmerzen.
Mam boleści (brzucha).
mam bɔ'ʎɛɕtɕi ('bʒuxa)

Mir wird oft übel.
Mam częste mdłości.
mam 'tʃɛ̃stɛ 'mdwɔɕtɕi

Ich leide an Appetitlosigkeit.
Cierpię na brak apetytu.
'tɕɛrpɛ na‿'brak apɛ'tɨtu

Wie ist Ihre Verdauung?
Jakie ma pan(i) trawienie?
'jaķɛ 'ma‿pan(i) tra'ɣeɲɛ

Ich verdaue schlecht.
Mam złe trawienie.
mam zwɛ tra'ɣeɲɛ

Was haben Sie gestern gegessen?
Co *pan jadł (pani jadła)* wczoraj?
tsɔ pan jad ('pani 'jadwa) 'ftʃɔraj

Öffnen Sie den Mund!
Proszę otworzyć usta!
'prɔʃɛ ɔ'tfɔʒɨtɕ 'usta

Machen Sie sich bitte frei!
Niech się pan(i) rozbierze!
'ɲɛx‿ɕɛ 'pan(i) rɔz'ɓɛʒɛ

Zeigen Sie die Zunge!
Niech pan(i) pokaże język!
'ɲɛx‿pan(i) pɔ'kaʒɛ 'jɛ̃zɨk

Atmen Sie (nicht)!
Proszę (nie) oddychać!
'prɔʃɛ (ɲɛ) ɔd'dɨxatɕ

Husten Sie!
Proszę zakasłać!
'prɔʃɛ za'kaswatɕ

Ist es sehr schlimm?
Czy to coś poważnego?
tʃɨ‿tɔ‿tsɔɕ pɔvaʒ'nɛgɔ

Es ist nichts Schlimmes.
Nic poważnego.
ɲits pɔvaʒ'nɛgɔ

Sie müssen sich schonen.
Proszę się nie nadwerężać.
'prɔʃɛ‿ɕɛ ɲɛ‿nadvɛ'rɛ̃ʒatɕ

Ich werde Ihnen *eine Medizin (Tabletten)* verschreiben.
Zapiszę *panu (pani) lekarstwo (tabletki).*
za'ƥiʃɛ 'panu ('paɲi) lɛ'karstfɔ (tab'lɛtķi)

Sie müssen sofort ins Bett und schwitzen.
Musi pan(i) położyć się do łóżka i wypocić się.
'muɕi 'pan(i) pɔ'wɔʒɨtɕ‿ɕɛ dɔ‿'wuʃka i‿vɨ'pɔtɕitɕ‿ɕɛ

Sie müssen strenge Diät halten.
Proszę przestrzegać ścisłej diety.
'prɔʃɛ pʃɛ'stːʃɛgatɕ 'ɕtɕiswɛj ȡi'ɛtɨ

Nicht rauchen.
Nie palić.
ɲɛ‿'paļitɕ

Ich werde Sie für ein paar Tage in ein Krankenhaus einweisen.
Skieruję *pana (panią)* na kilka dni do szpitala.
sķɛ'rujɛ 'pana ('paɲɔ̃) na‿'ķilka dɲi dɔ‿ʃƥi'tala

Sie bekommen eine Spritze.
Otrzyma pan(i) zastrzyk.
ɔ'tːʃɨma 'pan(i) 'zastːʃɨk

Wir müssen ... durchleuchten.
Musimy prześwietlić ...
mu'ɕimɨ pʃɛ'ɕɣɛtļitɕ

Wir müssen *das Blut (den Urin)* untersuchen lassen.
Musimy dać *krew (mocz)* do zbadania.
mu'ɕimɨ datɕ krɛf (mɔtʃ) dɔ‿zba'daɲa

Körperteile und -funktionen

Achselhöhle	pacha	'paxa
Ader	żyła	'ʒiwa
– Schlagader	tętnica	tɛnt'ɲitsa
Arm	ramię	'ramjɛ
Atmung	oddech	'ɔdːɛx
Augapfel	gałka oczna	'gawka 'ɔtʃna
Auge(n)	oko (oczy)	'ɔkɔ ('ɔtʃi)
Augenbraue(n)	brew (brwi)	brɛf (brʏi)
Augenlid	powieka	pɔ'ʏɛka
Bauch	brzuch	bʒux
Bein	noga	'nɔga
Blut	krew *f*	krɛf
Blutdruck	ciśnienie krwi	'tɕiɕɲeɲɛ krʄi
Brustkorb	klatka piersiowa	'klatka pɛr'ɕɔva
Darm	jelito	jɛ'ʝitɔ
– Blinddarm (Wurmfortsatz)	wyrostek robaczkowy	vɨ'rɔstɛk rɔbatʃ'kɔvɨ
– Mastdarm	odbytnica	ɔdbɨt'ɲitsa
Ellbogen	łokieć *m*	'wɔkʲetɕ
Ferse	pięta	'pɛnta
Finger	palec	'palɛts
– Daumen	kciuk	ktɕuk
Fuß	noga, stopa	'nɔga / 'stɔpa
Fußknöchel	kostka	'kɔstka
Fußsohle	podeszwa	pɔ'dɛʃva
Galle	żółć *f*	ʒuwtɕ
Gallenblase	woreczek żółciowy	vɔ'rɛtʃɛk ʒuw'tɕɔvɨ
Gaumen	podniebienie	pɔdɲe'ɓeɲɛ
Gehirn	mózg	musk
Gelenk	staw	staf
Genick	kark	kark
Geschlechtsteil	narząd płciowy	'naʒɔnt 'p(w)tɕɔvɨ
Gesicht	twarz *f*	tfaʃ
Glieder	kończyny	kɔɲ'tʃɨnɨ
Hals	szyja	'ʃɨja
Hand	ręka, dłoń *f*	'rɛŋka / dwɔɲ
Harnblase	pęcherz moczowy	'pɛ̃xɛʒ mɔ'tʃɔvɨ
Haut	skóra, naskórek	'skura / na'skurɛk

Herz	serce	'sɛrtsɛ
Hüfte	biodro	'b̡ɔdrɔ
Jochbein	kość jarzmowa	kɔɕtɕ jaʒ'mɔva
Kehlkopf	krtań *f*	krtaŋ
Kiefer	szczęka	'ʃtʃɛŋka
– Unterkiefer	żuchwa	'ʒuxva
Kinn	podbródek	pɔd'brudɛk
Knie	kolano	kɔ'lanɔ
Kniescheibe	rzepka	'ʒɛpka
Knöchel	kostka	'kɔstka
Knochen	kość *f*	kɔɕtɕ
Kopf	głowa	'gwɔva
Körper	ciało	'tɕawɔ
Kreislauf	krążenie krwi	krɔ̃'ʒɛŋɛ krf̡i
Leber	wątroba	vɔnt'rɔba
Leib	ciało; brzuch	'tɕawɔ / bʒux
– Unterleib	podbrzusze	pɔd'bʒuʃɛ
Lippe	warga	'varga
Lunge(n)..........	płuca *pl.*	'pwutsa
Magen	żołądek	ʒɔ'wɔndɛk
Menstruation	menstruacja	mɛ̃stru'atsja
Milz	śledziona	ɕlɛ'dʑɔna
Mund	usta *pl.*	'usta
Muskel	mięsień *m*	'm̡ɛ̃ɕeŋ
Nacken	kark	kark
Nagel	paznokieć *m*	pa'znɔk̡etɕ
Nase	nos	nɔs
Nerv	nerw	nɛrf
Nieren	nerki	'nɛrk̡i
Ohr(en)	ucho (uszy)	'uxɔ ('uʃɨ)
Rippe	żebro	'ʒɛbrɔ
Rücken	plecy *pl.*	'plɛtsɨ
Rückgrat	kręgosłup	krɛŋ'gɔswup
Schädel...........	czaszka	'tʃaʃka
Schenkel (Ober-)...	udo	'udɔ
– Unterschenkel....	goleń *f*	'gɔlɛŋ
Schläfe	skroń *f*	skrɔŋ
Schleimhaut.......	błona śluzowa	'bwɔna ɕlu'zɔva
Schlund	przełyk	'pʃɛwɨk
Schlüsselbein	obojczyk	ɔ'bɔjtʃɨk

Schulter	ramię	'raɱɛ
Schulterblatt	łopatka	wɔ'patka
Schwangerschaft ...	ciąża	'tɕɔ̃ʒa
Sehne	ścięgno	'ɕtɕɛŋgnɔ
Spann	podbicie	pɔd'ɓitɕɛ
Stirn	czoło	'tʃɔwɔ
Stoffwechsel	przemiana materii	pʃɛ'ɱana ma'tɛrji
Stuhlgang	stolec	'stɔlɛts
Verdauung	trawienie	tra'ɣeɲɛ
Wade	łydka	'wɨtka
Zahn	ząb	zɔmp
Zehe	palec nogi	'palɛts 'nɔgi
Zunge	język	'jɛ̃zɨk

Krankheiten

Anfall	atak	'atak
Angina pectoris	dusznica bolesna	duʃ'ɲitsa bɔ'lɛsna
Atemnot	duszność *f*	'duʃnɔɕtɕ
Ausschlag	wysypka	vɨ'sɨpka
Bauchfellentzündung	zapalenie otrzewnej	zapa'lɛɲɛ ɔ't:ʃɛvnɛj
Behandlung	leczenie	lɛ'tʃɛɲɛ
Blähungen	wzdęcie	'vzdɛɲtɕɛ
Bleichsucht	blednica	blɛd'ɲitsa
Blindheit	ślepota	ɕlɛ'pɔta
– **blind**	ślepy	'ɕlɛpɨ
Blinddarmentzün-	zapalenie wyrostka	zapa'lɛɲɛ vɨ'rɔstka
dung	robaczkowego	rɔbatʃkɔ'vɛgɔ
Blutdruckkrankheit .	nadciśnienie	nattɕiɕ'ɲɛɲɛ
Blutvergiftung	zakażenie krwi	zaka'ʒɛɲɛ krfi
Blutung	krwotok	'krvɔtɔk
Brechreiz	mdłości *pl.*	'mdwɔɕtɕi
Bronchitis	zapalenie oskrzeli	zapa'lɛɲɛ ɔsk'ʃɛʎi
Bruch (Leisten-) ...	przepuklina	pʃɛpuk'ʎina
– **Knochenbruch** ...	złamanie kości	zwa'maɲɛ 'kɔɕtɕi
Darmkatarrh	nieżyt jelit	'ɲɛʒɨt 'jɛʎit
Diphtherie	błonica	bwɔ'ɲitsa
Durchfall	biegunka	ɓɛ'gunka
Entzündung	zapalenie	zapa'lɛɲɛ
Erbrechen	wymioty *pl.*	vɨ'ɱɔtɨ

Erfrierung	odmrożenie	ɔdmrɔ'ʒɛŋɛ
Erkältung	przeziębienie	pʃɛʑɛm'bʲeŋɛ
Fieber	gorączka	gɔ'rɔntʃka
Furunkel	furunkuł	fu'runkuw
Gallensteine	kamica żółciowa	ka'mʲitsa ʒuw'tɕɔva
Gehirnerschütterung	wstrząs mózgu	fʃtʃɔ̃s 'muzgu
Gehirnschlag	udar mózgu	'udar 'muzgu
Gelbsucht	żółtaczka	ʒuw'tatʃka
Gerstenkorn	jęczmień *m*	'jɛntʃmʲeŋ
Geschwulst	guz, tumor	gus / 'tumɔr
– geschwollen	obrzękły	ɔ'bʒɛŋkwɨ
Geschwür	wrzód, ropień *m*	vʒut / 'rɔɲeŋ
– Magengeschwür	wrzód żołądka	vʒud ʒɔ'wɔntka
Gicht	artretyzm	ar'trɛtɨzm
Grippe	grypa	'grɨpa
Hämorrhoiden	hemoroidy	xɛmɔ'rɔïdɨ
Heiserkeit	chrypka	'xrɨpka
Herzinfarkt	zawał serca	'zavaw 'sɛrtsa
Herzleiden	choroba serca	xɔ'rɔba 'sɛrtsa
Heuschnupfen	katar sienny	'katar 'ɕɛn:ɨ
Hexenschuß	lumbago	lum'bagɔ
Hysterie	histeria	xʲi'stɛrja
Ischias	ischias	'iʃjas
Juckreiz	swędzenie	svɛn'dzɛŋɛ
Kehlkopfentzündung	zapalenie krtani	zapa'lɛŋɛ 'krtaɲi
Keuchhusten	krztusiec	'kʃtuɕɛts
Kinderlähmung	choroba Heinego-Medina	xɔ'rɔba xɛj'nɛgɔ‿mɛ'dʲina
Kolik	kolka	'kɔlka
Krampf	kurcz, spazm	kurtʃ / spazm
Krankheit	choroba	xɔ'rɔba
– akute	ostra	'ɔstra
– ansteckende	zakaźna	za'kaʑna
Krebs	rak	rak
Kreislaufstörungen	zaburzenia krążenia	zabu'ʒɛɲa krɔ̃'ʒɛɲa
Kurzsichtigkeit	krótkowzroczność *f*	krutkɔ'vzrɔtʃnɔɕtɕ
Lähmung	paraliż	pa'raʎiʃ
Lebensmittelvergiftung	zatrucie pokarmowe	za'trutɕɛ pɔkar'mɔvɛ
Leberleiden	choroba wątroby	xɔ'rɔba vɔnt'rɔbɨ

Lungenentzündung .	zapalenie płuc	zapa'lɛɲɛ pwuts
Malaria	zimnica	ʑim'ɲitsa
Mandelentzündung .	zapalenie migdałków	zapa'lɛɲɛ mʝi'gdawkuf
Masern	odra	'ɔdra
Migräne	migrena	mʝi'grɛna
Mittelohrentzündung	zapalenie ucha środkowego	zapa'lɛɲɛ 'uxa ɕrɔtkɔ'vɛgɔ
Mumps	świnka	'ɕʏinka
Nasenbluten	krwawienie z nosa	krva'ʏeɲɛ z‿'nɔsa
Nervenleiden	choroba nerwowa	xɔ'rɔba nɛr'vɔva
Nervenschock	wstrząs nerwowy	fstːʃɔ̃s nɛr'vɔvɨ
Nesselfieber	pokrzywka	pɔ'kʃɨfka
Neuralgie	newralgia	nɛv'ralgʝĭa
Nierenentzündung ..	zapalenie nerek	zapa'lɛɲɛ 'nɛrɛk
Ohnmacht	omdlenie	ɔ'mdlɛɲɛ
Pocken	ospa	'ɔspa
– Windpocken	ospa wietrzna	'ɔspa 'ʏɛtːʃna
Quetschung	stłuczenie	stwu'tʃɛɲɛ
Rheuma(tismus)....	reumatyzm	rɛŭ'matɨzm
Rippenfellentzündung	zapalenie opłucnej	zapa'lɛɲɛ ɔ'pwutsnɛj
Rose	róża	'ruʒa
Ruhr	czerwonka	tʃɛr'vɔnka
Scharlach	szkarlatyna	ʃkarla'tɨna
Schlaflosigkeit	bezsenność *f*	bɛs'sɛnːɔɕtɕ
Schmerz(en)	ból(e)	'bul(ɛ)
– Halsschmerzen ..	ból gardła	bul 'gardwa
– Magenschmerzen .	bóle żołądka	'bulɛ ʒɔ'wɔntka
– Muskelschmerzen.	ból mięśniowy	bul mʝɛ̃ɕ'ɲɔvɨ
– Rückenschmerzen.	bóle pleców	'bulɛ 'plɛtsuf
Schüttelfrost	dreszcze *pl.*	'drɛʃtʃɛ
Schwindel	zawrót głowy	'zavrut 'gwɔvɨ
Sehnenzerrung	nadwerężenie ścięgna	nadvɛrɛ̃'ʒɛɲɛ 'ɕtɕɛŋgna
Seitenstechen	kłucie w boku	'kwutɕɛ v‿'bɔku
Sodbrennen	zgaga	'zgaga
Sonnenstich	udar słoneczny	'udar swɔ'nɛtʃnɨ
Syphilis	kiła	'ķiwa
Taubheit	głuchota	gwu'xɔta

– taub(stumm)	głuchy (-choniemy)	'gwuxɨ (-xɔ'ŋɛmɨ)
Tetanus	tężec	'tɛ̃ʒɛts
Tuberkulose	gruźlica	gruʑ'ʝitsa
Typhus	dur	dur
– Flecktyphus	dur plamisty	dur pla'ɱistɨ
Unfall	wypadek	vɨ'padɛk
– tödlich	śmiertelny	ɕɱɛr'tɛlnɨ
Venenentzündung ..	zapalenie żył	zapa'lɛŋɛ ʒɨw
Verbrennung	oparzenie	ɔpa'ʒɛŋɛ
Verdauungsstörung .	zaburzenie trawienia	zabu'ʒɛŋɛ tra'ɣeŋa
Vereiterung	zapalenie ropne	zapa'lɛŋɛ 'rɔpnɛ
Vergiftung	zatrucie	za'trutɕɛ
Verletzung	skaleczenie	skalɛ'tʃɛŋɛ
Verrenkung, Verstauchung	zwichnięcie	zɣix'ŋeŋtɕɛ
Wunde	rana	'rana
– Hautabschürfung .	otarcie skóry	ɔ'tartɕɛ 'skurɨ
– Bißwunde	ukąszenie	ukɔ̃'ʃɛŋɛ
– Brandwunde	oparzelina	ɔpaʒɛ'ʝina
– Quetschwunde ...	rana tłuczona	'rana twu'tʃɔna
– Schnittwunde	rana cięta	'rana 'tɕɛnta
wundgeriebene Stelle, Wolf	wyprzenie	vɨ'pʃɛŋɛ
Zuckerkrankheit ..	cukrzyca	tsu'kʃɨtsa

Zahnarzt

Ich habe Zahnschmerzen.
Bolą mnie zęby.
'bɔlɔ̃ mŋɛ 'zɛmbɨ

Welcher Zahn tut Ihnen weh?
Który ząb *pana (panią)* boli?
'kturɨ zɔmp 'pana ('paŋɔ̃) 'bɔʝi

Dieser Zahn tut weh.
Ten ząb boli.
tɛn zɔmp 'bɔʝi

Wir wollen sehen, was sich machen läßt.
Zobaczymy, co się da zrobić.
zɔba'tʃɨmɨ 'tsɔ‿ɕɛ‿da 'zrɔbʝitɕ

Tut es weh?
To boli?
tɔ‿'bɔʝi

Der Zahn hat ein Loch.
W tym zębie jest dziura.
f‿tɨm ˈzɛmbʲe jɛst ˈdʑura

Die Füllung ist herausgefallen.
Plomba wypadła.
ˈplɔmba vɨˈpadwa

Muß der Zahn gezogen werden oder können Sie ihn noch retten?
Musi pan(i) ten ząb usunąć, czy też da się go uratować?
ˈmuɕi ˈpan(i) tɛn zɔmp uˈsunɔŋtɕ tʃɨ‿tɛʒ‿ˈda‿ɕɛ‿gɔ uraˈtɔvatɕ

Er muß leider gezogen werden.
Muszę go, niestety, usunąć.
ˈmuʃɛ‿gɔ ɲɛˈstɛtɨ uˈsunɔŋtɕ

Heute werde ich Ihnen eine provisorische Plombe einsetzen.
Dziś założę *panu (pani)* prowizoryczną plombę.
dziɕ zaˈwɔʒɛ ˈpanu (ˈpaɲi) prɔɣizɔˈrɨtʃnɔ̃ ˈplɔmbɛ

Ich muß den Nerv töten.
Muszę zatruć nerw.
ˈmuʃɛ ˈzatrutɕ nɛrf

Sie dürfen zwei Stunden nicht essen.
Proszę przez dwie godziny nic nie jeść.
ˈprɔʃɛ pʃɛz dɣɛ gɔˈdʑinɨ ɲits ˈɲe‿jɛɕtɕ

Füllung	plomba	ˈplɔmba
– Porzellanfüllung ..	plomba porcelanowa	ˈplɔmba pɔrtsɛlaˈnɔva
Krone	koronka	kɔˈrɔnka
Karies	próchnica	pruxˈɲitsa
Zahn	ząb	zɔmp
– künstlicher	sztuczny	ˈʃtutʃnɨ
– Augenzahn	kieł	ķɛw
– Backenzahn	ząb trzonowy	zɔmp tːʃɔˈnɔvɨ
– Milchzahn	ząb mleczny	zɔmp ˈmlɛtʃnɨ
– Schneidezahn	siekacz	ˈɕɛkatʃ
Zahnfleisch	dziąsła *pl.*	ˈdʑɔ̃swa
Zahngeschwür	ropień zębowy	ˈrɔpeɲ zɛmˈbɔvɨ
Zahnprothese	proteza zębowa	prɔˈtɛza zɛmˈbɔva
– Gebiß	szczęka	ˈʃtʃɛŋka
Zahnstein	kamień nazębny	ˈkameɲ naˈzɛmbnɨ
Zahnwurzel	korzeń *m* zęba	ˈkɔʒɛɲ ˈzɛmba

KÖRPERPFLEGE

Toilettenartikel

Augenbrauenstift	ołówek do brwi	ɔ'wuvɛk dɔ‿brɣi
Bürste	szczotka	'ʃtʃɔtka
– Haarbürste	szczotka do włosów	'ʃtʃɔtka dɔ‿'vwɔsuf
– Nagelbürste	szczoteczka do paznokci	ʃtʃɔ'tɛtʃka dɔ‿paz'nɔktɕi
Damenbinden	podpaski higieniczne	pɔt'paski χigĭɛ-'ɲitʃnɛ
Desodorans	dezodorant	dɛzɔ'dɔrant
Frisiercreme	krem do włosów	krɛm dɔ‿'vwɔsuf
Haarentferner	depilator	dɛpi'latɔr
Haarfärbemittel	farba do włosów	'farba dɔ‿'vwɔsuf
Haarfestiger	utrwalacz do włosów	u'trvalatʃ dɔ‿'vwɔsuf
Haarklemmen	wsuwki do włosów	'fsufki dɔ‿'vwɔsuf
Haarnetz	siatka na włosy	'ɕatka na‿'vwɔsɨ
Haarspray	lakier do włosów	'lakɛr dɔ‿'vwɔsuf
Haarwasser	płyn do włosów	pwɨn dɔ‿'vwɔsuf
Hautkrem	krem do twarzy	krɛm dɔ‿'tfaʒɨ
Kamm	grzebień *m*	'gʒɛbɛɲ
Kölnisch Wasser	woda kolońska	'vɔda kɔ'lɔĩska
Lippenstift	kredka do ust	'krɛtka dɔ‿'ust
Lockenwickel *pl.*	papiloty, rolki	papi'lɔtɨ / 'rɔlki
Nagelfeile	pilniczek do paznokci	pil'ɲitʃɛk dɔ‿paz'nɔktɕi
Nagellack	lakier do paznokci	'lakɛr dɔ‿paz'nɔktɕi
Nagellackentferner	zmywacz do paznokci	'zmɨvatʃ dɔ‿paz'nɔktɕi
Nagelschere	nożyczki *pl.* do paznokci	nɔ'ʒɨtʃki dɔ‿paz'nɔktɕi
Parfüm	perfumy *pl.*	pɛr'fumɨ
Puder	puder	'pudɛr
– Kinderpuder	zasypka dla dzieci	za'sɨpka dla 'dʑɛtɕi

Puderdose	puderniczka	puder'ɲitʃka
Rasierapparat	maszynka do golenia	ma'ʃɨnka dɔ‿gɔ'lɛɲa
Rasierklingen	żyletki	ʒɨ'lɛtķi
Rasierkrem	krem do golenia	krɛm dɔ‿gɔ'lɛɲa
Rasierpinsel	pędzel do golenia	'pɛndzɛl dɔ‿gɔ'lɛɲa
Rasierseife	mydło do golenia	'mɨdwɔ dɔ‿gɔ'lɛɲa
Rasierwasser	płyn po goleniu	pwɨn pɔ‿gɔ'lɛɲu
– (vor der Rasur) ...	płyn przed goleniem	pwɨn pʃɛd‿gɔ'lɛɲɛm
Reisenecessaire	neseser podróżny	nɛ'sɛsɛr pɔ'druʒnɨ
Schere	nożyce *pl.*	nɔ'ʒɨtsɛ
Schminke	róż	ruʃ
Schwamm	gąbka	'gɔmpka
Seife	mydło	'mɨdwɔ
– Kernseife	mydło do prania	'mɨdwɔ dɔ‿'praɲa
– Kinderseife	mydło dziecięce	'mɨdwɔ dʑɛ'tɕɛntsɛ
– Toilettenseife	mydło toaletowe	'mɨdwɔ tɔalɛ'tɔvɛ
Sonnenkrem	krem do opalania	krɛm dɔ‿ɔpa'laɲa
Sonnenöl	olejek do opalania	ɔ'lɛjɛk dɔ‿ɔpa'laɲa
Spiegel	lustro	'lustrɔ
– Taschenspiegel ...	lusterko	lus'tɛrkɔ
Toilettenartikel	kosmetyki *pl.*	kɔs'mɛtɨķi
Toilettenpapier	papier higieniczny	'papʲɛr xʲigʲĭɛ'ɲitʃnɨ
Waschpulver	proszek do prania	'prɔʃɛk dɔ‿'praɲa
Wimperntusche	tusz do rzęs	tuʃ dɔ‿ʒɛ̃s
Zahnbürste	szczotka do zębów	'ʃtʃɔtka dɔ‿'zɛmbuf
Zahnpasta	pasta do zębów	'pasta dɔ‿'zɛmbuf

sich abtrocknen ...	wycierać się	vɨ'tɕɛratɕ‿ɕɛ
sich kämmen	(u)czesać się	(u)'tʃɛsatɕ‿ɕɛ
Make-up machen	(z)robić makijaż	(z)'rɔbʲitɕ ma'ķijaʃ
sich rasieren	(o)golić się	(ɔ)'gɔlʲitɕ‿ɕɛ
sich waschen	(u)myć się	('u)mɨtɕ‿ɕɛ
sich die Zähne putzen	czyścić zęby	'tʃɨɕtɕitɕ 'zɛmbɨ

Damenfriseur

Muß ich lange warten?
Czy długo będę czekała?
tʃɨ 'dwugɔ 'bɛndɛ tʃɛ'kawa

Ich habe es sehr eilig.
Bardzo się śpieszę.
'bardzɔ‿ɕɛ 'ɕpɛʃɛ

Nehmen Sie bitte Platz.
Proszę, niech pani siada.
'prɔʃɛ 'ɲɛx‿paɲi 'ɕada

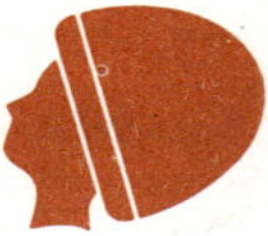

Meine Frisur sieht schrecklich aus!
Fryzura moja wygląda okropnie!
frɨ'zura 'mɔja vɨ'glɔnda ɔ'krɔpɲɛ

Ich möchte die Haare waschen und legen lassen.
Proszę mi umyć głowę i ułożyć włosy.
'prɔʃɛ‿mʲi 'umɨtɕ 'gwɔvɛ i‿u'wɔʒɨtɕ 'vwɔsɨ

Könnten Sie mich zur Dauerwelle vormerken?
Może mnie pan(i) zapisać na trwałą?
'mɔʒɛ mɲɛ 'pan(i) za'pʲisatɕ na‿'trvawɔ̃

Für morgen?
Na jutro?
na‿'jutrɔ

Eine *Dauerwelle (Wasserwelle)*, bitte!
Proszę mi zrobić *trwałą (wodną)* ondulację!
'prɔʃɛ‿mʲi 'zrɔbʲitɕ 'trvawɔ̃ ('vɔdnɔ̃) ɔndu'latsjɛ

Können Sie mir eine Kaltwelle machen?
Może mi pan(i) zrobić trwałą na zimno?
'mɔʒɛ‿mʲi 'pan(i) 'zrɔbʲitɕ 'trvawɔ̃ na‿'ʑimnɔ

Welche Frisur wünschen Sie?
Jaką fryzurę (Jakie uczesanie) pani sobie życzy?
'jakɔ̃ frɨ'zurɛ (jakʲɛ utʃɛ'saɲɛ) 'paɲi 'sɔbʲɛ 'ʒɨtʃɨ

Schneiden Sie bitte *die Haare (das Pony)* etwas kürzer.
Proszę przyciąć *włosy (grzywkę)* nieco krócej.
'prɔʃɛ 'pʃɨtɕɔɲtɕ 'vwɔsɨ ('gʒɨfkɛ) 'ɲɛtsɔ 'krutsɛj

Schneiden Sie nur die Spitzen ab.
Proszę tylko końce obciąć.
'prɔʃɛ 'tɨlkɔ 'kɔɲtsɛ 'ɔptɕɔɲtɕ

Ohne Scheitel?
Bez przedziału?
bɛs‿pʃɛ'dʑawu

Wünschen Sie den Scheitel in der Mitte oder an der Seite?
Życzy pani sobie przedział przez środek czy na boku?
'ʒɨtʃɨ 'paɲi 'sɔbʲɛ 'pʃɛdʑaw pʃɛs‿'ɕrɔdɛk tʃɨ na‿'bɔku

Die Ohren sollen frei bleiben.
Uszy proszę pozostawić odsłonięte.
'uʃɨ 'prɔʃɛ pɔzɔ'stavʲitɕ ɔtswɔ'ɲɛntɛ

Nicht zu heiß?
Nie za gorąco?
ɲɛ‿za‿gɔ'rɔntsɔ

Ich möchte mir die Haare ... färben lassen.
Chciałabym ufarbować sobie włosy na ...
'xtɕawabɨm ufar'bɔvatɕ 'sɔbʲɛ 'vwɔsɨ na

aschblond	popielatoblond	pɔpʲɛ'latɔˌblɔnt
dunkelblond	ciemnoblond	'tɕɛmnɔˌblɔnt
hellblond..........	jasnoblond	'jasnɔˌblɔnt
kastanienbraun	kolor kasztanowy	'kɔlɔr kaʃta'nɔvɨ
schwarz	czarno	'tʃarnɔ

Bitte nur etwas *nachfärben (nachblondieren)*.
Proszę tylko trochę *przyciemnić (rozjaśnić)*.
'prɔʃɛ 'tɨlkɔ 'trɔxɛ pʃɨ'tɕɛmɲitɕ (rɔz'jaɕɲitɕ)

Lassen Sie bitte anschließend die Maniküre kommen.
Niech pan(i) poprosi potem manikurzystke.
'ɲɛx‿pan(i) pɔ'prɔɕi 'pɔtɛm maɲiku'ʒɨstkɛ

Schneiden Sie bitte die Nägel *kurz (spitz, rund)*.
Niech pani obetnie paznokcie *na krótko (spiczasto, na okrągło)*.
'ɲɛx‿paɲi ɔ'bɛtɲɛ paz'nɔktɕɛ na‿'krutkɔ (ʃpʲi'tʃastɔ / na ɔ'krɔŋgwɔ)

Nagellack auftragen?
Polakierować?
pɔlakʲɛ'rɔvatɕ

Bitte nur polieren.
Proszę tylko wypolerować.
'prɔʃɛ 'tɨlkɔ vɨpɔlɛ'rɔvatɕ

Welche Lacktönung wählen Sie?
Jaki odcień lakieru pani sobie życzy?
'jakʲi 'ɔttɕɛɲ la'kʲɛru 'paɲi 'sɔbʲɛ 'ʒɨtʃɨ

Bitte die Augenbrauen *nachziehen (ausrasieren)*.
Proszę *poprawić (wyrównać)* brwi.
'prɔʃɛ pɔ'pravʲitɕ (vɨ'ruvnatɕ) brvʲi

Herrenfriseur

Sie müssen sich einen Moment gedulden. Ich bin gleich frei.
Chwileczkę musi pan zaczekać. Zaraz się zwolnię.
xʃi'lɛtʃkɛ 'muɕi‿pan za'tʃɛkatɕ za'ras‿ɕɛ 'zvɔlɲɛ

Wer ist der nächste?
Kto następny?
ktɔ na'stɛmpnɨ

Jetzt bin ich an der Reihe.
Teraz moja kolejka.
'tɛras 'mɔja kɔ'lɛjka

Haarschneiden?
Strzyżenie?
stːʃɨ'ʒɛɲɛ

Nur Haarschneiden.
Tylko strzyżenie.
'tɨlkɔ stːʃɨ'ʒɛɲɛ

Rasieren auch?
Ogolić również?
ɔ'gɔʎitɕ 'ruvɲɛʃ

Rasieren und Haarschneiden, bitte!
Proszę mnie ostrzyc i ogolić!
'prɔʃɛ mɲɛ 'ɔstːʃits i‿ɔ'gɔʎitɕ

Rasieren, bitte!
Golenie, proszę!
gɔ'lɛɲɛ 'prɔʃɛ

Wie wollen Sie das Haar geschnitten haben?
Jak mam pana podstrzyc?
'jak‿mam 'pana 'pɔtstːʃits

Hinten und an den Seiten kurz.
Krótko z tyłu i z boków.
'krutkɔ s‿'tɨwu i‿z‿'bɔkuf

Nicht sehr kurz.
Niezbyt krótko.
'ɲɛzbɨt 'krutkɔ

An den Schläfen bitte etwas *kürzer (länger lassen)*.
Na skroniach proszę nieco *krócej (dłużej pozostawić)*.
na‿'skrɔɲax 'prɔʃɛ 'ɲɛtsɔ 'krutsɛj ('dwuʒɛj pɔzɔ'staʋitɕ)

An den Seiten schräg oder gerade?
Boki skośne czy proste?
'bɔkʲi 'skɔɕnɛ tʃɨ 'prɔstɛ

Gut so?
Dobrze tak?
'dɔbʒɛ tak

Ja, so ist gut.
Tak jest dobrze.
tak jɛst 'dɔbʒɛ

Vielleicht hier noch etwas?
Może jeszcze tu trochę?
'mɔʒɛ 'jɛʃtʃɛ tu 'trɔxɛ

Machen Sie den Scheitel *links (rechts)*, bitte.
Proszę zrobić przedział z *lewej (prawej)* strony.
'prɔʃɛ 'zrɔbʲitɕ 'pʃɛdzaw z‿'lɛvɛj (s‿'pravɛj) 'strɔnɨ

Wollen Sie die Haare gewaschen haben?
Czy mam umyć panu *włosy (głowę)*?
tʃɨ mam 'umɨtɕ 'panu 'vwɔsɨ ('gwɔvɛ)

Nein, danke.
Nie, dziękuję.
ɲe dʑɛɲ'kujɛ

Waschen Sie mir bitte die Haare.
Proszę mi umyć głowę.
'prɔʃɛ‿mʲi 'umɨtɕ 'gwɔvɛ

Eine Kopfmassage, bitte!
Proszę masaż głowy!
'prɔʃɛ 'masaʒ 'gwɔvɨ

Etwas Brillantine?
Trochę brylantyny?
'trɔxɛ brɨlan'tɨnɨ

Etwas *Haarwasser (Kölnischwasser)*?
Zmoczyć wodą kolońską?
'zmɔtʃɨtɕ 'vɔdɔ̃ kɔ'lɔĩskɔ̃

Das Rasiermesser kratzt.
Brzytwa drapie.
'bʒɨtfa 'drapʲɛ

Nicht gegen den Strich!
Niech pan nie wygala pod włos!
'ɲɛx‿pan ɲɛ vɨ'gala pɔd‿vwɔs

Ich habe eine empfindliche Haut.
Mam bardzo wrażliwą skórę.
mam 'bardzɔ vra'ʒlʲiwɔ̃ 'skurɛ

Bitte vorsichtig!
Proszę ostrożnie!
'prɔʃɛ ɔ'strɔʒɲɛ

Soll ich den Schnurrbart stutzen?
Czy mam poprawić wąsy?
tʃɨ mam pɔ'pravʲitɕ vɔ̃sɨ

Etwas Puder?
Przypudrować?
pʃɨpu'drɔvatɕ

Wünschen Sie eine Gesichtsmassage?
Czy życzy pan sobie masaż twarzy?
tʃɨ 'ʒɨtʃɨ‿pan 'sɔbʲɛ 'masaʃ 'tfaʒɨ

Bart	broda	'brɔda
– Schnurrbart	wąsy *pl.*	'vɔ̃sɨ
blondieren	(u)tlenić	(u)'tlɛɲitɕ
Friseur	fryzjer	'frɨzjɛr
– Damensalon	salon damski	'salɔn 'damskʲi
– Herrensalon	salon męski	'salɔn 'mɛ̃skʲi
Frisur	fryzura, uczesanie	frɨ'zura / utʃɛ'saɲɛ
Haar(e)	włosy *pl.*	'vwɔsɨ
– kämmen	(u)czesać	(u)'tʃɛsatɕ
– legen	ułożyć	u'wɔʒɨtɕ
– toupieren	tapirować	tapʲi'rɔvatɕ
– schneiden	(pod)strzyc	('pɔt)st:ʃɨts
– waschen	(u)myć	('u)mɨtɕ
Locken *pl.*	loki	'lɔkʲi
Schönheitssalon	salon kosmetyczny	'salɔn kɔsmɛ'tɨtʃnɨ
Schuppen	łupież *m*	'wupʲɛʃ
Trockenhaube	aparat do suszenia włosów	a'parat dɔ‿su'ʃɛɲa 'vwɔsuf
Wellen	fale	'falɛ
Zopf	warkocz	'varkɔtʃ

EINKÄUFE

Allgemeines

Wo bekommt man ...?
Gdzie można otrzymać ...?
gdzɛ 'mɔʒna ɔ't:ʃɨmatɕ

Wo kann ich ... kaufen?
Gdzie mogę *kupić (nabyć)* ...?
gdzɛ 'mɔgɛ 'kuɲitɕ ('nabɨtɕ)

Kennen Sie ein gutes Geschäft für ...?
Może mi pan(i) wskazać dobry sklep ... *(G od. z I)*?
'mɔʒɛ‿mji 'pan(i) 'fskazatɕ 'dɔbrɨ sklɛp

Bekleidung
z konfekcją
s‿kɔn'fɛktsjɔ̃

Sportartikel
artykułów sportowych
artɨ'kuwuf spɔr'tɔvɨx

Galanteriewaren
z galanterią
z‿galan'tɛrjɔ̃

Bitte sehr?
Proszę bardzo?
'prɔʃɛ 'bardzɔ

Ich hätte gern ...
Chciał(a)bym ... *(A od. G)*
'xtɕaw(a)bɨm

Ich brauche ...
Potrzebuję ... *(G)*
pɔt:ʃɛ'bujɛ

Wiegen Sie mir bitte ... ab.
Proszę mi odważyć ...
'prɔʃɛ‿mji ɔd'vaʒɨtɕ

Haben Sie ...?
Czy macie ...?
tʃɨ 'matɕɛ

Geben Sie uns ...
Proszę nam dać ...
'prɔʃɛ nam datɕ

Zeigen Sie mir ...
Proszę mi pokazać...
'prɔʃɛ‿mji pɔ'kazatɕ

Wie hoch ist der Preis?
Jaka jest cena?
'jaka jɛst 'tsɛna

Wieviel kostet ...
Ile kosztuje ...
'ilɛ kɔ'ʃtujɛ

ein Stück	sztuka	'ʃtuka
ein Paar	para	'para
ein Paket	paczka	'patʃka
ein Dutzend	tuzin	'tuzin
ein Meter	metr	mɛtr
ein Kilogramm.....	kilogram	ķi'lɔgram

(vgl. auch Maße und Gewichte auf S. 33)

Das ist billig.
To tanio.
tɔ‿'taɲɔ

Das ist *sehr (etwas zu)* teuer.
To *bardzo (trochę za)* drogo.
tɔ 'bardzɔ ('trɔxɛ za) 'drɔgɔ

Ich suche etwas Besseres.
Szukam czegoś lepszego.
'ʃukam 'tʃɛgɔɕ lɛ'pʃɛgɔ

Das gefällt mir (nicht).
To mi się (nie) podoba.
'tɔ‿mʲi‿ɕɛ (ɲɛ)‿pɔ'dɔba

Zeigen Sie mir bitte *ein anderes Modell (eine andere Größe)*.
Niech mi pan(i) pokaże inny *model (rozmiar)*.
'ɲɛx‿mʲi 'pan(i) pɔ'kaʒɛ 'inːɨ 'mɔdɛl ('rɔzmʲar)

Farben

In welcher Farbe soll es sein?
W jakim kolorze (ma być)?
v‿'jaḱim kɔ'lɔʒɛ ('ma‿bɨtɕ)

beige	beżowy	bɛ'ʒɔvɨ
blau	niebieski	ɲe'bʲɛsḱi
– dunkelblau	ciemnoniebieski	tɕɛmnɔɲe'bʲɛsḱi
– hellblau	jasnoniebieski	jasnɔɲe'bʲɛsḱi
braun	brązowy, brunatny	brɔ̃'zɔvɨ / bru'natnɨ
– kastanienbraun	kasztanowy	kaʃta'nɔvɨ
gelb	żółty	'ʒuwtɨ
grau	szary, popielaty	'ʃarɨ / pɔpʲɛ'latɨ
– dunkelgrau	ciemnoszary	tɕɛmnɔ'ʃarɨ
grün	zielony	ʑɛ'lɔnɨ
– dunkelgrün	ciemnozielony	tɕɛmnɔʑɛ'lɔnɨ
– hellgrün	jasnozielony	jasnɔʑɛ'lɔnɨ
lila	lila	'ʎila
orange	pomarańczowy	pɔmaraɲ'tʃɔvɨ
rosa	różowy	ru'ʒɔvɨ
rot	czerwony	tʃɛr'vɔnɨ
schwarz	czarny	'tʃarnɨ
weiß	biały	'bʲawɨ

Kaufabschluß

Gut, ich nehme *ihn (sie, es, sie pl.).*
Dobrze, wezmę *go (ją, to, je).*
'dɔbʒɛ 'vɛzmɛ‿gɔ (jɔ̃ / tɔ / jɛ)

Bitte zur Kasse!
Proszę do kasy!
'prɔʃɛ dɔ‿'kasɨ

Wieviel macht es zusammen?
Ile wynosi razem?
'ilɛ vɨ'nɔɕi 'razɛm

Schreiben Sie es bitte auf.
Proszę mi to napisać.
'prɔʃɛ‿mji‿tɔ na'ɲisatɕ

Packen Sie bitte alles zusammen.
Proszę zapakować wszystko razem.
'prɔʃɛ zapa'kɔvatɕ 'fʃɨstkɔ 'razɛm

Danke, das ist alles!
Dziękuję, to wszystko!
dʑɛŋ'kujɛ tɔ‿'fʃɨstkɔ

Ihr Kassenzettel!
Oto paragon!
'ɔtɔ pa'ragɔn

Die Warenausgabe ist dort.
Pakownia jest tam.
pa'kɔvɲa jɛst tam

Umtausch, Reklamation

Kann ich es umtauschen, wenn es mir nicht paßt?
Czy mogę zamienić, jeśli mi nie będzie pasować?
tʃɨ 'mɔgɛ za'mjɛɲitɕ 'jɛɕli‿mji ɲɛ‿'bɛndʑɛ pa'sɔvatɕ

Wo werden die Reklamationen entgegengenommen?
Gdzie mogę złożyć reklamację?
gdʑɛ 'mɔgɛ 'zwɔʒɨtɕ rɛkla'matsjɛ

Diese Ware hat einen Fehler.
Ten towar ma wadę.
tɛn 'tɔvar ma 'vadɛ

Schlechte Qualität.
Zły gatunek.
zwɨ ga'tunɛk

Ohne Erfolg

Ich muß es mir noch überlegen.
Muszę się jeszcze zastanowić.
'muʃɛ‿ɕɛ 'jɛʃtʃɛ zasta'nɔvjitɕ

... sagt mir nicht zu.
... nie odpowiada mi.
ɲɛ‿ɔtpɔ'vjada mji

Ich möchte mich noch woanders umsehen.
Poszukam jeszcze gdzie indziej.
pɔ'ʃukam 'jɛʃtʃɛ gdʑɛ‿'indʑej

Geschäfte

Andenken	pamiątki *pl.*	pa'mɉɔntkʝi
Bäckerei	piekarnia	pɛ'karɲa
Bekleidung	odzież *f*	'ɔdʑɛʃ
Blumengeschäft	kwiaciarnia	kɣa'tɕarɲa
Buchhandlung	księgarnia	kɕɛŋ'garɲa
Feinkost	delikatesy *pl.*	dɛʎika'tɛsɨ
Fertiggerichte	garmażernia	garma'ʒɛrɲa
Fleisch- und Wurstwaren	mięso – wędliny	'mɉɛ̃sɔ / vɛnd'ʎinɨ
Galanteriewaren	galanteria	galan'tɛrja
Gelegenheiten	komis	'kɔmɉis
Gemüse, Obst	jarzyny, owoce	ja'ʒɨnɨ / ɔ'vɔtsɛ
Geschäft, Laden	sklep	sklɛp
Haushaltsartikel	artykuły gospodarstwa domowego	artɨ'kuwɨ gɔspɔ'darstfa dɔmɔ'vɛgɔ
Juwelier	jubiler	ju'ɓilɛr
Konfektion	konfekcja	kɔn'fɛktsja
Kunstgewerbe	Cepelia	tsɛpɛʎi'a
Kurzwaren	pasmanteria	pasman'tɛrja
Lebensmittel	artykuły spożywcze	artɨ'kuwɨ spɔ'ʒɨftʃɛ
Lederwaren	galanteria skórzana	galan'tɛrja sku'ʒana
Molkereiprodukte	mleko – nabiał	'mlɛkɔ / 'naɓaw
Musikalienhandlung	nuty	'nutɨ
Parfümerie	perfumeria	pɛrfu'mɛrja
Pelze	futra	'futra
Schreibwaren	materiały piśmienne	matɛr'jawɨ piɕ-'mɉɛnːɛ
Schuhe	obuwie *n*	ɔ'buɣɛ
Spielzeug	zabawki *pl.*	za'bafkʝi
Sportartikel	artykuły sportowe	artɨ'kuwɨ spɔr'tɔvɛ
Süßwaren	słodycze	swɔ'dɨtʃɛ
Tabakladen	sklep tytoniowy	sklɛp tɨtɔ'ɲɔvɨ
Textilien	artykuły włókiennicze	artɨ'kuwɨ vwukʝɛŋ-'ɲitʃɛ
Warenhaus	dom towarowy	dɔm tɔva'rɔvɨ
– Ladentisch	kontuar	kɔn'tuar
– Preisliste	cennik	'tsɛɲːik
– Schaufenster	wystawa	vɨ'stava

Blumen

Blumen	kwiaty	'kfati
Blumenstrauß	bukiet	'bukɛt
Chrysanthemen	chryzantemy	xrizan'tɛmi
Flieder	bez	bɛs
Gladiolen	gladiole	gladi'ɔlɛ
Maiglöckchen	konwalia	kɔn'valja
Nelken / Rosen	goździki / róże	gɔz'dziki / 'ruʒɛ
Tulpen	tulipany	tuli'pani
Veilchen	fiołki	'fjɔwki

Buchhandlung

Band / Buch	tom / książka	tɔm / 'kɕɔ̃ʃka
Landkarte	mapa geograficzna	'mapa gɛɔgra'fitʃna
Lehrbuch	podręcznik	pɔd'rɛntʃnik
Reiseführer	przewodnik turystyczny	pʃɛ'vɔdnik turis'titʃni
Roman	powieść *f*	'pɔvjɛɕtɕ
Schriftsteller	pisarz	'pisaʃ
Sprachführer	rozmówki *pl.*	rɔz'mufki
Stadtplan	plan miasta	plan 'mjasta
Straßenkarte	mapa samochodowa	'mapa samɔxɔ'dɔva
Wörterbuch	słownik	'swɔvnik

Fotohandlung

Aufnahme, Bild	zdjęcie	'zdjɛntɕɛ
– Farbaufnahme	zdjęcie kolorowe	'zdjɛntɕɛ kɔlɔ'rɔvɛ
Auslöser(knopf)	wyzwalacz	vi'zvalatʃ
– Selbstauslöser	samowyzwalacz	samɔvi'zvalatʃ
Belichtungsmesser	światłomierz	ɕfjat'wɔmjɛʃ
Blende	przesłona	pʃɛ'swɔna
Blitzlichtgerät	lampa błyskowa	'lampa bwi'skɔva
Diapositiv	przeźrocze	pʃɛ'zrɔtʃɛ
Entwicklung	wywoł(yw)anie	vivɔ'w(i'v)anɛ
Film	błona, film	'bwɔna / film

– Farbfilm	błona do zdjęć barwnych	'bwɔna dɔ‿zdjɛŋtɕ 'barvnɨx
– Kleinbildfilm	błona do zdjęć małoobrazkowych	'bwɔna dɔ‿zdjɛŋtɕ mawɔɔbras'kɔvɨx
– Rollfilm	błona zwijana	'bwɔna zɣi'jana
– Schmalfilm	błona wąskotaśmowa	'bwɔna võskɔtaɕ'mɔva
– Umkehrfilm	film odwracalny	ʄilm ɔdvra'tsalnɨ
Fotoapparat	aparat fotograficzny	a'parat fɔtɔgra'ʄitʃnɨ
– Schmalfilmkamera	kamera wąskotaśmowa	'kamɛra wɔ̃skɔtaɕ'mɔva
– Spiegelreflexkamera	lustrzanka	lu'stːʃanka
Stativ	statyw	'statɨf
Sucher	celownik	tsɛ'lɔvŋik
Teleobjektiv	teleobiektyw	tɛlɛɔb'jɛktɨf
Verschluß	migawka	mʝi'gafka
Weitwinkelobjektiv .	obiektyw szerokokątny	ɔb'jɛktɨf ʃɛrɔkɔ'kɔntnɨ
belichten	naświetlać	na'ɕɣɛtlatɕ
fotografieren	(s)fotografować	(s)fɔtɔgra'fɔvatɕ
entwickeln	wywołać	vɨ'vɔwatɕ
(un)scharf	(nie)ostry	(ŋɛ)'ɔstrɨ
vergrößern	powiększyć	pɔ'ɣɛŋkʃɨtɕ

Entwickeln Sie mir bitte diesen Film.
Proszę mi wywołać tę błonę.
'prɔʃɛ‿mʝi vɨ'vɔwatɕ tɛ̃ 'bwɔnɛ

Ich möchte von jedem Negativ *eine Vergrößerung (einen Abzug)*.
Chciał(a)bym po *jednym powiększeniu (jednej odbitce)* z każdego negatywu.
'xtɕaw(a)bɨm pɔ‿'jɛdnɨm pɔɣɛŋk'ʃɛŋu ('jɛdnɛj ɔd'ɥittsɛ) s‿kaʒ'dɛgɔ nɛga'tɨvu

Welches Format?	**Sieben mal zehn.**	**Neun mal zwölf.**
Jaki format?	Siedem na dziesięć.	Dziewięć na dwanaście.
'jaʝi 'fɔrmat	'ɕɛdɛm na‿'dʑɛɕɛŋtɕ	'dʑɛɣɛŋtɕ na‿dva'naɕtɕɛ

Juwelier

Armband	bransoletka	brãsɔ'lɛtka
Bernstein	bursztyn	'burʃtɨn
Brillant	brylant	'brɨlant
Brosche	broszka	'brɔʃka
Edelstein	kamień szlachetny	'kaɱeŋ ʃla'xɛtnɨ
Gold	złoto	'zwɔtɔ
Imitation	imitacja	iɱi'tatsja
Kette	łańcuszek	waŋ'tsuʃɛk
– Halskette	łańcuszek na szyję	waŋ'tsuʃɛk na‿'ʃɨjɛ
– Perlenkette	sznur pereł	ʃnur 'pɛrɛw
Krawattennadel	szpilka do krawata	'ʃᵽilka dɔ‿kra'vata
Manschettenknöpfe	spinki	'sᵽinķi
Ohrringe	kolczyki	kɔl'tʃɨķi
Ring	pierścionek	ᵽɛr'ɕtɕɔnɛk
– Trauring	obrączka	ɔ'brɔntʃka
Schmuck	biżuteria	ɓiʒu'tɛŗĭa
Silber	srebro	'srɛbrɔ
vergoldet	pozłacany	pɔzwa'tsanɨ
versilbert	posrebrzany	pɔsrɛb'ʒanɨ

Optiker

Brille	okulary *pl.*	ɔku'larɨ
– Sonnenbrille	okulary przeciwsłoneczne	ɔku'larɨ pʃɛtɕif-swɔ'nɛtʃnɛ
Brillenfassung	oprawa (okularów)	ɔ'prava (ɔku'laruf)
Fernglas	lornetka	lɔr'nɛtka

Ich möchte diese Brille reparieren lassen.
Chciał(a)bym oddać do naprawy te okulary.
'xtɕaw(a)bɨm 'ɔdːatɕ dɔ‿na'pravɨ tɛ ɔku'larɨ

Ich brauche Gläser mit ... Dioptrien.
Potrzebuję szkła o mocy ... dioptrii.
pɔtːʃɛ'bujɛ ʃkwa ɔ‿'mɔtsɨ ... ɖi'ɔptŗiː

Diese Spezialgläser haben wir leider nicht da.
Tych specjalnych szkieł, niestety, nie mamy.
tɨx spɛ'tsjalnɨx ʃķɛw ŋɛ'stɛtɨ ŋɛ‿'mamɨ

Papierhandlung

Album	album	'album
Bleistift	ołówek	ɔ'wuvɛk
– weich / hart	miękki /twardy	'mʲɛŋkʲi / 'tfardɨ
Briefpapier	papier listowy	'papʲɛr lʲi'stɔvɨ
Briefumschlag	koperta	kɔ'pɛrta
Buntstifte	ołówki kolorowe	ɔ'wufkʲi kɔlɔ'rɔvɛ
Füllfederhalter	wieczne piuro	'vʲɛtʃnɛ 'pʲurɔ
Heft	zeszyt	'zɛʃɨt
Klebstoff	klej	klɛj
Kugelschreiber	długopis	dwu'gɔpʲis
– Mine	wkład do długopisu	fkwad dɔ‿dwugɔ-'pʲisu
Kohlepapier	kalka	'kalka
Notizbuch	notes	'nɔtɛs
Papier	papier	'papʲɛr
– ein Bogen	arkusz	'arkuʃ
– kariert	kratkowany	kratkɔ'vanɨ
– liniiert	liniowany	lʲiɲɔ'vanɨ
– Zeichenpapier . . .	papier rysunkowy	'papʲɛr rɨsun'kɔvɨ
Radiergummi	gumka	'gumka
Schreibblock	blok do pisania	blɔk dɔ‿pʲi'saɲa
Seidenpapier	bibułka	bʲi'buwka
Tinte	atrament	a'tramɛnt
Zeichenblock	blok rysunkowy	blɔk rɨsun'kɔvɨ

Pelze

Bisam	piżmak	'pʲiʒmak
Chinchilla	szynszyla	ʃɨn'ʃɨla
Nerz	norka	'nɔrka
Nutria	nutria	'nutrʲja
Pelz	futro	'futrɔ
pelzgefüttert	podbity futrem	pɔd'bʲitɨ 'futrɛm
Pelzmütze	czapka futrzana	'tʃapka fut:'ʃana
Persianer	karakuły *pl.*	kara'kuwɨ
Polarfuchs	piesak	'pʲɛsak
Seal	foka	'fɔka
Silberfuchs	lis srebrzysty	lʲis srɛb'ʒɨstɨ

Reiseandenken

Aschenbecher	popielniczka	pɔp̡ɛl'ɲitʃka
Bild, Gemälde	obraz	'ɔbras
Buchhülle	futerał na książkę	fu'tɛraw na‿'kɕɔ̃ʃkɛ
Deckchen	serwetka	sɛr'vɛtka
Glas	szkło	ʃkwɔ
handgearbeitet	ręcznej roboty	'rɛntʃnɛj rɔ'bɔtɨ
Holzschnitzereien	wyroby z drewna	vɨ'rɔbɨ z‿'drɛvna
Kästchen	szkatułka	ʃka'tuwka
Keramik	ceramika	tsɛ'ram̡ika
Leuchter	świecznik	'ɕv̡ɛtʃɲik
Porzellan	porcelana	pɔrtsɛ'lana
Puppe	lalka	'lalka
Stickereien	wyroby hafciarskie	vɨ'rɔbɨ haf'tɕarsk̡ɛ
Untersetzer	podstawka	pɔt'stafka
Vase	wazon, wazonik	'vazɔn / va'zɔɲik
Wandbehang	kilim	'k̡il̡im
Zigarettenetui	papierośnica	pap̡ɛrɔɕ'ɲitsa

Uhrmacher

Uhr	zegarek	zɛ'garɛk
– Armbanduhr	zegarek na rękę	zɛ'garɛk na‿'rɛŋkɛ
– Stoppuhr	stoper	'stɔpɛr
– Taschenuhr	zegarek kieszonkowy	zɛ'garɛk k̡ɛʃɔn'kɔvɨ
Feder	sprężyna	sprɛ̃'ʒɨna
Glas	szkiełko	'ʃk̡ɛwkɔ
Uhrenarmband	pasek do zegarka	'pasɛk dɔ‿zɛ'garka
Wecker	budzik	'budzik
Zeiger	wskazówka	fska'zufka
Ziffernblatt	tarcza zegarowa	'tartʃa zɛga'rɔva

Meine Uhr ist stehengeblieben.
Mój zegarek stanął.
muj zɛ'garɛk 'stanɔw

Können Sie sie reparieren?
Może pan go naprawić?
'mɔʒɛ‿pan gɔ na'prav̡itɕ

Meine Uhr geht *nach (vor)*.
Mój zegarek *spóźnia (śpieszy)* się.
muj zɛ'garɛk 'spuzɲa ('ɕpɛʃɨ)‿ɕɛ

Können Sie sie regulieren?
Może pan go wyregulować?
'mɔʒɛ‿pan gɔ vɨrɛgu'lɔvatɕ

Tabakladen

Feuerstein	kamyczek do zapalniczki	ka'mɨtʃɛk dɔ‿zapal'ɲitʃķi
Feuerzeug	zapalniczka	zapal'ɲitʃka
Gasfeuerzeug	zapalniczka gazowa	zapal'ɲitʃka ga'zɔva
Pfeife	fajka	'fajka
Streichhölzer	zapałki	za'pawķi
– eine Schachtel Streichhölzer	pudełko zapałek	pu'dɛwkɔ za'pawɛk
Tabak	tytoń *m*	'tɨtɔɲ
– Pfeifentabak	tytoń fajkowy	'tɨtɔɲ faj'kɔvɨ
Zigaretten	papierosy	paþɛ'rɔsɨ
– Filterzigaretten	papierosy z filtrem	paþɛ'rɔsɨ s‿'ƫiltrɛm
Zigarettenspitze	cygarniczka	tsɨgar'ɲitʃka
Zigarren	cygara	tsɨ'gara

Geben Sie mir bitte ein Päckchen ... Zigaretten.
Proszę mi dać *pudełko (paczkę)* papierosów ...
'prɔʃɛ‿mi‿datɕ pu'dɛwkɔ ('patʃkɛ) paþɛ'rɔsuf

***Eine Kiste Zigarren (Ein Päckchen Tabak)*, bitte.**
Proszę mi dać *pudełko cygar (paczkę tytoniu).*
'prɔʃɛ‿mi‿datɕ pu'dɛwkɔ 'tsɨgar ('patʃkɛ tɨ'tɔɲu)

Haben Sie auch ausländische Zigaretten?
Czy macie również papierosy zagraniczne?
tʃɨ 'matɕɛ 'ruvɲɛʃ paþɛ'rɔsɨ zagra'ɲitʃnɛ

Würden Sie mir bitte das Feuerzeug füllen?
Czy *mógłby pan (mogłaby pani)* napełnić mi zapalniczkę?
tʃɨ 'mugbɨ‿pan ('mɔgwabɨ 'paɲi) na'pɛwɲitɕ‿mi zapal'ɲitʃkɛ

Kleidungsstücke

Anorak	skafander	ska'fandɛr
Anzug	garnitur	gar'ɲitur
– Konfektionsanzug	gotowe ubranie	gɔ'tɔvɛ u'braɲɛ
– Sommeranzug	garnitur letni	gar'ɲitur 'lɛtɲi
– Schlafanzug	pi(d)żama	þi'(d)ʒama
– Strandanzug	komplet plażowy	'kɔmplɛt pla'ʒɔvɨ

Badebekleidung *s. Seite 176.*

Bluse	bluzka	'bluska
– ohne Ärmel	bez rękawów	bez‿rɛŋ'kavuf
Büstenhalter	biustonosz, stanik	ƀu'stɔnɔʃ / 'staɲik
Damenkostüm	kostium damski	'kɔsţum 'damsķi
Frack	frak	frak
Handschuhe	rękawiczki	rɛŋka'ɣitʃķi
– Lederhandschuhe	r. skórkowe	r. skur'kɔvɛ
Hemd	koszula	kɔ'ʃula
– bügelfrei	non iron	nɔn'aiən
– mit kurzem Arm	z krótkimi rękawami	s‿krut'ķimʝi rɛŋka'vamʝi
– Nachthemd	koszula nocna	kɔ'ʃula 'nɔtsna
– Sporthemd	koszula sportowa	kɔ'ʃula spɔr'tɔva
– Turnhemd	koszulka gimnastyczna	kɔ'ʃulka ģimna'stɨtʃna
Hose	spodnie *pl.*	'spɔdɲɛ
– Blue jeans	dżinsy *pl.*	'dʒinsɨ
– Damenhose	damskie spodnie	'damsķɛ 'spɔdɲɛ
– kurze Hose	spodenki *pl.*	spɔ'dɛnķi
– Schihose	spodnie narciarskie	'spɔdɲɛ nar'tɕarsķɛ
– Strandhose	szorty plażowe	'ʃɔrtɨ pla'ʒɔvɛ
Hut	kapelusz	ka'pɛluʃ
– Damenhut	kapelusz damski	ka'pɛluʃ 'damsķi
– Strohhut	kapelusz słomkowy	ka'pɛluʃ swɔm'kɔvɨ
Jacke *(Damen-)*	żakiet, wdzianko	'ʒaķɛt / 'vdzankɔ
– Herrenjacke	kurtka	'kurtka
– Strickjacke	kaftanik	kaf'taɲik
– Windjacke	wiatrówka	ɣat'rufka
Jackenkleid	garsonka	gar'sɔnka
Jackett *(Herren-)*	marynarka	marɨ'narka
– einreihig	jednorzędowa	jɛdnɔʒɛn'dɔva
– zweireihig	dwurzędowa	dvuʒɛn'dɔva
Kinderbekleidung	odzież dziecięca	'ɔdzɛʒ dzɛ'tɕɛntsa
Kleid	suknia, sukienka	'sukɲa / su'ķɛnka
– Abendkleid	suknia wieczorowa	'sukɲa ɣɛtʃɔ'rɔva
– Nachmittagskleid	suknia popołudniowa	'sukɲa pɔpɔwud'ɲɔva
– Sommerkleid	suknia letnia	'sukɲa 'lɛtɲa
Kostüm	kostium	'kɔsţum
Krawatte	krawat	'kravat

Mantel	płaszcz, palto	pwaʃtʃ / 'paltɔ
– Übergangsmantel	jesionka	jɛ'ɕɔnka
– Wintermantel	płaszcz zimowy	pwaʃtʃ ʑi'mɔvɨ
Mütze	czapka	'tʃapka
– Baskenmütze	beret	'bɛrɛt
Pulli	sweterek	svɛ'tɛrɛk
Pullover	pulower, sweter	pu'lɔvɛr / 'svɛtɛr
Rock *(Damen-)*	spódnica	spud'ɲitsa
– Morgenrock	podomka	pɔ'dɔmka
– Trägerrock	spódnica na szelkach	spud'ɲitsa na‿'ʃɛlkax
Sakko	marynarka	marɨ'narka
Schal	szal	ʃal
Schleier	welon; woalka	'vɛlɔn / vɔ'alka
Schürze	fartuszek	far'tuʃɛk
Socken	skarpetki	skar'pɛtk̡i
Strümpfe	pończochy	pɔɲ'tʃɔxɨ
– Kniestrümpfe	podkolanówki	pɔtkɔla'nufk̡i
– nahtlose	bez szwu	bɛʃ‿ʃfu
Strumpfhaltegürtel	pas elastyczny do pończoch	pas ɛla'stɨtʃnɨ dɔ‿'pɔɲtʃɔx
Strumpfhose	rajstopy *pl.*	raj'stɔpɨ
Tuch *(Kopf-)*	chustka (na głowę)	'xustka (na‿'gwɔvɛ)
– Halstuch	apaszka	a'paʃka
– Taschentuch	chusteczka do nosa	xus'tɛtʃka dɔ‿'nɔsa
Unterwäsche	bielizna (osobista)	b̡ɛ'ʎizna (ɔsɔ'b̡ista)
– Schlüpfer, Slip	majteczki, figi *pl.*	maj'tɛtʃk̡i / 'f̡ig̡i
– Unterhemd	podkoszulka	pɔtkɔ'ʃulka
– Unterhose	kalesony *pl.*	kalɛ'sɔnɨ
– Unterrock	halka	'xalka
Weste	kamizelka	kam̡i'zɛlka

Teile und Zubehör

Ärmel	rękaw	'rɛŋkaf
Ausschnitt	wycięcie, dekolt	vɨ'tɕɛɲtɕɛ / 'dɛkɔlt
Band	tasiemka	ta'ɕɛmka
– Gummiband	tasiemka gumowa	ta'ɕɛmka gu'mɔva
Futter	podszewka	pɔ'tːʃɛfka

– abknöpfbares Futter	podpinka	pɔt'ṗinka
Gürtel	pasek	'pasɛk
Hosenträger	szelki *pl.*	'ʃɛlķi
Kapuze	kapuza, kaptur	ka'puza / 'kaptur
Knopf	guzik	'guẓik
Knopfloch	dziurka do guzika	'dẓurka dɔ‿gu'ẓika
Kragen	kołnierz	'kɔwŋɛʃ
– Umlegekragen	kołnierz wykładany	'kowŋɛʒ vɨkwa'danɨ
Manschette	mankiet	'maŋķɛt
Reißverschluß	zamek błyskawiczny	'zamɛk bwɨska-'ỵitʃnɨ
Schirm	parasol	pa'rasɔl
Schlitz	rozporek	rɔs'pɔrɛk
Schnalle	sprzączka	'spʃɔntʃka
Schweißblatt	potnik	'pɔtŋik
Spitze	koronka	kɔ'rɔnka
Tasche	kieszeń *f*	'ķɛʃɛŋ
Umschlag *(Hose)*	mankiet	'maŋķɛt
– Revers	wyłóg	'vɨwuk
Zubehör, Zutaten	dodatki *pl.*	dɔ'datķi

Stoffe

Stoff	tkanina, materiał	tka'ŋina / ma'tɛrjaw
– bunter	kolorowa (-wy)	kɔlɔ'rɔva (-vɨ)
– einfarbiger	jednobarwna (-ny)	jɛdnɔ'barvna (-nɨ)
– gemusterter	w deseń	v‿'dɛsɛŋ
– gestreifter	w paski	f‿'pasķi
– karierter	w kratkę	f‿'kratķɛ
– Anzugstoff	materiał ubraniowy	ma'tɛrjaw ubra'ŋɔvɨ
– Mantelstoff	materiał okryciowy	ma'tɛrjaw ɔkrɨ'tɕɔvɨ
– Kleiderstoff	materiał sukniowy	ma'tɛrjaw suk'ŋɔvɨ
Baumwolle	bawełna	ba'vɛwna
Flanell	flanela	fla'nɛla
Gabardine	gabardyna	gabar'dɨna
Helanca	helanko	xɛ'lankɔ
Kammgarn	wełna czesankowa	'vɛwna tʃɛsan'kɔva
Kunstfaser	włókno sztuczne	'vwuknɔ 'ʃtutʃnɛ
– Nylon	nylon	'nɨlɔn

– Steelon	stylon, stilon	ˈstɨlɔn
Leinen	płótno	ˈpwutnɔ
Popeline	popelina	pɔpɛˈʝina
Samt	aksamit	akˈsaɱit
Seide	jedwab	ˈjɛdvap
– Kunstseide	jedwab sztuczny	ˈjɛdvap ˈʃtutʃnɨ
– Naturseide	jedwab naturalny	ˈjɛdvap natuˈralnɨ
Trikot, Wirkware ..	dzianina	dʑaˈɲina
Tuch	sukno	ˈsuknɔ
Wolle	wełna	ˈvɛwna
– reine Wolle	100 % wełny	stɔ ˈprɔtsɛnt ˈvɛwnɨ

Anprobieren

Was darf ich Ihnen zeigen?
Co mam *panu (pani)* pokazać?
ˈtsɔ‿mam ˈpanu (ˈpaɲi) pɔˈkazatɕ

Ich brauche Größe ...
Potrzebuję wielkość ...
pɔtːʃɛˈbujɛ ˈʏɛlkɔɕtɕ

Kann ich es anprobieren?
Czy mogę przymierzyć?
tʃɨ ˈmɔgɛ pʃɨˈɱɛʒɨtɕ

Diese Hose ist zu weit.
Te spodnie są za szerokie.
tɛ ˈspɔdɲɛ sɔ̃ za‿ʃɛˈrɔkɛ

Der Rock ist zu *lang (kurz)*.
Spódnica jest za *długa (krótka)*.
spudˈɲitsa jɛst za‿ˈdwuga (ˈkrutka)

Dieser Anzug ist mir *zu groß (etwas zu knapp)*.
To ubranie jest na mnie *zbyt obszerne (trochę za ciasne)*.
tɔ uˈbraɲɛ jɛst ˈna‿mɲɛ zbɨt ɔpˈʃɛrnɛ (ˈtrɔxɛ za‿ˈtɕasnɛ)

***Das Kleid (Die Jacke)* paßt nicht richtig.**
Suknia (Marynarka) nie leży dobrze.
ˈsukɲa (marɨˈnarka) ɲɛ ˈlɛʒɨ ˈdɔbʒɛ

Es wirft hier Falten.
Tu się marszczy.
ˈtu‿ɕɛ ˈmarʃtʃɨ

Kann man es ändern?
Czy można dokonać poprawki?
tʃɨ ˈmɔʒna dɔˈkɔnatɕ pɔˈprafkʲi

***Diese Bluse (Dieser Hut)* steht Ihnen gut.**
W tej bluzce (W tym kapeluszu) jest pani do twarzy.
f‿tɛj ˈblustsɛ (f‿tɨm kapɛˈluʃu) jɛst ˈpaɲi dɔ‿ˈtfaʒɨ

Ändern

ändern	przerobić	pʃɛ'rɔb̡itɕ
annähen	przyszyć	'pʃɨʃɨtɕ
auslassen	wypuścić	vɨ'puɕtɕitɕ
Knopf versetzen	przestawić guzik	pʃɛ'staʋitɕ 'guʑik

Können Sie hier etwas *länger (kürzer)* machen?
Czy może pan(i) tu nieco *skrócić (podłużyć)*?
tʃɨ 'mɔʒɛ 'pan(i) tu 'ɲɛtsɔ 'skrutɕitɕ (pɔ'dwuʒɨtɕ)

Können Sie diese Maschen aufnehmen?
Czy może pani podnieść te oczka?
tʃɨ 'mɔʒɛ‿'paɲi 'pɔdɲɛɕtɕ tɛ‿'ɔtʃka

Nähen

Faden, Garn	nici *pl.*	'ɲitɕi
– Stopfgarn	przędza do cerowania	'pʃɛndza dɔ‿tsɛrɔ'vaɲa
Fingerhut	naparstek	na'parstɛk
füttern	podszyć	'pɔtːʃɨtɕ
Haken	haczyk, haftka	'xatʃɨk / 'xaftka
Nadel *(Näh-)*	igła (do szycia)	'igwa (dɔ‿'ʃɨtɕa)
– Sicherheitsnadel	agrafka	a'grafka
– Stecknadel	szpilka	'ʃp̡ilka
Nähmaschine	maszyna do szycia	ma'ʃɨna dɔ‿'ʃɨtɕa
Naht	szew	ʃɛf
nähen	(u)szyć	('u)ʃɨtɕ
Maßnehmen	wziąć miarę	vʑɔɲtɕ 'm̡arɛ
Saum	(ob)rąbek	(ɔb)'rɔmbɛk
Schere	nożyce *pl.*	nɔ'ʒɨtsɛ
Schnitt	krój	kruj
Stich	ścieg	ɕtɕɛk
trennen	(roz)pruć	('rɔs)prutɕ
Zentimetermaß	centymetr	tsɛn'tɨmɛtr
zuschneiden	(s)kroić	(s)'krɔjitɕ
Zwirn	nici *pl.*	'ɲitɕi

Schuhe

Ich hätte gern ein Paar *Damen- (Herren-)*Schuhe.
Chciał(a)bym parę butów *damskich (męskich)*.
'xtɕaw(a)bɨm 'parɛ 'butuf 'damsķix ('mɛ̃sķix)

Welche Nummer tragen Sie?
Jaki numer pan(i) nosi?
'jaķi 'numɛr 'pan(i) 'nɔɕi

Welche Größe?
Jaki rozmiar?
'jaķi 'rɔzmʝar

Diese Schuhe sind mir eine Nummer zu *klein (groß)*.
Te buciki są dla mnie o jeden numer za *ciasne (duże)*.
tɛ bu'tɕiķi sɔ̃ 'dla‿mɲɛ ɔ‿'jɛdɛn 'numɛr za‿'tɕasnɛ ('duʒɛ)

Hier drücken sie mich.
Tu mnie uwierają.
'tu mɲɛ uʏɛ'rajɔ̃

Die *Farbe (Form)* gefällt mir nicht.
Kolor (Fason) nie podoba mi się.
'kɔlɔr ('fasɔn) ɲɛ‿pɔ'dɔba‿mʝi‿ɕɛ

Ich möchte gern diese Schuhe reparieren lassen.
Chciał(a)bym oddać te buciki do naprawy.
'xtɕaw(a)bɨm 'ɔdːatɕ tɛ bu'tɕiķi dɔ‿na'pravɨ

Würden Sie mir diese Schuhe besohlen?
Czy może pan podzelować mi te buciki.
tʃɨ 'mɔʒɛ pan pɔd-zɛ'lɔvatɕ mʝi tɛ bu'tɕiķi

Können Sie das nähen?
Czy może pan to zaszyć?
tʃɨ 'mɔʒɛ‿pan tɔ 'zaʃitɕ

Wann sind sie fertig?
Kiedy będą gotowe?
'ķɛdɨ bɛndɔ̃ gɔ'tɔvɛ

Absatz	obcas	'ɔptsas
– mit hohen Absätzen	na wysokim obcasie	na‿vɨ'sɔķim ɔp'tsaɕɛ
– mit flachen Absätzen	na niskim obcasie	na‿'ɲisķim ɔp'tsaɕɛ
– Gummiabsatz	obcas gumowy	'ɔptsas gu'mɔvɨ
Kappe	kapka	'kapka
Leder	skóra	'skura
– Chromleder	skóra chromowa	'skura xrɔ'mɔva
– Kalbleder	skóra cielęca	'skura tɕɛ'lɛntsa

– Kunstleder	imitacja skóry	imʲi'tatsja 'skurɨ
– Oberleder	wierzch	ɣɛʃx
– Schlangenleder ..	wężowa skóra	vɛ̃'ʒɔva 'skura
– Wildleder	zamsz	zamʃ
– Ziegenleder	skóra kozia	'skura 'kɔʑa
Pantoffeln	pantofle domowe	pan'tɔfle dɔ'mɔvɛ
Sandalen	sandały	san'dawɨ
Sandaletten	sandałki	san'dawkʲi
Schnürsenkel ***pl.*** ...	sznurowadła *pl.*	ʃnurɔ'vadwa
Schuhe ***(Schnür-)*** ..	buty, trzewiki	'butɨ / tːʃɛ'ɣikʲi
– Damenschuhe	pantofle (damskie)	pan'tɔflɛ ('damskʲɛ)
– Gummischuhe ...	kalosze	ka'lɔʃɛ
– Halbschuhe	półbuty, pantofle	puw'butɨ / pan'tɔfle
– Lackschuhe	lakierki	la'kʲɛrkʲi
– Pumps	czółenka	tʃu'wɛnka
– Überschuhe	śniegowce; kalosze	ɕɲɛ'gɔftsɛ / ka'lɔʃɛ
Schuhanzieher	łyżka do butów	'wɨʃka dɔ‿'butuf
Schuhkrem	pasta do obuwia	'pasta dɔ‿ɔ'buɣa
Sohle	podeszwa	pɔ'dɛʃfa
– Einlegesohle	wkładka	'fkwatka
– Gummisohle	podeszwa gumowa	pɔ'dɛʃfa gu'mɔva
– Ledersohle	podeszwa skórzana	pɔ'dɛʃfa sku'ʒana
Stiefel ***pl.***	buty (z cholewami)	'butɨ (s‿xɔlɛ'vamʲi)
– Gummistiefel	buty gumowe	'butɨ gu'mɔvɛ
– Schistiefel	buty narciarskie	'butɨ nar'tɕarskʲɛ
– Wanderstiefel ...	buty turystyczne	'butɨ turɨ'stɨtʃnɛ

Andere Lederwaren

Aktentasche	teczka	'tɛtʃka
Brieftasche	portfel	'pɔrtfɛl
Gürtel, Riemen	pas(ek)	'pas(ɛk)
Handtasche	torebka	tɔ'rɛpka
Lederbekleidung ...	odzież skórzana	'ɔdʑɛʃ sku'ʒana
– Lederjacke	kurtka skórzana	'kurtka sku'ʒana
Portemonnaie	portmonetka	pɔrtmɔ'nɛtka

KONZERT, THEATER, KINO

Allgemeines

Was machen (Wohin gehen) **wir heute abend?**
Co robimy (Dokąd pójdziemy) dziś wieczorem?
tsɔ rɔ'ɟimɨ (dɔ'kɔnt puj'dʑɛmɨ) dʑiɕ ɣɛ'tʃɔrɛm

Gehen wir heute abend *ins Konzert (in die Oper)*?
Pójdziemy dziś wieczór *na koncert (do opery)*?
puj'dʑɛmɨ dʑiɕ 'ɣɛtʃur na‿'kɔntsɛrt (dɔ‿'ɔpɛrɨ)

Wollen Sie lieber ins Theater oder ins Kino gehen?
Woli pan(i) iść do teatru czy do kina?
'vɔʎi 'pan(i) iɕtɕ dɔ‿tɛ'atru tʃɨ dɔ‿'ķina

Gibt es hier ein Opernhaus?
Czy macie tu operę?
tʃɨ 'matɕɛ‿tu 'ɔpɛrɛ

Wo ist hier ein Kino?
Gdzie tu jest kino?
'gdʑɛ‿tu jɛst 'ķinɔ

Findet heute abend ein Konzert statt?
Odbędzie się dziś wieczorem koncert?
ɔd'bɛŋdʑɛ‿ɕɛ dʑiɕ ɣɛ'tʃɔrɛm 'kɔntsɛrt

Wann beginnt die *Vorstellung (Aufführung)*?
O której rozpoczyna się przedstawienie?
ɔ‿'kturɛj rɔspɔ'tʃɨna‿ɕɛ pʃɛt:sta'ɣɛɲɛ

Gibt es hier zur Zeit interessante Veranstaltungen?
Czy są tu teraz jakieś ciekawe imprezy?
tʃɨ‿'sɔ̃‿tu 'tɛras 'jaķɛɕ tɕɛ'kavɛ im'prɛzɨ

Was wird heute in der *Oper (Philharmonie)* gegeben?
Co dają dziś w *operze (filharmonii)*?
tsɔ 'dajɔ̃ dʑiɕ v‿'ɔpɛʒɛ (f‿ʄilxar'mɔɲi:)

Ich möchte mir ein modernes polnisches Stück ansehen.
Chciał(a)bym obejrzeć jakąś nowoczesną polską sztukę.
'xtɕaw(a)bɨm ɔ'bɛjʒɛtɕ 'jakɔ̃ɕ nɔvɔ'tʃɛsnɔ̃ 'pɔlskɔ̃ 'ʃtukɛ

Was steht auf dem Programm?
Jaki jest program?
'jaķi jɛst 'prɔgram

Wo bekommt man Karten?
Gdzie można otrzymać bilety?
gdʑɛ 'mɔʒna ɔ't:ʃɨmatɕ ɟi'lɛtɨ

Kartenkauf

Wann beginnt der Vorverkauf?
Kiedy się rozpoczyna przedsprzedaż (biletów)?
'ķɛdi‿ɕɛ rɔspɔ'tʃɨna pʃɛt'spʃɛdaʒ (ḇi'lɛtuf)

Gibt es noch Karten für *heute (morgen)* abend?
Czy są jeszcze bilety na *dziś (jutro)* wieczór?
tʃɨ‿'sɔ̃‿jɛʃtʃɛ ḇi'lɛtɨ na‿dʑiɕ ('jutrɔ) 'ɣɛtʃur

Geben Sie mir bitte einen Logenplatz.
Proszę o jedno miejsce w loży.
'prɔʃɛ ɔ‿'jɛdnɔ 'ɱejstsɛ v‿'lɔʒɨ

Zwei Plätze im Parkett, bitte.
Proszę o dwa miejsca na parterze.
'prɔʃɛ ɔ‿dva 'ɱejstsa na‿par'tɛʒɛ

Haben Sie noch Plätze im Rang?
Czy są jeszcze wolne miejsca na balkonie?
tʃɨ‿'sɔ̃‿jɛʃtʃɛ 'vɔlnɛ 'ɱejstsa na‿bal'kɔɲɛ

Welche Reihe?
W jakim rzędzie?
v‿'jaķim 'ʒɛŋdʑɛ

Zwei Plätze in der fünften Reihe.
Dwa miejsca w piątym rzędzie.
dva 'ɱejstsa f‿'p̡ɔntɨm 'ʒɛŋdʑɛ

Ich möchte einen Platz *in der Mitte (an der Seite)*.
Chciał(a)bym miejsce *w środku (bardziej zboku)*.
'xtɕaw(a)bɨm 'ɱejstsɛ f‿'ɕrɔtku ('bardʑej 'zbɔku)

Was kostet eine Karte?
Ile kosztuje bilet?
'ilɛ kɔʃ'tujɛ 'ḇilɛt

Wieviel kosten die billigsten Plätze?
Ile kosztują najtańsze miejsca?
'ilɛ kɔʃ'tujɔ̃ naj'taɲʃɛ 'ɱejstsa

Die Parkettplätze sind ausverkauft.
Parter wysprzedany.
'partɛr vɨspʃɛ'danɨ

Alles ausverkauft.
Nie ma już miejsc.
'ɲɛ‿ma juʒ ɱejsts

Sie können noch zwei Galerieplätze haben.
Mogę *panu (pani)* dać dwa bilety na gelerię.
'mɔgɛ 'panu ('paɲi) datɕ dva ḇi'lɛtɨ na‿ga'lɛrjɛ

Balkon	balkon	'balkɔn
Galerie	galeria	ga'lɛr̯ja
Loge	loża	'lɔʒa
Parkett	parter	'partɛr
Platz (Plätze)	miejsce (miejsca)	'mʲejstsɛ (-tsa)
Rang	balkon	'balkɔn
– erster Rang	pierwszy balkon	'pʲɛrfʃɨ 'balkɔn
– zweiter Rang	drugi balkon	drugʲi 'balkɔn
Rangloge	loża balkonowa	'lɔʒa balkɔ'nɔva
Reihe	rząd	ʒɔnt
Stehplatz	miejsce stojące	'mʲejstsɛ stɔ'jɔntsɛ

Oper und Theater

Was wird heute im ...-Theater gespielt?
Co grają dziś w teatrze ...?
tsɔ 'grajɔ̃ dʑiɕ f‿tɛ'atːʃɛ

Ein Programm, bitte!
Proszę program!
'prɔʃɛ 'prɔgram

Wo ist die Garderobe?
Gdzie znajduje się szatnia?
gdʑɛ znaj'dujɛ‿ɕɛ 'ʃatɲa

Kann ich ein Opernglas ausleihen?
Czy mogę wypożyczyć lornetkę?
tʃɨ 'mɔgɛ vɨpɔ'ʒɨtʃɨtɕ lɔr'nɛtkɛ

Ist das die ... Reihe?
Czy to ... rząd?
tʃɨ tɔ ... ʒɔnt

Wo darf man rauchen?
Gdzie wolno palić?
gdʑɛ 'vɔlnɔ 'paʎitɕ

Beeilen Sie sich, es hat schon geklingelt!
Proszę się pośpieszyć, już był dzwonek.
'prɔʃɛ‿ɕɛ pɔ'ɕpɛʃɨtɕ juʒ bɨw 'dzvɔnɛk

Ich finde meine Garderobenmarke nicht.
Nie mogę znaleźć mego numerka do szatni.
ɲɛ‿'mɔgɛ 'znalɛɕtɕ 'mɛgɔ nu'mɛrka dɔ‿'ʃatɲi

Akt	akt	akt
Aufführung	wystawienie	vɨsta'vʲeɲɛ
– Erstaufführung	premiera	prɛ'mjɛra
Auftritt	scena	'stsɛna
Aufzug	odsłona	ɔt'swɔna
Ballett	balet	'balɛt
Beifall	oklaski *pl.*	ɔ'klaskʲi

– Beifall klatschen	oklaskiwać	ɔkla'sķivatɕ
Bühne / Dekoration	scena / dekoracje *pl.*	'stsɛna / dɛkɔ'ratsjɛ
Drama	dramat	'dramat
Foyer	foyer	fɔ'jɛ
Inszenierung	inscenizacja	instsɛŋi'zatsja
Komödie, Lustspiel	komedia	kɔ'mɛȡĭa
Kulissen	kulisy	ku'ȴisɨ
Operette	operetka	ɔpɛ'rɛtka
Ouvertüre	uwertura	uvɛr'tura
Pause	pauza	'paŭza
Regisseur	reżyser	rɛ'ʒɨsɛr
Rolle	rola	'rɔla
– Hauptrolle	rola główna	'rɔla 'gwuvna
Schauspieler(in)	aktor(ka)	'aktɔr (ak'tɔrka)
Solist(in)	solist(k)a	sɔ'ȴist(k)a
Spielplan	repertuar	rɛpɛr'tuar
Tänzer(in)	tancerz (-erka)	'tantsɛʃ (-'tsɛrka)
Tanz- und Gesang-ensemble	zespół pieśni i tańca	'zɛspuw 'ɲeɕŋi i‿'taŋtsa
Textbuch	libretto	ȴi'brɛtɔ
Theaterstück	sztuka teatralna	'ʃtuka tɛat'ralna
Tragödie	tragedia	tra'gɛȡĭa
Varieté	varieté, kabaret	varjɛ'tɛ / ka'barɛt
– Revue	rewja	'rɛvja
Vorhang	kurtyna	kur'tɨna
Werk	utwór	'utfur

Konzert

Alt / Bariton	alt / baryton	alt / ba'rɨtɔn
Baß / Chor	bas/ chór	bas / xur
Dirigent	dyrygent	dɨ'rɨgɛnt
Flügel	fortepian	fɔr'tɛpjan
Gesang	śpiew	ɕpɛf
Geiger	skrzypek	'skʃɨpɛk
Kammermusik	muzyka kameralna	'muzɨka kamɛ'ralna
Komponist	kompozytor	kɔmpɔ'zɨtɔr
Konzertsaal	sala koncertowa	'sala kɔntsɛr'tɔva
Laienensemble	zespół amatorski	'zɛspuw ama'tɔrsķi
Lied	pieśń *f*, piosenka	ɲeɕŋ / ɲɔ'sɛnka
– Volkslied	piosenka ludowa	ɲɔ'sɛnka lu'dɔva

Musikstück	utwór muzyczny	'utfur mu'zɨtʃnɨ
Orchester	orkiestra	ɔr'ķɛstra
– Blasorchester	orkiestra dęta	ɔr'ķɛstra 'dɛnta
– Jazzkapelle	zespół jazzowy	'zɛspuw dʒɛ'zɔvɨ
– Sinfonieorchester	o. symfoniczna	ɔ. sɨmfɔ'ɲitʃna
Pianist	pianista *m*	p̡ĭa'ɲista
Sänger(in)	śpiewak (-waczka)	'ɕpɛvak (-'vatʃka)
singen	śpiewać	'ɕpɛvatɕ
Sopran / Tenor	sopran / tenor	'sɔpran / 'tɛnɔr
Unterhaltungsmusik	muzyka rozrywkowa	'muzɨka rɔzrɨf'kɔva

Kino

Hat *der Film (die Vorstellung)* schon angefangen?
Czy *film (seans)* już się zaczął.
tʃɨ ƒilm ('sɛãs) juʃ‿ɕɛ 'zatʃɔw

Ist das ein polnischer Film?
Czy to film produkcji polskiej?
tʃɨ tɔ ƒilm prɔ'duktsji 'pɔlsķɛj

In Originalfassung.
W wersji oryginalnej.
v‿'vɛrsji ɔrɨɡ̡i'nalnɛj

Drehbuch	scenariusz	stsɛ'narjuʃ
Film	film	ƒilm
– Dokumentarfilm	f. dokumentalny	ƒ. dɔkumɛn'talnɨ
– Breitwandfilm	f. szerokoekranowy	ƒ. ʃɛrɔkɔɛkra'nɔvɨ
– Farbfilm	f. kolorowy	ƒ. kɔlɔ'rɔvɨ
– Kriminalfilm	f. kryminalny	ƒ. krɨɱi'nalnɨ
– Spielfilm	f. fabularny	ƒ. fabu'larnɨ
– Zeichentrickfilm	f. rysunkowy	ƒ. rɨsun'kɔvɨ
Filmfestspiele	festiwal filmowy	'fɛsƫival ƒil'mɔvɨ
Filmstar	gwiazda filmowa	'gɣazda ƒil'mɔva
Filmvorführung	seans filmowy	'sɛãs ƒil'mɔvɨ
Kino	kino	'ķinɔ
– Freilichtkino	kino letnie	'ķinɔ 'lɛtɲɛ
– Wanderkino	kino objazdowe	'ķinɔ ɔbjaz'dɔvɛ
Leinwand	ekran	'ɛkran
Platzanweiserin	bileterka	ɓilɛ'tɛrka
Synchronisation	dubbing	'duɓiŋk
Wochenschau	kronika filmowa	'krɔɲika ƒil'mɔva
Zuschauer	widz	ɣidz
Zuschauerraum	widownia	ɣi'dɔvɲa

SPORT, VERGNÜGEN, ZEITVERTREIB

Sport

Können Sie mir den Weg zum Stadion zeigen?
Czy może mi pan(i) wskazać drogę na stadion?
tʃɨ 'mɔʒɛ‿m̡i 'pan(i) 'fskazatɕ 'drɔgɛ na‿'staʤ̡ɔn

Ich würde mir gern ein Fußballspiel ansehen.
Chętnie zobaczyłbym mecz piłki nożnej.
'xɛntŋ̡ɛ zɔ'batʃɨwbɨm mɛtʃ 'p̡iwk̡i 'nɔʒnɛj

Kann man hier ...?	**Wo kann man hier ...?**
Czy można tu ...?	Gdzie tu można ...?
tʃɨ 'mɔʒna‿tu	'gʤ̡ɛ‿tu 'mɔʒna

angeln	łowić ryby	'wɔɣitɕ 'rɨbɨ
Ball spielen	grać w piłkę	gratɕ f‿'p̡iwkɛ
boxen	uprawiać boks	u'praɣatɕ bɔks
eislaufen	jeździć na łyżwach	'jɛʑʥitɕ na‿'wɨʒwax
fechten	uprawiać szermierkę	u'praɣatɕ ʃɛr'm̡ɛrkɛ
Fußball spielen	grać w piłkę nożną	gratɕ f‿'p̡iwkɛ 'nɔʒnɔ̃
Golf spielen	grać w golfa	gratɕ v‿'gɔlfa
kegeln	grać w kręgle	gratɕ f‿'krɛŋglɛ
radfahren	jeździć na rowerze	'jɛʑʥitɕ na‿rɔ'vɛʒɛ
reiten	jeździć konno	'jɛʑʥitɕ 'kɔnːɔ
rodeln	saneczkować	sanɛtʃkɔ'vatɕ
Schi laufen	jeździć na nartach	'jɛʑʥitɕ na‿'nartax
schwimmen	pływać	'pwɨvatɕ
segeln	uprawiać jachting	u'praɣatɕ 'jaxt̡iŋk
Sport treiben	uprawiać sport	u'praɣatɕ spɔrt
(Tisch-)Tennis spielen	(za)grać w tenisa (stołowego)	('za)gratɕ f‿tɛ'ɲisa (stɔwɔ'vɛgɔ)
trainieren	trenować	trɛ'nɔvatɕ

Gibt es hier ...?	**Wo ist ...?**
Czy tu jest ...?	Gdzie się znajduje ...?
tʃi‿tu‿'jɛst	'gʥɛ‿ɕɛ znaj'dujɛ

eine Eisbahn	lodowisko	lɔdɔ'ɣiskɔ
ein(en) Fußballplatz	boisko piłki nożnej	bɔ'jiskɔ 'p̡iwk̡i 'nɔʒnɛj

ein(en) Golfplatz ..	plac do gry w golfa	plats dɔ‿gri v‿ˈgɔlfa
eine Reitbahn......	ujeżdżalnia	ujɛʒˈdʒalɲa
eine Rennbahn	tor wyścigowy	tɔr viɕtɕiˈgɔvi
eine Rodelbahn	tor saneczkowy	tɔr sanɛtʃˈkɔvi
ein(en) Schießstand .	strzelnica	stːʃɛlˈɲitsa
ein Schigelände	teren narciarski	ˈtɛrɛn narˈtɕarsḵi
ein(en) Schilift	wyciąg narciarski	ˈvitɕɔŋk narˈtɕarsḵi
ein Schwimmbecken	pływalnia	pwiˈvalɲa
ein(en) Tennisplatz .	kort tenisowy	kɔrt tɛɲiˈsɔvi

Welchen Sport treiben Sie?
Jaki sport pan(i) uprawia?
ˈjaḵi spɔrt ˈpan(i) uˈpraɣa

Ich spiele Korbball.
Gram w koszykówke.
gram f‿kɔʃiˈkufkɛ

Angelsport	wędkarstwo	vɛntˈkarstfɔ
– Blinker	błyszczka	ˈbwiʃtʃka
– Fliege	mucha	ˈmuxa
– Haken	haczyk	ˈxatʃik
– Köder	przynęta	pʃiˈnɛnta
– Rute...........	wędzisko	vɛnˈdzisko
– Schnur..........	sznur, linka	ʃnur / ˈḻinka
Bergsport	taternictwo	tatɛrˈɲitstfɔ
– Bergsteiger	alpinista *m*	alp̧iˈɲista
Boot	łódź *f*, łódka	wudz / ˈwutka
– Paddelboot	kajak	ˈkajak
– Segelboot	żaglówka	ʒagˈlufka
Bootsrennen	wyścigi wioślarskie	viˈɕtɕig̡i vɔˈɕlarsḵɛ
Boxkampf	zawody bokserskie	zaˈvɔdi bɔkˈsɛrskɛ
– Ring / Runde	ring /runda	riŋk / ˈrunda
– Ringrichter	sędzia ringowy	ˈsɛŋdza riŋˈgɔvi
Eislauf	łyżwiarstwo	wiʒˈɣarstfɔ
– Schlittschuhe	łyżwy	ˈwiʒvi
– Eiskunstlauf	jazda figurowa na lodzie	ˈjazda f̧iguˈrɔva na‿ˈlɔdzɛ
– Eisläufer	łyżwiarz	ˈwiʒɣaʃ
Fechten...........	szermierka	ʃɛrˈmɛrka
– Degen / Säbel ...	szpada / szabla	ˈʃpada / ˈʃabla
Fußball	piłka nożna	ˈp̧iwka ˈnɔʒna
– Abseits	spalony	spaˈlɔni
– Ball	piłka	ˈp̧iwka

– Eckball	korner, róg	ˈkɔrnɛr / ruk
– Einwurf	wrzut	vʒut
– Freistoß	rzut wolny	ʒut ˈvɔlnɨ
– Strafstoß	rzut karny	ʒut ˈkarnɨ
Hockey	hokej	ˈxɔkɛj
– Eishockey	hokej na lodzie	ˈxɔkɛj na‿ˈlɔdʑɛ
– Scheibe	krążek	ˈkrɔ̃ʒɛk
– Stock, Schläger ..	kij	ķij
Gewichtheben	podnoszenie ciężarów	pɔdnɔˈʃɛŋɛ tɕɛ̃ˈʒaruf
Jagd	polowanie	pɔlɔˈvaŋɛ
– Gewehr	strzelba	ˈstːʃɛlba
– Jagdschein	karta łowiecka	ˈkarta wɔˈɣɛtska
Judo	dżudo	ˈdʒudɔ
Korbball	koszykówka	kɔʃɨˈkufka
Leichtathletik	lekka atletyka	ˈlɛkːa atˈlɛtɨka
– Diskuswerfen	rzut dyskiem	ʒut ˈdɨsķɛm
– Dreisprung	trójskok	ˈtrujskɔk
– Hammerwerfen ...	rzut młotem	ʒut ˈmwɔtɛm
– Hochsprung	skok wzwyż	skɔk vzvɨʃ
– Hürdenlauf	bieg przez płotki	ɓɛk pʃɛs‿ˈpwɔtķi
– Kugelstoßen	pchnięcie kulą	ˈpxŋɛŋtɕɛ ˈkulɔ̃
– Lauf	bieg	ɓɛk
– Speerwerfen	rzut oszczepem	ʒut ɔʃˈtʃɛpɛm
– Stabhochsprung ..	skok o tyczce	skɔk ɔ‿ˈtɨtʃtsɛ
– Staffellauf	bieg sztafetowy	ɓɛk ʃtafɛˈtɔvɨ
– Weitsprung	skok w dal	skɔk v‿dal
– Zehnkampf	dziesięciobój	dʑɛɕɛŋˈtɕɔbuj
Mannschaft	drużyna	druˈʒɨna
– Läufer	pomocnik	pɔˈmɔtsŋik
– Mittelstürmer ...	środkowy napastnik	ɕrɔtˈkɔvɨ naˈpastŋik
– Schiedsrichter ...	sędzia *m*	ˈsɛŋdʑa
– Spieler	gracz	gratʃ
– Stürmer	napastnik	naˈpastŋik
– Torwart	bramkarz	ˈbramkaʃ
– Verteidiger	obrońca *m*	ɔˈbrɔŋtsa
Motorsport	sport motorowy	spɔrt mɔtɔˈrɔvɨ
– Autorennen	wyścigi samochodowe	vɨˈɕtɕiģi samɔxɔˈdɔvɛ
– Motorradrennen ..	w. motocyklowe	v. mɔtɔtsɨˈklɔvɛ

– **Rennfahrer**	wyścigowiec	viɕtɕi'gɔɣɛts
– **Rennwagen**	samochód wyścigowy	sa'mɔxut viɕtɕi'gɔvɨ
Radsport	kolarstwo	kɔ'larstfɔ
– **Radsportler**	kolarz	'kɔlaʃ
– **Radrennen**.......	wyścig kolarski	'viɕtɕik kɔ'larsķi
Reitsport	jeździectwo	jɛʑ'dʑɛtstfɔ
– **Galopprennen** ...	bieg płaski	ɓɛk 'pwasķi
– **Reiter**	jeździec	'jɛʑdʑɛts
– **Rennpferd**	koń wyścigowy	kɔɲ viɕtɕi'gɔvɨ
– **Springreitturnier** .	konkurs skoków	'kɔnkurs 'skɔkuf
Ringkampf	zapasy *pl.*	za'pasɨ
– **Matte**	mata	'mata
– **Ringer**	zapaśnik	za'paɕɲik
Rudern	wioślarstwo	ɣɔ'ɕlarstfɔ
– **Ruder, Riemen** ..	wiosło	'ɣɔswɔ
– **Ruderer**	wioślarz	'vɔɕlaʃ
– **Steuermann**......	sternik	'stɛrɲik
Schießsport	strzelectwo	stːʃɛ'lɛtstfɔ
– **Scheibe**	tarcza	'tartʃa
Schisport	narciarstwo	nar'tɕarstfɔ
– **Abfahrtslauf**	bieg zjazdowy	ɓɛg zja'zdɔvɨ
– **Bindung**	wiązanie	ɣɔ̃'zaɲɛ
– **Langlauf**	bieg płaski	ɓɛk 'pwasķi
– **Schi, Ski** *pl.*	narty *pl.*	'nartɨ
– **Riesenslalom**	slalom-gigant	'slalɔm‿'gigant
– **Sprunglauf**	skoki *pl.*	'skɔķi
Schwimmen	pływanie	pwɨ'vaɲɛ
– **Brustschwimmen** .	żabka	'ʒapka
– **Kunstspringen** ...	skoki do wody	'skɔķi dɔ‿'vɔdɨ
– **Rückenschwimmen**	styl grzbietowy	stɨl gʒɓɛ'tɔvɨ
– **Kraulen**	crawl	krɔl
– **Sprungbrett**......	trampolina	trampɔ'lina
Segelsport	żeglarstwo	ʒɛ'glarstfɔ
– **Segel**	żagiel	'ʒagɛl
– **Regattasegeln** ...	regaty żeglarskie	rɛ'gatɨ ʒɛ'glarsķɛ
Sport	sport	spɔrt
– **Gymnastik**	gimnastyka	gim'nastɨka
– **Wassersport**	sport wodny	spɔrt 'vɔdnɨ
– **Wintersport**	sport zimowy	spɔrt ʑi'mɔvɨ

Sportler	sportowiec	spɔr'tɔvʏɛts
Sportlerin	sportsmenka	spɔrts'mɛnka
Sportgeräte	sprzęt sportowy	spʃɛnt spɔr'tɔvɨ
– Barren	drążki *pl.*	'drɔ̃ʃkʲi
– Hammer	młot	mwɔt
– Kugel / Netz	kula / siatka	'kula / 'ɕatka
– Speer / Stab	oszczep / tyczka	'ɔʃtʃɛp / 'titʃka
Sportverein	stowarzyszenie sportowe	stɔvaʒɨ'ʃɛɲɛ spɔr'tɔvɛ
Tennis............	tenis	'tɛɲis
– Aufschlag	serwis, podanie	'sɛrʏis / pɔ'daɲɛ
– Einzel / Doppel ..	single / debel	'ɕiŋglɛ / 'dɛbɛl
– Schläger / Satz ..	rakietka / set	ra'kʲɛtka / sɛt
Volleyball.........	siatkówka	ɕat'kufka
Wettkampf........	zawody *pl.*	za'vɔdɨ
– Ergebnis / Sieg ..	wynik / zwycięstwo	'vɨɲik / zvɨ'tɕɛ̃stfɔ
– Halbzeit	połowa (gry)	pɔ'wɔva (grɨ)
– Kür(übungen)	ćwiczenia wolne	tɕʏi'tʃɛɲa 'vɔlnɛ
– Meisterschaft	mistrzostwo	mʲi'stʃɔstfɔ
– Spiel /Start	gra / start	gra / start
– Tor / Ziel	bramka / cel	'bramka / tsɛl
– Unentscheiden ...	remis	'rɛmʲis

Baden, Ausflüge

Wo kann man hier baden?
Gdzie tu można się kąpać?
'gdʑɛ‿tu 'mɔʒna‿ɕɛ 'kɔmpatɕ

Darf man hier baden?
Czy tu wolno się kąpać?
tʃɨ tu 'vɔlnɔ‿ɕɛ 'kɔmpatɕ

Ist es hier *tief (für Kinder nicht gefährlich)*?
Czy tu jest *głęboko (bezpiecznie dla dzieci)*?
tʃɨ tu jɛst gwɛm'bɔkɔ (bɛs'pʲɛtʃɲɛ dla‿'dʑɛtɕi)

Wo kann man ... leihen?
Gdzie można wypożyczyć ...?
gdʑɛ 'mɔʒna vɨpɔ'ʒɨtʃɨtɕ

Kann man hier ... mieten?
Można tu wynająć ...?
'mɔʒna‿tu vɨ'najɔɲtɕ

einen Badeanzug ...	kostium kąpielowy	'kɔstjum kɔmpʲɛ'lɔvɨ
eine Badehose	kąpielówki *pl.*	kɔmpʲɛ'lufkʲi
eine Badekappe ...	czepek kąpielowy	'tʃɛpɛk kɔmpʲɛ'lɔvɨ
einen Bademantel ..	płaszcz kąpielowy	pwaʃtʃ kɔmpʲɛ'lɔvɨ

ein Badetuch	ręcznik kąpielowy	'rɛntʃɲik kɔmpɛ'lɔvɨ
einen Liegestuhl ...	leżak	'lɛʒak
ein Ruderboot	łódkę	'wutkɛ
einen Sonnenschirm.	parasolkę	para'sɔlkɛ

Wo ist der Verleih von *Liegestühlen (Booten)*?
Gdzie znajduje się punkt wynajmu *leżaków (łódek)*?
gdʑɛ znaj'dujɛ‿ɕɛ puŋkt vɨ'najmu lɛ'ʒakuf ('wudɛk)

Wie hoch ist die Leihgebühr?
Ile wynosi opłata za wypożyczenie?
'ilɛ vɨ'nɔɕi ɔ'pwata za‿vɨpɔʒɨ'tʃɛɲɛ

Ich möchte an dem morgigen Ausflug nach ... teilnehmen.
Chciał(a)bym wziąć udział w jutrzejszej wycieczce do ...
'xtɕaw(a)bɨm vʑɔɲtɕ 'udʑaw v‿ju'tʃːɛjʃɛj vɨ'tɕɛtʃtsɛ dɔ

Wir möchten morgen eine Bergtour unternehmen.
Chcielibyśmy przedsięwziąć jutro wycieczkę w góry.
'xtɕɛʎibɨɕmɨ pʃɛt'ɕɛ̃vʑɔɲtɕ 'jutrɔ vɨ'tɕɛtʃkɛ v‿'gurɨ

Wie hoch ist dieser Berg?
Jak wysoki jest ten szczyt?
jak vɨ'sɔki jɛst tɛn ʃtʃɨt

Ist der Aufstieg beschwerlich?
Czy wspinaczka jest uciążliwa?
tʃɨ fspi'natʃka jɛst utɕɔ̃ʒ'ʎiva

Ist die Route zu der Berghütte gut markiert?
Czy trasa do schroniska jest dobrze znakowana?
tʃɨ 'trasa dɔ‿sxrɔ'ɲiska jɛst 'dɔbʒɛ znakɔ'vana

Wann geht es los?
Kiedy (wy)ruszamy?
'kɛdɨ (vɨ)ru'ʃamɨ

Wo treffen wir uns?
Gdzie się spotkamy?
'gdʑɛ‿ɕɛ spɔt'kamɨ

Gibt es in der Nähe gute Angelplätze?
Czy są tu w pobliżu dobre miejsca do łowienia ryb?
tʃɨ‿'sɔ̃‿tu f‿pɔ'bʎiʒu 'dɔbrɛ 'mɲejstsa dɔ‿wɔ'vjeɲa rɨp

Ausflug	wycieczka	vɨ'tɕɛtʃka
Aussicht	widok	'vidɔk
Badeanstalt	kąpielisko	kɔmpɛ'ʎiskɔ
– Strandbad	plaża	'plaʒa
Baden (verboten) ...	kąpiel (wzbroniona)	'kɔmpɛl(vzbrɔ'ɲɔna)
Badeort	kąpielisko	kɔmpɛ'ʎiskɔ
Gipfel	szczyt	ʃtʃɨt

Heilquelle	zdrój	zdruj
Kur	kuracja	ku'ratsja
Kurort	miejscowość kuracyjna	mej'stsəvəɕtɕ kura'tsɨjna
Rettungsboot	łódź ratunkowa	wudʑ ratun'kəva
Rucksack	plecak	'plɛtsak
Rückweg	droga powrotna	'drəga pə'vrətna
sich sonnen	opalać się	ə'palatɕ‿ɕɛ
Strand	plaża	'plaʒa
Urlaub	urlop	'urləp
Wald	las	las
Wanderung	wycieczka pieszo	vɨ'tɕɛtʃka 'pɛʃə
Wegweiser	drogowskaz	drə'gəfskas

Tanzen

Gibt es hier ein Tanzlokal?
Czy jest tu lokal z dansingiem?
tʃɨ‿'jɛst‿tu 'ləkal z‿dã'ɕiŋgɛm

Wollen wir tanzen?
Zatańczymy?
zataŋ'tʃɨmɨ

Danke, ich tanze nicht.
Dziękuje, nie tańczę.
dʑɛŋ'kujɛ ɲɛ‿'taɲtʃɛ

Darf ich Sie um *diesen (nächsten)* Tanz bitten?
Czy mogę panią prosić do *tańca (następnego tańca)*?
tʃɨ 'məgɛ 'paɲɔ̃ 'prəɕitɕ də‿'taɲtsa (nastɛmp'nɛgə 'taɲtsa)

Tanzen Sie gern moderne Tänze?
Lubi pani nowoczesne tańce?
'lubi 'paɲi nəvə'tʃɛsnɛ 'taɲtsɛ

Tanzen Sie nicht?
Pani nie tańczy?
'paɲi ɲɛ‿'taɲtʃɨ

Sie tanzen sehr gut.
Pan(i) tańczy bardzo dobrze.
'pan(i) 'taɲtʃɨ 'bardzə 'dəbʒɛ

Tanzen wir noch einmal?
Zatańczymy jeszcze raz?
zataŋ'tʃɨmɨ 'jɛʃtʃɛ‿ras

Darf ich Sie *noch ein Stück (nach Hause)* begleiten?
Czy mogę panią odprowadzić *kawałek (do domu)*?
tʃɨ 'məgɛ 'paɲɔ̃ ətprə'vadʑitɕ ka'vawɛk (də‿'dəmu)

Zeitvertreib

Ich würde gern Radio hören.
Chciał(a)bym posłuchać radia.
'xtɕaw(a)bɨm pɔ'swuxatɕ 'radʲa

Haben Sie Fernsehen?
Czy macie telewizor?
tʃɨ 'matɕɛ tɛlɛ'ʋizɔr

Spielen Sie Karten?
Pan(i) gra w karty?
'pan(i) gra f‿'kartɨ

Welche Spiele kennen Sie?
Jakie gry pan(i) zna?
'jakʲɛ grɨ 'pan(i) zna

Spielen wir eine Partie Schach?
Zagramy partię szachów?
za'gramɨ 'partʲɛ 'ʃaxuf

... eine Partie Bridge?
... w brydża?
v‿'brɨdʒa

Billard	bilard	'bʲilart
– Billardkugel	bila	'bʲila
– Queue	kij	kʲij
Dame(spiel)	warcaby *pl.*	var'tsabɨ
Kartenspiel	gra w karty	gra f‿'kartɨ
– ein Spiel Karten	talia kart	'talʲa kart
– abheben	przekładać	pʃɛ'kwadatɕ
– ausspielen	(wy)chodzić	(vɨ)'xɔdʑitɕ
– geben	rozdawać	rɔz'davatɕ
– mischen	tasować	ta'sɔvatɕ
– Bube / Dame	walet/dama	'valɛt/'dama
– König / As	król/as	krul/as
– Zehn / Farbe	dziesiątka/maść *f*	dʑɛ'ɕɔntka/maɕtɕ
– Herz / Karo	kiery/karo	'kʲɛrɨ/'karɔ
– Kreuz / Pik	trefy/piki	'trɛfɨ/'pʲikʲi
– Stich / Trumpf	lewa/atut	'lɛva/'atut
Minigolf	minigolf	'mʲinʲigɔlf
Modenschau	rewia mody	'rɛvja 'mɔdɨ
Rundfunk / Fernsehen	radio/telewizja	'radʲɔ/tɛlɛ'ʋizja
– Rundfunkgerät	aparat radiowy	a'parat radʲ'ɔvɨ
– Ansager(in)	spiker(ka)	'spʲikɛr (-'kɛrka)
– Bildschirm	ekran	'ɛkran
– einschalten	włączyć	'vwɔntʃɨtɕ
– ausschalten	wyłączyć	vɨ'wɔntʃɨtɕ
– Empfang	odbiór	'ɔdbʲur
– fernsehen	oglądać telewizję	ɔ'glɔndatɕ tɛlɛ'ʋizjɛ

– Hörspiel	słuchowisko	swuxɔ'ɣiskɔ
– Lautsprecher	głośnik	'gwɔɕɲik
– Nachrichten	ostatnie wiadomości	ɔ'statɲɛ ɣadɔ'mɔɕtɕi
– Plattenspieler	adapter	a'daptɛr
– Quizsendung	zgaduj-zgadula	'zgaduj‿zga'dula
– Schallplatte	płyta gramofonowa	'pwɨta gramɔfɔ'nɔva
– Sender	stacja	'statsja
– Sendung	audycja	aŭ'dɨtsja
– Stereosendung ...	audycja stereofoniczna	aŭ'dɨtsja stɛrɛɔfɔ'ɲitʃna
– Störung	zakłócenie (odbioru)	zakwu'tsɛɲɛ (ɔd'b̡ɔru)
– Tonbandgerät ...	magnetofon	magnɛ'tɔfɔn
– übertragen	transmitować	trãsm̡i'tɔvatɕ
– Kurzwelle	krótkie fale	'krutk̡ɛ 'falɛ
– Langwelle	długie fale	'dwug̡ɛ 'falɛ
– Mittelwelle	średnie fale	'ɕrɛdɲɛ 'falɛ
– UKW	UKF	uka'ɛf
– Zeitzeichen	sygnał czasu	'sɨgnaw 'tʃasu
Schach	szachy *pl.*	'ʃaxɨ
– Schachbrett	szachownica	ʃaxɔv'ɲitsa
– Figur	figura	f̡i'gura
– Bauer / König	pionek/król	'p̡ɔnɛk/krul
– Dame (Königin) ..	hetman	'xɛtman
– Läufer /Springer ..	goniec/skoczek	'gɔɲɛts/'skɔtʃɛk
– Turm / Feld	wieża/pole	'ɣɛʒa/'pɔlɛ
Spiel	gra; partia	gra / 'part̡ja
– Bankhalter	bankier	'bank̡ɛr
– Einsatz	stawka	'stafka
– Zug	posunięcie, ruch	pɔsu'ɲɛɲtɕɛ / rux
– setzen	postawić	pɔ'staɣitɕ
– um Geld spielen ..	grać o pieniądze	gratɕ ɔ‿p̡ɛ'ɲɔndzɛ
Spielmarken	żetony	ʒɛ'tɔnɨ
Würfel	kostka	'kɔstka
Zeitschrift	czasopismo	tʃasɔ'p̡ismɔ
– Illustrierte	cz. ilustrowane	tʃ. ilustrɔ'vanɛ
– lesen	czytać	'tʃɨtatɕ
– Lesesaal	czytelnia	tʃɨ'tɛlɲa
– Modezeitschrift ..	żurnal (mód)	'ʒurnal (mut)
– Zeitung	gazeta	ga'zɛta

DAS WICHTIGSTE AUS DER GRAMMATIK

I. Das Substantiv (Hauptwort)

1. Geschlecht und Artikel

Es gibt 3 Geschlechter: maskulin (männlich, *m*), feminin (weiblich, *f*) und neutral (sächlich, *n*). Da im Polnischen die Artikel fehlen, erkennt man das Geschlecht eines Substantivs an der Endung, bei einer geringen Anzahl der Substantive – an der Bedeutung.

Männlich sind fast alle Substantive auf Konsonant (hart oder weich) sowie einige wenige auf *-a*, *-e*, *-o* bzw. *-y*, die männliche Personen bezeichnen.

Weiblich sind fast alle Substantive auf *-a* bzw. *-i* und einige wenige, die auf einen weichen Konsonanten enden.

Sächlich sind alle Substantive auf *-e* bzw. *-ę*, die keine männlichen Personen bezeichnen, fast alle auf *-o* und Lehnwörter auf *-um*.

2. Deklination der Substantive

Außer den im Deutschen üblichen Deklinationsfällen (Nominativ, Genitiv, Dativ, Akkusativ) gibt es im Polnischen noch 3 weitere Fälle (Kasus): 1. *Instrumental* (Werkfall), der auf die Frage *wodurch?*, *womit?* **ohne** und auf die Frage *mit wem?*, *womit?* **mit** einer Präposition steht; 2. *Lokativ* (Ortsfall), der auf die Frage *wo?*, *worauf?*, *worin?*, *worüber?*, *wovon?* stets mit einer Präposition steht und 3. *Vokativ* (Ruffall), der nur bei der Anrede gebraucht wird. Die Substantive werden dekliniert, indem man ihre Endungen verändert.

Man unterscheidet männliche, weibliche, sächliche und gemischte Deklination. Innerhalb dieser Deklinationsgrundformen gibt es noch verschiedene Deklinationstypen (weiche und harte Deklinationen usw.).

a) ***Maskulina:*** dom *Haus*, obywatel *Bürger*, zegarek *Uhr*, mężczyzna *Mann*.

	Kasus: N	G	D	A	I	L	V
Singular	dom	-u	-owi	= N	-em	-u	–
	obywatel	-a	-owi	= G	-em	-u	-u!
	zegar|ek	-ka	-kowi	= N	-kiem	-ku	–
	mężczy|zna	-zny	-źnie	= G	-zną	-źnie	-zno!
Plural	dom|y	-ów	-om	= N	-ami	-ach	–
	obywatel|e	-i	-om	= G	-ami	-ach	= N
	zegark|i	-ów	-om	= N	-ami	-ach	–
	mężczy|źni	-zn	-znom	= G	-znami	-znach	= N

1. Im N/Pl. unterscheidet man zwischen *Personalform* (für männliche Personen) und *Sachform* (für Tiere, Gegenstände und Begriffe). Die Endung der Psf. der harten Dekl. ist *-i* (*-y*) oder *-owie* (z. B. panowie). Bei der i-Endung wird der vorhergehende Konsonant erweicht (vgl. S. 11) und es tritt Konsonantenwandel ein: t → ci, d → dzi, ch → si (bei der y-Endung: r → rzy, k → cy, g → dzy). In der weichen Dekl. haben fast alle Mask. die Endung *-e* (*-ie*) oder *-owie*. Ausnahme: Personalform der Mask. auf *-c* lautet *-cy* (Niemiec – Niemcy, aber piec *Ofen* – piece).

2. G/Sg. lautet auf *-a* (Lebewesen, Werkzeuge, Gefäße, Kleidungsstücke, Körperteile, Monatsnamen) oder auf *-u* (Fremdwörter, die keine Lebewesen bezeichnen, abstrakte Begriffe, Kollektiv- und Stoffbezeichnungen, Wochentage) aus. Es gibt zahlreiche Ausnahmen. In einer Reihe mehrsilbiger Wörter (meist auf *-ek* und *-iec*) fällt vom G/Sg. das *-e-* bzw. *-ie-* in der Endung aus (s. zegarek); ó → o und ą → ę.

   G/Pl. der harten Dekl. und der Mask. auf *-c* hat die Endung *-ów*, die weiche Dekl. lautet auf *-i* (nach cz, rz, ż, dz, sz, dż und szcz auf *-y*) aus. Manchmal sind beide Endungen (*-i* oder *-ów*) möglich.

3. D/Sg. lautet gewöhnlich auf *-owi* aus, nur etwa 12 Wörter haben die Endung *-u* (panu!).

4. Für Lebewesen-Bezeichnungen im Sg. und in der Psf./Pl. ist Akkusativ = Genitiv; bei unbelebten Mask. im Sg. und für die Sachform Pl. = Nominativ.

5. Das *-e-* in der Endung *-em* des I/Sg. verändert nicht den vorhergehenden Konsonanten, nur: k → kiem und g → giem.

6. L und V/Sg. lauten in der harten Dekl. auf *-e* (*-ie*), dabei wird t → cie, d → dzie, ł → le, r → rze. In der weichen Dekl. und bei den Mask. auf g, k, ch ist die Endung *-u* (auch L: panu).

   L/Pl. hat immer die Endung *-ach*.

7. V/Sg. der Mask. auf *-iec* hat die Endung *-cze* (chłopcze!).

8. Bei den Mask. auf weichen Konsonant wird ab G/Sg.: ć → ci, dź → dzi, ś → si, ń → ni und ź → zi + Endung, z. B. gość *Gast* – gościa, gwóźdź *Nagel* – gwóździa usw.

Feminina: żona *(Ehe-)Frau*, matka *Mutter*, kuchnia *Küche*, pani *Frau*, sieć *Netz*, noc *Nacht*.

	Kasus: N	G	D	A	I	L	V
Singular	żon|a	-y	-ie	-ę	-ą	-ie	-o!
	mat|ka	-ki	-ce	-kę	-ką	-ce	-ko!
	kuchn|ia	-i	-i	-ię	-ią	-i	—
	pan|i	-i	-i	-ią	-ią	-i	-i!
	sie|ć	-ci	-ci	= N	-cią	-ci	—
	noc	-y	-y	= N	-ą	-y	—
Plural	żon|y	żon	-om	= N	-ami	-ach	= N
	mat|ki	-ek	-kom	= N	-kami	-kach	= N
	kuchn|ie	-i	-iom	= N	-iami	-iach	—
	pan|ie	pań	-iom	= N	-iami	-iach	= N
	siec|i	-i	-iom	= N	-iami	-iach	—
	noc|e	-y	-om	= N	-ami	-ach	—

1. Bei der harten Dekl. tritt im D und L/Sg. Konsonantenwandel ein (g → dze, k → ce usw., vgl. mask. Dekl.).
2. Nach *k* und *g* ist die Endung *-i* statt *-y*, nach *rz*, *ż*, *sz*, *szcz*, *dż*, *c*, *dz* wird *i* zu *y*.
3. G/Pl. ist meist endungslos, bei Konsonantenhäufung wird bei der harten Dekl. ein *-e-* (*-ie-*) eingeschoben, s. matka.
4. In der letzten Silbe wird *o* zu *ó* (nicht vor m und n) und *ę* zu *ą*.
5. Fem. auf *-nia* können im G/Pl. auch die Endung -(*i*)*en* haben: kuch*en*, suknia *Kleid* — suk*ien* usw.
6. Bei Fremdwörtern auf *-ia* bzw. *-ja* haben G/Sg. und Pl. die gleichen Endungen *-ii* bzw. *-ji*.
7. Bei den Feminina auf weichen Konsonant vor der Endung tritt bei der Beugung Konsonantenwechsel ein (ć → ci, ń → ni usw., vgl. mask. Dekl.).

Neutra: biuro *Büro*, biurko *Schreibtisch*, morze *Meer*, życzenie *Wunsch*.

	Kasus: N	G	D	A	I	L	V
Singular	biur|o	-a	-u	= N	-em	-rze	—
	biurk|o	-a	-u	= N	-iem	-u	—
	morz|e	-a	-u	= N	-em	-u	—
	życzen|ie	-ia	-iu	= N	-iem	-iu	—

	Kasus: N	G	D	A	I	L	V
Plural	biur|a	biur	-om	= N	-ami	-ach	—
	biur|ka	-ek	-kom	= N	-kami	-kach	—
	morz|a	mórz	-om	= N	-ami	-ach	—
	życze|nia	-ń	-niom	= N	-niami	-niach	—

1. Der L/Sg. (= dem der Mask.) geht auf *-e* aus, das den vorhergehenden Konsonanten verändert (der Konsonant wird durch eingeschobenes *-i-* erweicht, d → dzie, st → ście, zd → ździe, ł → le, r → rze) Neutra, die auf *g, k, ch* ausgehen, haben die Endung *-u*, ebenso wie alle Neutra der weichen Dekl.
2. G/Pl. ist endungslos. Bei einer Konsonantenhäufung wird *-(i)e-* eingeschoben (s. biurko), aber nicht bei Neutra auf *-stwo*. Ein *-o-* in der letzten Silbe wird zu *ó* und *-ę-* zu *ą*. Zahlreiche Neutra auf *-nie* haben im G/Pl. die Endung *ń*.
3. Zur Form des I/Sg. biur*kiem* vgl. Anm. 5 auf S. 182.

II. Das Adjektiv (Eigenschaftswort)

Harte Dekl.: Adjektive auf *-y* bzw. *-e* sowie auf *-ki(e)* und *-gi(e)*. Weiche Dekl.: Alle sonstigen Adjektive auf *-i(e)*. Wie Adjektive werden auch die Familiennamen auf *-ski*, *-cki* dekliniert. Zur Personalform im Pl. vgl. Anm. 1 auf S. 182.

	Kasus: N	G	D	A	I	L
m	now|y	-ego	-emu	-y (-ego)	-ym	-ym
	tan|i	-iego	-iemu	-i (-iego)	-im	-im
f	now|a	-ej	-ej	-ą	-ą	-ej
	tan|ia	-iej	-iej	-ią	-ią	-iej
n	now|e	-ego	-emu	-e	-ym	-ym
	tan|ie	-iego	-iemu	-ie	-im	-im
Pl.	now|i (-e)	-ych	-ym	-ych (-e)	-ymi	-ych
	tan|i (-ie)	-ich	-im	-ich (-ie)	-imi	-ich

1. In Klammern ist bei A/Sg. die Form für Lebewesen (= Genitiv) und im Plural (N, A) die Sachform angegeben.

2. Nach *g* und *k* steht niemals *-y* oder *-e*, es wird stets ein *-i-* eingeschoben bzw. die Adj. enden auf *-ki*, *-gi*. Sie gehören jedoch zur harten Dekl. (długi, krótki — dług*i*ej, krótk*i*ej).
3. N/Pl. der Personalform lautet auf *-i* aus, dabei treten die schon bekannten Konsonantenveränderungen ein (k → c, g → dz, r → rz). Nach *diesen* Konsonanten wird *-i* zu *-y* (długi — dłudzy, krótki — krótcy, dobry — dobrzy).
4. Vokativ im Sg. und Pl. ist immer = dem Nominativ.

Steigerung der Adjektive

Der ***Komparativ*** (1. Steigerungsstufe) wird durch den Einschub von *-sz-* vor die Endung gebildet, Personalform Pl. hat die Endung *-si*: stary *alt* — starszy — starsi. Dabei wird: ł → le, n → ń, g → ż und bei einigen Adjektiven a → e, o → e und ą → ę. Adjektive auf *-ki*, *-eki*, *-oki* verlieren diese Endung, *s* wird zu *ż*: słodki *süß* — słodszy, niski *niedrig* — niższy usw.

Bei Konsonantenhäufung vor der Adjektiv-Endung *-y* hat der Komparativ die Endung *-ejszy*: ładny *hübsch* — ładniejszy.

Unregelmäßig werden gesteigert: dobry *gut* — lepszy; zły *schlecht* — gorszy; wielki, duży *groß* — większy; mały *klein* — mniejszy, lekki *leicht* — lżejszy.

Der ***Superlativ*** (2. Steigerungsstufe) wird durch Anfügung von *naj-* vor die Komparativform gebildet: stary — starszy — najstarszy.

Adverbien. Sofern sie von Adjektiven gebildet werden, lautet die Endung *-o* bzw. *-e*: daleki *weit* — daleko, tani *billig* — tanio, zły — źle, ładny — ładnie usw. Adjektive auf *-ski*, *-cki* und *-zki* bilden das Adverb mit Hilfe der Präposition *po* und der Endung *-u*: polski — po polsku, niemiecki — po niemiecku usw.

III. Pronomen (Fürwort)

1. Personal- und Reflexivpronomen

Kasus	*ich*	*du*	*sich*	*wir*	*ihr*
N	ja	ty	—	my	wy
G	mnie	ciebie	siebie	nas	was
D	mnie	tobie	sobie	nam	wam
A	mnie	ciebie	siebie	nas	was
I	mną	tobą	sobą	nami	wami
L	mnie	tobie	sobie	nas	was

	er	*es*	*sie*	*sie pl.*	
N	on	ono	ona	*Psf.* oni / *Sachf.* one	
G	jego, (nie)go		jej, niej	(n)ich	
D	jemu, (nie)mu		jej, niej	(n)im	
A	= G	je, nie	ją, nią	= G	je, nie
I	nim		nią	nimi	
L	nim		niej	nich	

1. Neben den längeren Formen *mnie, ciebie, tobie* werden oft die Kurzformen *G mię, cię, D mi, ci* gebraucht.
2. Die Formen *jego, jemu* finden nur Anwendung, wenn sie besonders hervorgehoben werden sollen, sonst gebraucht man Kurzformen *go* und *mu*. Steht das Pronomen mit einer Präposition, so wird die Form mit anlautendem *n-* verwendet: do niego, dla niej usw.
3. Das Reflexivpronomen tritt für alle Personen im Sg. und Pl. ein, wenn sie sich auf das Subjekt desselben Satzes zurückbeziehen. Die Akkusativ-Kurzform *się* steht in unbetonter Stellung und dient zur Bildung des reflexiven Verbs (vgl. dort).

2. Possessivpronomen (besitzanzeigende Fürwörter)

mein	*dein*	*sein*	*ihr*	*unser*	*euer*	*ihr pl.*	*reflexiv*
mój	twój	jego	jej	nasz	wasz	ich	swój

jego, jej, ich sind undeklinierbar; die übrigen Possessivpronomen werden wie Adjektive dekliniert. *Swój* wird immer dann gebraucht, wenn das Subjekt des Satzes gleichzeitig der Besitzer des erwähnten Gegenstandes ist.

3. Demonstrativpronomen (hinweisende Fürwörter)

d(ies)er: ten (tego, temu, ten [*od.* tego], tym, tym); *die(se):* ta (tej, tej, tę, tą, tej); *das, dies(es): N und A* to, *sonst wie* ten; *die(se) pl.: Psf.* ci/*Sachf.* te, tych, tym, *Psf.* tych/*Sachf.* te, tymi, tych.
jener, jene, jenes: tamten, tamta, tamto, *pl.* tamci/tamte *werden wie* ten, ta, to, te *dekliniert.*

4. Interrogativpronomen (Fragefürwörter)

wer?	kto?	kogo?	komu?	kogo?	kim?	(o) kim?
was?	co?	czego?	czemu?	co?	czym?	(o) czym?
wessen?	czyj?		czyja?	czyje?		*pl.* czyje?
welch(er)?	który?		która?	które?		*pl.* które?
was für ein?	jaki?		jaka?	jakie?		*pl.* jakie?

IV. Das Verb (Zeitwort)

1. Infinitiv und Konjugation

Die Grundform (Infinitiv) der Verben lautet auf *-ć* (selten auf *-c*). Man unterscheidet nach dem Stammauslaut 3 große Konjugationsklassen: die *a-*, *e-* und *i-*Konjugation. Es sind nur 3 Zeiten vorhanden: ***Präsens, Futur*** und ***Präteritum.***

a-Konjugation. Hierzu gehören die meisten Verben mit der Infinitivendung *-ać*; Beispiel: pyt*ać* *fragen.*

pyt-*am* *-asz* *-a*; *-amy* *-acie* *-ają*

e-Konjugation. Hierzu gehören Verben mit verschieden gebildetem Infinitivstamm; Beispiel: pis*ać* *schreiben.*

pisz-*ę* *-esz* *-e* *-emy* *-ecie* *-ą*

Beachten Sie bitte den Konsonantenwechsel: s → sz, z → ż, k → c, t → cz, sk, st → szcz, zd → żdż, sł → sl; p, b, m → pi, bi, mi (Einschub von *i*, Palatalisierung).

i-Konjugation. Hierzu gehören die meisten Verben mit der Endung *-ić*; Beispiel: mów*ić* *sprechen, sagen.*

mów-*ię* *-isz* *-i* *-imy* *-icie* *-ią*

Hilfsverb „*być*“ *sein* hat ein unregelmäßiges Präsens:

jest*em*	*ich bin*	jest*eśmy*	*wir sind*
jest*eś*	*du bist*	jest*eście*	*ihr seid*
jest	*er, sie, es ist*	są	*sie sind*

2. Imperativ

Die Grundform des Imperativs wird von der 3. Pers. Sg. Präsens gebildet:

a-Konjugation: czyta *er liest* – czytaj! *lies!* (+ j);

e- bzw. *i-Konjugation:* endet die 3. Pers. Sg. auf *-e* (*-ie*) oder *-i* (*-y*) und geht dieser Endung ein Vokal voraus, so ist die Imperativendung ebenfalls *-j*. Geht der Endung ein Konsonant voraus, so erscheint dieser Konsonant als Imperativendung: pisze – pisz!, idzie *er geht* – idź! *gehe!*, kupi *er kauft* – kup! usw. Geht der Endung eine Konsonantenhäufung voraus, wobei der letzte Konsonant oft ein -n- ist, so wird anstelle der Präsensendung ein *-ij* angefügt: śpi *er schläft* – śpij!, ciągnie *er zieht* – ciągnij! usw. Die 1. Person Pl. wird durch Anfügen der Endung *-my* und die 2. Pers. Pl. durch Anfügen der Endung *-cie* an die Imperativform der 3. Pers. Sg. gebildet: czytaj*my*, czytaj*cie*.

3. Futur (Zukunftsform)

Das Futur der unvollendeten Verben (vgl. S. 189) wird gebildet aus der Futurform des Hilfsverbs *być* (będę, będziesz, będzie, będziemy, będziecie, będą) + Präteritum (ohne Personalendungen -m, -ś, -śmy, -ście) oder + Infinitiv: będę pisał(a *f*) oder pisać *ich werde schreiben*, będziesz pisał(a *f*) oder pisać *du wirst schreiben*, będzie pisał(a *f*) oder pisać *er bzw. sie wird schreiben*, będziemy pisali (*f* pisały) oder pisać *wir werden schreiben* usw. Das Futur der vollendeten Verben = dem Präsens der unvollendeten Verben: napiszę *ich werde schreiben*, napiszesz *du wirst schreiben* usw.

4. Präteritum (Vergangenheit)

wird vom Infinitivstamm (ohne die Endung -ć: czytać — czyta-) gebildet durch das Hinzufügen des Suffixes -ł- (Personalform Pl. -li- bzw. -ły-) und der Personalendung:

Personal-pronomen	Sg. Maskulinum	Personal-pronomen	Pl. Personalform
ja	czyta-ł-em	my	czy'ta-li-śmy
ty	czyta-ł-eś	wy	czy'ta-li-ście
on	czyta-ł	oni	czy'ta-li
	Sg. Feminum		Pl. Sachform
ja	czyta-ł-am	my	czy'ta-ły-śmy
ty	czyta-ł-aś	wy	czy'ta-ły-ście
ona	czyta-ł-a	one	czy'ta-ły

Die sächliche Präteritumform hat in der 3. Pers. Sg. die Endung *-o*, der Pl. = Femininum (Sachform).

Auch wenn im Infinitiv vor der Endung *-ć* ein -e- steht (e-Konjugation), lautet die Präteritumendung *-ał* usw.: rozumi*eć verstehen* — rozumiał(a) usw., jedoch nicht in der Personalform vor -l-: rozumieliśmy usw.

Unregelmäßig ist das Verb „iść" *gehen*: szedłem (*f* szłam), szedłeś (*f* szłaś), szedł (*f* szła); szliśmy (*f* szłyśmy), szliście (*f* szłyście), szli (*f* szły). Die Personalendungen *-m*, *-ś*, *-śmy* und *-ście* sind beweglich und können an jede Wortart angehängt werden. Sie bewirken keine Verschiebung der Tonstelle.

5. Reflexive Verben

werden mit Hilfe des rückbezüglichen Fürworts *się* gebildet: myję się *ich wasche mich*, myjesz się *du wäschst dich*, myje się *er (sie) wäscht sich* usw.

6. Verbalaspekt

a) der imperfektive (unvollendete) Aspekt betrachtet die Handlung in ihrer Fortdauer: einfachdauernd, wiederholt (regelmäßig), oftmalig (aber nicht regelmäßig), z. B.:
   kupuję *ich kaufe*, będę kupował *ich werde kaufen* (oft, wiederholt), kupowałem *ich war beim Kaufen, ich kaufte (gerade)*;

b) der perfektive (vollendete) Aspekt betrachtet die Handlung im Hinblick auf ihre zeitliche Begrenzung oder ihr Resultat: beendet (zeitlich begrenzt), einmalig und beendet (momentan), z. B.:
   kupię *ich kaufe* (ich werde kaufen, morgen, bestimmt, etwas Bestimmtes), kupiłem *ich habe gekauft* (mit Abschluß, etwas Bestimmtes).

Fast jedes polnische Verb hat 2 Aspektformen. Die perfektiven Verben werden oft durch Anfügen einer Vorsilbe gebildet: pisać — napisać, robić — zrobić usw. Durch verschiedene Suffixe gebildete perfektive und imperfektive Verben gehören meist verschiedenen Konjugationen an.

V. Präpositionen

1. Mit dem Genitiv: *bez* ohne, *oprócz* außer, *do* zu, nach, *dla* für, *od* von, aus, *u* an, bei, *koło* um, bei, *zamiast* (an)statt, *według* gemäß, *wzdłuż* entlang, längs, *poniżej* unterhalb, *powyżej* oberhalb, *wśród* inmitten, *blisko* nahe bei, *obok* neben;
2. Mit dem Dativ: *ku* gegen, zu, *przeciw* (ent)gegen;
3. Mit dem Akkusativ: *przez* durch;
4. Mit dem Lokativ: *przy* bei;
5. Mit dem Genitiv und Dativ: *naprzeciw(ko)* gegenüber;
6. Mit dem Genitiv und Akkusativ: *(po)mimo* trotz;
7. Mit dem Genitiv und Instrumental: *z, ze* aus; mit (I);
8. Mit dem Akkusativ *(wohin?)* und Instrumental *(wo?)*: *między* zwischen, *pod* unter, *przed* vor, *nad* über;
9. Mit dem Akkusativ *(wohin?)* und Lokativ *(wo?)*: *w* in, *na* auf, *o* an, um, über, *po* nach;
10. Mit dem Genitiv, Akkusativ und Instrumental: *za* während; für; hinter.

VI. Fragesätze

Die Fragesätze werden im Polnischen oft mit der Fragepartikel *czy ob* eingeleitet.

SACHREGISTER

Sollten Sie in diesem Register das gesuchte Wort nicht finden, dann bitten wir Sie, unter dem entsprechenden Oberbegriff nachzuschlagen, z. B. *Montag* unter *Wochentage*, *Wintersport* unter *Sport*, *Salbe* unter *Medikamente* usw.

Abend 13, 29
Abendessen 85, 89
Abfahrt 54, 61
Abflug 62
Abkürzungen 35
Abort 81
Abreise (Hotel) 80
Abschied 20
Alter 32
Amt 114
Anfragen 21
Angeln 173
Ankunft 54, 61
Anmeldung (Hotel) 74
– (Polizei) 128
Anprobe 163
Anrede 12
Anzeige (Polizei) 129
Anzug 159
Apotheke 131
Arzt 134
Aufenthalt (Zug) 61
Ausflug 177
Auskunft 21
– Bank 124
– Flug 62
– Post 117
– Schiff 65
– Unterkunft 72
– Zug 53
Auskunftsbüro 21, 53
Ausstellung 110
Auto 37
–öl 38
–panne 42
–reifen 40
–reparatur 44, 45
–verleih 41
–wäsche 40

Bad 81, 177
Baden 177
Badezeug 176
Bahnhof 53, 61
Bahnsteig 54, 58, 61
Bank 124
Bar 66, 76
Bart 149
Beanstandung (Hotel) 79
– (Restaurant) 103
Bedauern 19
Bedienung 74, 81, 85
Begrüßung 13
Behandlung (Arzt) 135
Beileid 19
Bejahung 18
Bekanntmachungen 34
Bekanntschaft 14
Bekleidung 153, 159
Benzin 38
Beruf(e) 69, 130
Beschwerden 19
Besichtigung 110/112
Besteck 91
Besuch 14
Bett(zeug) 81
Bezahlen 89, 152
Bibliothek 110
Bier 104, 105
Billard 179
Bitten um ... 16
Blumen 154
Boot 67, 173
Botschaft 114
Braten 99
Bremse(n) 39, 45
Brief 117, 118
–anrede 13
–marke 118
Brille 156
Brot 88
Buchhandlung 153
Bürsten 144

Café 86
Camping 80

Dampfer 67
Danken 17
Datum 31
Dauerwelle 146
Diebstahl 129

Eier 88
–speisen 101
Einkäufe 150
Einschreiben 119
Eis (Speise) 86
Eisenbahn 53—61
Entschuldigung 18
Ersatzteile 44, 45—51
Essen 85

Fahrkarten 55
–kontrolle 60
Fahrplan 54
Fahrrad 37
Fahrzeug(e) 37
Fahrzeugkontrolle 71
Farben 151
Feiertage 30
Fenster 16, 81
Fernsehen 179, 180
Film (Foto) 154
Film (Kino) 171
Fische 96
Fleischgerichte 98
Flugkarte 62
Flugplatz 62, 63

Flugzeug 62
Fluß 64
Fotoapparat 155
Fotohandlung 154
Friedhof 112
Friseur 146, 148
Früchte 86, 102
Fruchtsäfte 106
Frühstück 88
Führung 111
Fußballspiel 172, 173

Garage 41
Garten 81
Gaststätte 81
Gebäck 86
Gedeck 91
Geflügel 97
Geld 124–127
Geldwechsel 124
Gemüse 99
Gepäck 56, 75
–träger 57
Gerichte 94—103
Geschäfte (Läden) 153
Gespräch (bei Tisch) 90
– (am Telefon) 121—123
Gesundheit 131
Getränke 87, 105/106
Gewichte 33
Gewürze 93
Grenze 69

Haarfärben 147
Haarschneiden 148
Haarwäsche 146
Haltestelle 108/109
Handschuh 160
Haus 82
–diener 77
–rat 81—84
Heilmittel 132
Hemd 160
Hose 160
Hotel 72, 85
–portier 76

Hut 160

Jagd 174
Jahreszeiten 30
Juwelier 153, 156

Kabine 65, 67
Kaffee 88
Kartenspiel 179
Kartenkauf 168
Kartoffeln 101
Käse 101
Kasse 126, 152
Kaufabschluß 152
Kellner 85
Kino 171
Kirche 112—114
Klasse (Zug) 55
Kleid 160
Kleiderpflege 78
Kleidung 159
– (Zubehör) 161
Knopf 78, 162
Koffer 56
Konditorei 86
Konsulat 115
Konto 125
Konzert 167, 170
Kopfbedeckung 160, 161
Körperpflege 144
Körperteile 137
Krankenhaus 115
Krankenwagen 42
Krankheiten 131, 139
Kuchen 86
Kühlwasser 39
Kurs (Bank) 126

Lebensmittel 153
Lederwaren 165, 166
Leichtathletik 174
Leihgebühr 177
Licht 82
Limonade 106
Luft 25

Maniküre 147
Mantel 161
Maße 33
Medikamente 132
Meer 68
Mengenangabe 150
Menü 89
mieten 82, 176
Milch 87
Mittagessen 85, 89
Möbel 81—84
Monate 30
Mond 24, 25
Morgen 29
Motor 48
Motorrad 37
Münzautomat 123
Museum 110, 111
Mütze 161

Nachsenden (Post) 120
Nacht 29
Nähen 164, 165
Nähzeug 164
Nudelgerichte 96

Obst 102
Oper 167, 169
Optiker 156
Orchester 171

Paket 120
Palast 110
Papierhandlung 157
Parken 52, 80
Paßkontrolle 69
Pelze 153, 157
Pension 74, 83
Personalien 69, 128
Platz(karte) 55, 59
Polizei 42, 128
Post 117
–lagernd 117, 119
Preis 74, 150

Radio 179
Rasieren 148
Rasierzeug 145

Rauchen 64
Rechnung 79, 89
Regen 25
Reinigung 78
Reiseandenken 153, 158
Reiseführer 154
Reitsport 175
Rennen 174, 175
Reparatur (Fahrzeug) 44—51
– (Kleidung) 78, 164
– (Schuhe) 165
Restaurant 85
Rudersport 175
Rundfunk 179

Salate 94, 100
Schach 180
Scheck 126
Schießen 175
Schiff 68
– (Kirche) 114
Schiffspassage 65
Schilder 34, 52, 58, 60
Schinken 94
Schisport 175
Schloß 83, 110
Schlüssel 50, 51, 76, 83
Schmerzen 131, 135, 141
Schmuck 156
Schrank 83
Schreibwaren 153, 157
Schuhe 165/166
Schule 116
Schüssel 91
Schwimmsport 175
See 68
–krankheit 66, 68
Sehenswürdigkeiten 110
Seife 145
Sonne 23, 25
Speiseeis 86
Speisekarte 89, 94
Speisewagen 54
Spiele 179, 180
Spielzeug 153
Spirituosen 105
Sport 171—176
Sprachführer 154
Station 60
Stockwerk 83
Stoffe 162, 163
Strand 177, 178
Straßenbahn 108, 109
Suppen 95
Süßigkeiten 87
Süßspeisen 102

Tabakladen 159
Tageszeit 29
Tankstelle 38
Tanzen 178
Taxi 80, 109
Tee 87
Teigwaren 96
Telefon 121—123
Telegramm 76, 121
Tennis 172, 176
Theater 167, 169
Tisch 83, 85
–gerät 91
–gespräch 90
Toilette 34, 58, 64
Toilettenartikel 144
Topf 83
Torte 87
Trinken 104
Trinkgeld 84
Tür 84

Uhr 158
–macher 158
–zeit 28
Umsteigen 54, 61, 109
Umtausch 152
Unfall 42, 129, 142
–schaden 43
Unterkunft 72
Untersuchung (Arzt) 135
Verbandzeug 42, 133
Verkehr 37, 108
– (Hinweise für Autofahrer) 52
Verkehrsmittel 37
– (Fahrt) 108
Verlust 129
Verneinung 18
Verständigung 22
Vorspeisen 94
Vorstellung 14
– (Aufführung) 167

Warenhaus 153
Warnungen 34, 52
Wäsche 78, 161
Wasser 39, 84, 106
Wecken 77
Weg: Fragen nach dem – 36, 108/109
Wein 105
Werkzeug 51
Wetter 23—25
Wochentage 30
Wohnung 84
Wunde 142
Wurst 94

Zahlung 119, 127
Zahlwörter 26/27
Zahnarzt 142
Zeitangaben 28—31
Zeitung 180
Zeitvertreib 179
Zelten 80
Zigarette 159
Zigarre 159
Zimmer 84
–mädchen 77
–nachweis 53
–suche 72
Zollkontrolle 70
Zubehör 51, 161
Zubereitung 92
Zug 53—61
Zündkerze 51
Zutaten (Speisen) 93